경상국립대학교 **SSK** 연구단 연구총서 제1권

동아시아 자본주의: 마르크스주의적 접근

정성진 엮음

박노자
안잔 차크라바티
사요네 마줌다르
정성진
장대업
김덕민
정구현
권정임
한상원 **지음**

김미경
김민정
김종현 **옮김**

진인진

동아시아 자본주의: 마르크스주의적 접근

초판 1쇄 발행 | 2023년 6월 28일

엮은이 | 정성진
지은이 | 박노자, 안잔 차크라바티, 사요네 마줌다르, 정성진, 장대업, 김덕민, 정구현, 권정임, 한상원
옮긴이 | 김미경, 김민정, 김종현
편   집 | 배원일, 김민경
발행인 | 김태진
발행처 | 진인진
등   록 | 제25100-2005-000003호
주   소 | 경기도 과천시 관문로 92 101동 1818호(힐스테이트 과천중앙)
전   화 | 02-507-3077-8
팩   스 | 02-507-3079
홈페이지 | http://www.zininzin.co.kr
이메일 | pub@zininzin.co.kr

ⓒ 경상국립대학교 SSK 연구단 2023
ISBN 978-89-6347-560-8 93300

* 책값은 표지 뒤에 있습니다.

* 이 저서는 2021년 대한민국 교육부와 한국연구재단의 지원을 받아 수행된 연구임(NRF-2021S1A3A
2A02096299).

머리말

그 동안 동아시아 나라들의 경제적 성공은 시장경제의 모델 케이스로 여겨졌다. 주류경제학자들에게 일본과 한국, 중국의 고도성장은 시장경제의 우수성을 입증하는 단골 메뉴였다. 발전국가론을 비롯한 비주류 경제학자들 다수도 일본, 한국, 중국 등 동아시아의 경제발전 모델을 신자유주의에 대한 진보적 대안으로 간주했다. 하지만 지난 세기말 일본의 '잃어버린 10년'에 이어 한국의 1997년 'IMF 위기', 2008년 글로벌 금융위기 이후 중국의 '뉴노멀'(저성장)로의 전환이 잇따르면서, 이른바 '동아시아의 기적' 스토리는 이제 흘러간 옛 노래가 되었다. 오늘날 동아시아는 경제위기와 불평등이 갈수록 심화되면서, '북핵 위기', 중국의 대만 침공 위협 등 지정학적 위기가 고조되는 가운데, 고령화와 저출산이 세계 최고·최저 수준을 기록하면서 사회 그 자체의 재생산 위기가 현실화되고 있으며, 이제는 '세계의 공장'이 아니라 글로벌 기후위기의 진앙으로 지목되는 데서 보듯이, 최악의 생태위기까지 겹쳐, 각종 위기들이 다중적으로 중첩되어 폭발 전야의 상태이다. 그런데 이와 같은 오늘날 동아시아 자본주의의 총체적·복합적 위기를 분석하고 대안을 제시하는 데서 기존의 동아시아 자본주의론은 주류, 비주류를 막론하고 무능하다. 1997년 동아시아 경제위기가 발전국가론을 비롯한 비주류 국가주의의 한계를 드러냈다면, 2008년 글로벌 금융위기는 신자유주의 세계화론을 중심으로 한 주류 시장주의의 이데올로기적 본질을 폭로했다. 오늘날 동아시아 자본주의의 총체적·복합적 위기 및 이에 대처하는 데서 기존의 동아시아 자본주의론의 한계는 1991년 옛 소련 붕괴와 함께 역사적 시효가 만료된 것으로 여겨졌던 마르크스주의를 다시 소환하고 있다. 시장과 국가를 넘어 계급을 '분석의 입구'로 설정하여 자본주의를 중층적·총체적으로 분석하는 마르크스의 방법론이 오늘날 동아시아 자본주의의 총체적·복합적 위기에 대한 분석과 대안을 제시하는 '마지막 비상구'로 재조명되고 있다. 경상국립대 SSK 연구단이 동아시아 자본주의의 총체적·복합적 위기에 대한 마르크스주의적 분석과 대안 연구를 기획하게 된 것은 이런 문제의식을 배경으로 한다. 오늘 내놓는 책은 그 연구결과의 일부이다. 모두 2부로 구성된 이 책 1부에서는 계급분석을 중심으로 한 마르크스주의적 동아시아 자본주의 연구방법론 구축과 동아시아 역사와 현실에 대한 적용이 시도되며, 2부에서는 한국의 자본축적과 여성노동 및 민주주의 문제에 대한 마르크스주의적 분석이 이뤄진다.

　　동아시아 자본주의의 계급적 분석을 다룬 1부 첫번째 논문, "동아시아 관료국가의 형성과 그 특성"에서 박노자는 한대부터 송대까지 중국을 중심으로 한 중세 동아시아에서 관료제 국가의 형성사에 대한 마르크스주의적 설명을 시도한다. 박노자는 스탈린주의 역사 발전 5단계설이나 아시아적 생산양식론은 동아시아의 역사 사실과 잘 부합하지 않거나, 동아시아 역사를 특수화·타자화하는 경향이 있다고 비판하고, 그 대신 중세 초기 및 중기 동아시아 역사를 '관료제 국가의 발전'이라는 관점에서 연구할 것을 제안한다. 박노자는 한나라부터 송나라에 이르는 중국 등 동아시아 국가들에서 능력주의적 관료 선발과 고과(考課) 제도의 변천을 유라시아의 다른 나라들의 경우와 비교하고, 이로부터 송대 중국은 '공납제' 사회의 최고의 발전 단계에 도달했던 반면, 동시대의 고려 등 동아시아 귀족 관료제 국가들은 아직 이와 같은 수준에 미치지 못했다고 주장한다. 이 논문에서 박노자가 동아시아 자본주의의 역사적 성공과 최근 중국의 부상의 주요 요인을 관료제 국가의 능력주의적 관료 선발의 역사에서 찾은 것은 새롭고 중요한 기여이다.

두번째 논문, "중화인민공화국에서의 전환과 발전: 봉건제와 자본주의, 사회주의"에서 인도의 마르크스주의 경제학자들인 안잔 차크라바티(Anjan Chakrabarti)와 사요네 마줌다르(Sayonne Majumdar)는 마르크스적 계급분석에 입각하여 1949년 혁명 이후 중국 사회는 마르크스적 의미의 공산주의 사회, 즉 착취가 폐지된 사회가 아니었으며, 1978년의 개혁개방은 착취적 사회의 형태 변화, 즉 국가 봉건제적 착취에서 국가자본주의적 착취로의 이행의 계기였을 뿐이라고 주장한다. 1949년 혁명 이후 중국 사회의 성격에 관한 기존의 통설은 전체 시기를 사회주의 혹은 자본주의로 보거나 또는 1978년 개혁 개방을 전후하여 사회주의에서 자본주의로 전환했다고 보는 것임에 비해, 저자들은 1978년 개혁개방 이전의 마오주의 중국 사회를 사회주의도 자본주의도 아닌 국가 봉건제로 규정하고, 이를 마오주의 중국 농촌의 인민공사와 도시의 '단위'에서 잉여노동의 수행과 전유 및 분배의 과정 분석, 즉 마르크스적 계급과정 분석에 의거하여 치밀하게 논증한다. 저자들에 따르면 인민공사와 '단위'에서 잉여노동의 수행자들인 농민과 노동자들이 잉여노동의 전유 및 분배 과정에서 배제되었으며 당·국가가 잉여노동의 전유 및 분배의 주체였는데, 이는 중국이 착취적 사회였음을 보여준다. 저자들이 1949년 혁명 이후 중국 사회의 이행을 사회주의의 발전이 아니라, 국가 봉건제에서 국가자본주의로의 이행임을 입증한 것은 새롭고 중요한 기여이다.

세번째 논문, "동아시아 자본주의론의 마르크스주의적 접근: 평가와 과제"에서 정성진은 옛 소련 붕괴 이후 거의 망각되고 주변화된 동아시아 자본주의에 대한 마르크스주의적 접근을 재조명한다. 정성진에 따르면 마르크스주의는 옛 소련 붕괴 이전 동아시아 자본주의 연구의 주요 패러다임이었으며, 21세기 오늘날에도 동아시아 자본주의를 비판적으로 분석하고 진보적 대안을 모색하는 데서 새로운 통찰을 제공한다. 정성진에 따르면 1970년대까지 동아시아 자본주의론의 주요 연구방법론이었던 마르크스주의적 국가자본주의론 (신식민지론 및 종속이론)은 1980년대 이후 동아시아에서 고도성장의 현실 앞에서 파산했고, 암스덴(A. Amsden) 등의 발전국가론으로 대체되었다. 하지만 발전국가론도 1990년대 이후 세계화와 함께 글로벌 가치사슬(GVC)이 확산되면서 그 타당성이 의문시되었으며 포스트 발전국가론이 대두했다. 정성진에 따르면 2008년 글로벌 금융위기 이후 이른바 '신국가자본주의론'(new state capitalism)이 새로운 동아시아 자본주의론으로 부상하고 있는데, 이는 그 동안 기각된 것으로 여겨졌던 마르크스주의적 접근을 소환했다는 점에서 의미가 있다. 그러나 정성진은 신국가자본주의론을 포함하여 기존의 동아시아 자본주의론은 '방법론적 민족주의', 엘리트 발전론, 발전주의, 중국 모델론이라는 문제점을 갖고 있다고 지적하고, 향후 동아시아 자본주의 연구는 노동 중심 접근 및 포스트 발전, 포스트자본주의의 관점에서 재구성되어야 한다고 주장한다. 정성진의 논문은 20세기 동아시아 자본주의 연구에서 지배적 패러다임이었음에도 불구하고 지난 세기말 이후 거의 망각되었던 마르크스주의적 연구방법론을 국가자본주의론을 중심으로 재조명하고 현재적 타당성을 입증했다는 점에서 의미가 있다.

　　네번째 논문, "동아시아 자본주의를 마주하기: '글로벌공장'에서 '노동의 대륙'으로"에서 장대업은 앞선 정성진의 논문처럼 마르크스주의적 관점에서 동아시아 자본주의 연구방법론을 새롭게 모색한다. 장대업은 이른바 '글로벌 공장' 문헌으로 대표되는 기존의 동아시아 자본주의 연구는 동아시아의 '부활'과 동아시아 세기의 도래를 일면적으로 강조한 나머지 동아시아의 발전과정의 모순적 측면을 인식하지 못했으며, 특히 '글로벌 공장'의 성장을 뒷받침하는 가장 극적이고 모순적인 사회변동인 노동의 양적·질적 변화를 무시했다고 비판한다. 장대업은 그 대신 '노동의 대륙'이라는 마르크스주의적 관점에서 동아시아 자본주의 연구를 기획한다. 장대업에 따르면 '노동의 대륙'은 동아시아를 하나의 글로벌 자본주의의 내적 부분으로 인식하고, 서구열강의 식민지에서 현재의 '글로벌 공장'에 이르기까지 동아시아의 발자취를 글로벌 자본주의와 내적으로 연결된 역사로 파악하며, 동아시아 고유의 변하지 않는 특성이나 자본의 역할보다 동아시아의 변화하는 사회관계 속에서 노동의 주체성에 주목하여 동아시아 사회를 서술하는 방법이다. 장대업은 '노동의 대륙' 접근법은 동아시아를 죽은 노동에 대한 착취의 현장으로 문제 삼는 것에서 출발하지만, 노동을 축적되는 죽은 노동이 아니라 다양한 행동으로 발현되는 주체적 행위자로 인식하여 동아시아 사회변동에서 노동이 담당해온 근본적 역할을 중시하기 때문에, 동아시아를 신자유주의적 자본주의의 대안을 생산하는 살아있는 '노동의 대륙'으로 재구성할 수 있다고 주장한다. '노동의 대륙'이라는 장대업의 문제설정은 21세기 동아시아 자본주의에 대한 마르크스주의적 분석과 대안을 구체화했다는 점에서 매우 중요하다.

한국의 자본축적, 여성노동 및 민주주의를 다룬 2부는 4편의 논문으로 구성되어 있다. 첫번째 논문 "한국경제의 기술과 분배 (제조업, 1970-2019)"에서 김덕민은 마르크스주의적 자본주의 실증분석에서 핵심적 변수인 이윤율의 계산과 결정 요인 분석을 중심으로 한국경제에서 자본축적과 기술 및 분배 문제를 검토한다. 김덕민은 먼저 이윤율의 정의를 소개하고, 자본생산성, 노동생산성과 같은 기술적 변수의 장기적 흐름과 이윤몫을 중심으로 한 분배의 장기적 양상을 추적하면서, 이윤율을 중심으로 기술변화와 분배의 추이를 검토한다. 김덕민에 따르면 1970년 이후 현재까지 한국의 제조업은 전형적으로 자본생산성이 하락하고, 노동생산성이 상승하는 편향적 기술 진보 형태를 보이고 있다. 김덕민에 따르면 2000-2010년 동안 자본생산성의 하락률이 거의 일정한 상태에서 노동생산성 성장률이 상당한 수준에 도달하여, 수익성에 우호적인 기술 조건이 존재했던 반면, 2010년대 이후에는 노동생산성 성장률이 부진하여 이전보다 수익성에 열악한 조건이 형성되었는데, 이는 2000년대 초반부터 미국경제에서 나타난 양상과 유사하다. 김덕민의 논문은 한국에서 이윤율의 추세와 결정요인 분석을 통해 현재 한국자본주의가 위기 국면에 접어들었음을 입증했다는 점에서 중요한 의미가 있다.

두번째 논문, "자본순환, 이윤율, 금융화: 1980-2018년 한국의 사례"에서 정구현은 자본순환 상에서 생산에 소요되는 시간(생산지체)과 유통에 소요되는 시간(유통지체)의 비율이 이윤율에 미치는 영향과 그 중요성을 검토하고, 금융화가 유통지체 중 재투하지체에 미치는 영향을 논의한 이후, 1980-2018년 한국 경제를 대상으로 하여 이윤율 변동과 그 요인을 실증한다. 정구현에 따르면 1980-2018년 한국경제의 이윤율은 장기적으로 저하하는 경향을 보이면서도, 2010년대에 들어서는 정체했는데, 이윤율 저하의 주된 원인은 자본의 가치구성의 상승이었으며, 2010년 이후의 정체도 자본의 가치구성의 하락으로 설명될 수 있다. 또 정구현은 자본의 시간구성은 1980년대 중반까지의 상승, 1992년까지의 하락, 2010년대 중반 이후로의 상승을 제외하면 분명한 추세를 보이지 않았고, 이윤율에도 큰 영향을 미치지 못했으며, 자본의 시간구성에 가장 큰 영향을 미친 변수는 생산지체였음을 보인다. 또 정구현은 1980년대 중반부터 2000년대 중반까지 재투하지체가 저하하다가 그 이후로는 다시 상승세를 보인 것을 두고 1997년 경제위기 이후 한국경제의 금융화 현상이 재투하지체의 단축에 그다지 기여하지 못했음을 보여주는 것으로 해석한다. 정구현이 이 논문에서 생산 영역에 한정되었던 기존의 마르크스주의적 이윤율 분석을 유통과 금융 영역까지 확장하고 이를 한국경제의 자본축적의 실증 분석에 적용한 것은 새롭고 중요한 기여이다.

세번째 논문, "21세기 한국 자본주의와 여성 노동"에서 권정임은 젠더화된 사회적 재생산이 젠더 불평등 구조의 기초가 된다는 관점에서 한국 자본주의 발전 과정에서 사회적 재생산 체제의 변화를 생산·축적체제의 변동과 연동하여 고찰한다. 권정임의 분석에 따르면 현재 한국의 사회적 재생산 체제는 신자유주의적인 사회적 재생산체제와 여성화된 사적 재생산 체제의 결합으로 특징지어진다. 권정임은 또 최근 제4차 산업혁명과 디지털 전환은 신자유주의적인 생산·축적체제와 젠더 불평등 구조 하에서 진행되고 있기 때문에, 다수 여성노동자들에게 불리하게 전개되고 있음을 보인다. 권정임은 현재 한국의 심각한 사회적 재생산의 위기를 해결하기 위해서는 젠더 불평등 구조와 젠더화된 차별의 극복, 즉 젠더화된 사회적 재생산을 극복해야 하며, 이를 위해 여성운동은 노동 조건 개선과 보편적 복지 도입 요구를 중심으로 노동운동을 비롯한 사회운동과 연대해야 한다고 주장한다. 권정임의 논문은 마르크스주의적 관점에서 한국의 사회적 재생산의 위기를 분석하고 이를 해결하는 데서 여성운동의 역할과 과제를 검토했다는 점에서 중요한 의미가 있다.

네번째 논문, "위기의 한국 민주주의: 탈진실 정치와 민주적 집단지성"에서 한상원은 탈진실(Post-truth) 시대로 일컬어지는 현대 사회의 반지성주의 양상을 코로나 팬데믹 이후 한국에서 예멘 난민 거부 정서와 이대남의 불만, 코로나 팬데믹 시기 인종주의, 백신 음모론 등을 중심으로 분석한다. 한상원에 따르면 반지성주의가 확산되면서 의회와 같은 대의제 기구나 기존 언론은 정치적 갈등을 매개할 기능을 상실하고 반정치적 태도가 만연하고 있으며, 대신 개인들에게 직접 호소하는 탈진실 매체들의 영향력이 증대되고, 이에 따라 사회적 갈등의 폭력화와 민주주의의 위기가 초래되고 있다. 한상원은 반지성주의적 태도의 확산은 사회의 모순에 대한 인식과 성찰을 불가능하게 하고, 가짜뉴스에 의한 민주주의의 파괴에 대해 사회 구성원들이 저항할 수 있는 능력을 약화시키고 있다고 지적하고, 이를 극복하기 위해 집합적인 방식의 토론과 숙의 과정에 참여함으로써 형성될 수 있는 시민들의 연대감과 소속감에 기반한 민주적 공공성의 확립을 제안한다. 한상원이 이 논문에서 한국자본주의의 위기의 징후를 반지성주의의 확산과 탈진실 매체들의 영향력 확대에 따른 민주주의의 위기를 중심으로 분석하고, 시민적 집단지성의 확립을 대안으로 제시한 것은 새롭고 중요한 문제제기이다.

이 책은 경상국립대학교 한국사회과학연구(SSK) 연구단이 교육부와 한국연구재단의 지원을 받아 수행하고 있는 연구과제인 '포스트자본주의와 마르크스주의의 혁신: 글로벌 맥락에서 동아시아의 미래'(NRF-2021S1A3A2A02096299)의 1차년도 연구성과 일부를 단행본으로 묶은 것이다. 2차년도 연구성과 일부는 『동아시아 마르크스주의: 과거, 현재, 미래』(진인진, 2023)로 이 책과 동시에 출판되었다. 멸종 위기에 처한 소외 분야 연구를 지원해 준 한국연구재단에 감사드린다. 이 책에 수록된 논문 8편 중 안잔 차크라바티·사요네 마줌다르의 논문과 김덕민, 정구현, 권정임의 논문은 이 책에 처음 출판되는 것이며, 박노자, 정성진, 장대업, 한상원의 논문은 기존 출판물을 이 책을 위해 수정 보완한 것이다. 옥고를 기고하신 저자들과 기존 출판물 일부의 재활용을 허락해 준 원저작권자들께 감사드린다. 그리고 이 책이 전문 학술서적임에도 흔쾌히 출판을 맡아 주신 진인진의 김태진 사장님, 이 책에 수록된 일부 논문을 번역하고 교열해 주신 김미경, 김민정, 김종현, 권정임 선생님, 이 책의 원고를 훌륭하게 편집하고 교열해 주신 진인진의 배원일, 김민경 선생님과 경상국립대 SSK 연구단의 오병헌 선생님께 감사드린다. 하지만 이 책에 있을 수 있는 오류는 모두 이 책의 저·역자들과 엮은이의 몫이며, 기회가 닿는 대로 바로잡을 것을 약속한다.

2023년 6월 28일
경상국립대학교 한국사회과학연구(SSK) 연구단장 정성진

목차

· · · ·

제1부
동아시아 자본주의의 계급적 분석

제1장

동아시아 관료국가의 형성과 그 특성

한나라 시기부터 청나라 시기까지: 중국 관료국가, 관료적 능력주의와 자본주의 이전의 사회경제적 체제 형성에 관한 마르크스주의적 이해[1]

박노자(블라디미르 티코노프, 오슬로대학교 문화연구 및 동양언어학과 교수)

1. 서론: 스탈린주의와 유럽중심주의?

왕성한 지적 호기심의 소유자였던 마르크스와 엥겔스는 자본주의의 역사와 이론이 주요 연구 과제였음에도 불구하고 자본주의 등장 이전의 사회경제적 체제에 관한 관심 또한 많았다. 예를 들어 마르크스는 『자본론』의 제3권(36장, 47장)에서 노예사회와 봉건제를 주제로 다루면서 고리대금업이 초기 자본주의의 등장에 미친 영향과 자본주의적 토지소유권이 소농 공동체에 어떠한 파급효과를 가지고 왔는지에 관해서도 분석을 하고 있다(Marx, 1959[1894]). 마르크스나 엥겔스가 집필한 『자본론』을 포

---

1 이 장은 Tikhonov(2022)를 국역하여 수정, 보완한 것이다.

함한 어떤 저작에도 '노예제 사회'나 '봉건제'가 추후 자본주의가 발전한 서유럽 사회들 이외의 다른 지역들을 지칭했다고 할 수는 없다. 사실, 에릭 울프(Eric Wolf)가 간파한 바와 같이, 마르크스는 사회적 노동을 할당하고 생산관계를 매개로 생성되는 인간들의 사회적 상호작용에 관해 논하면서도 때로는 다양한 단계의 생산양식들을 민족적 영토 집단과 연결시키기도 하였다. 마르크스는 '게르만적 [생산]양식' 이후에 '봉건적 [생산]양식'으로의 진화, 또는 이들과는 뚜렷하게 다른 양상을 보였던 '슬라브적 [생산]양식'를 언급했다(이는 초기 슬라브 사회들에 내재된 형태였던 것으로 추정됨. Wolf, 1982: 75-77 참조). 마르크스는 일본의 경우를 제외하고는 유럽의 고대, 중세와 같은 생산 양식(노예제 사회와 봉건제)이 유럽 이외의 사회들과는 관련이 없다고 주장하는 경향이 있었다. 마르크스와 엥겔스(Marx, 1976[1858]: 473; Engels, 1959[1878]: 243)는 여러 저술에서 '아시아적 생산양식'이라는 용어를 사용하고 있는데(이 표현은 당시에도 논란을 불러일으켰고 오늘날에도 상당한 문제를 내포한 것으로 보인다) 이의 특징으로 사유 재산보다는 공동 재산에 기반을 둔 현상을 꼽았다. 마르크스는 이와 같은 경우에는 국가를 생산(관개 灌漑 등의 제공자로서)과 잉여(세금을 통해)의 관리를 통해 생산과정에 적극적으로 개입하는 능동적 행위자로 인식했다(Sawer, 1974: 49-104). 이러한 인식은 절대주의 시대 이전의 유럽 국가들에 비해 중동이나 동아시아의 관료주의 국가들이 경제 행위자로서 훨씬 더 발전된 상태였던 경험적 현실에 어느 정도 부합하는 관찰이다(아래 참조). 그러나 마르크스의 독특한 '아시아적' 생산 양식에 관한 인식의 상당 부분은 정보부족과 함께 19세기 유럽중심주의('전제주의적 동양' 등의 개념, Sawer,1974: 36-49 참조)의 산물로 간주될 수 있다. 예를 들어, 중국의 사유지의 소유권은 진나라의 상앙(商鞅, 기원전 390년경-338년경)의 개혁 이후부터 있어왔으며 진나라(기원전 221년-206년)와 한나라(기원전 202년-기원후 220년)의 시기 동안 제도화되었다고 알려져 있다(Deng, 1999년: 48년-72년).

소련의 초기부터 1930년대 중반까지 '아시아적 생산양식'과 자본주의체제 도래 이전의 인류사의 분류에 관한 몇 가지 중요한 논의가 있었지만(Fogel, 1988) 특히 후자에 대한 정통적인 마르크스주의적 견해를 채택하는 것은 1930년대 스탈린식의 통치에 불리한 정치적 영향을 미칠 수가 있었기에 결코 단순한 문제가 아니었다. 마르크스는 19세기 러시아의 전제 정권조차도 아시아적 생산 양식 특유의 "일반화된 노예제도"에 그 뿌리를 두고 있던 '모스크바화된 아시아적 통치방식"으로 인식했다. 그러나 동시에 러시아제국은 서유럽과 일부 유사점들을 공유하고, 거기에다 서구와의 군사경쟁에서 살아남기 위해 근대적 개혁을 도입하려고 했던 점에서 '아시아' 국가들과는 다르기도 했다. 마르크스는 이러한 서구적 개혁이 결국 러시아혁명으로 이어져 유럽의 사회주의 혁명에 크게 속도가 붙을 것이라고 믿었다(Sawer, 1974: 156-164). 물론 이런 마르크스의 이론은 러시아 제국의 경계 안에서의 '일국 사회주의'의 가능성을 믿었던 스탈린의 생각과는 다른 내용이었다. 더욱이 라즈스 마자르(Lajos Magyar, 1891-1937)와 같은 코민테른 내부의 '아시아적 생산양식'의 이론가들도 '아시아적'인 중국에서 봉건제의 기반이 약했기 때문에 중국 혁명의 주요 방해요소는 '아시아적' 패턴의 근대적 해체에서 탄생한 관료 및 자본가 계층일 것이라고 믿었다. 이러한 견해는 중국에서 단순히 '반봉건, 반제국주의' 혁명이 아닌 반자본주의(사회주의)의 태동을 주창한 트로츠키의 견해에 위태로울 정도로 가까웠다. 이는 혁명의 마지막 단계인 사회주의 단계 이전의 "부르주아 혁명"의 "필요성"을 믿은 스탈린의 "2단계 혁명론"과 "반봉건적" 민족주의적 정치인(국민당 등)들과의 동맹을 맺고자 한 그의 성향과도 배치되는 내용이었다(Brook, 2016). 스탈린은 전

세계가 원시성에서 출발하여 노예제와 봉건제, 자본주의와 사회주의를 거쳐 "5단계"를 통한 발전을 한다는 그 역사 이론을 1938년에 최종적으로 발표하였다(Stalin, 1952 [1938]). 소련, 동유럽, 중국대륙 등 "현실 사회주의권" 학자들은 스탈린의 '5단계 이론'에 근거해서, 고대 지중해 지역과 중동, 인도 그리고 여타 왕국과 제국의 역사에서 노예제와 봉건제를 구성한 주요 요소들을 찾아내기 위해 필사적인 노력을 경주하였다(이 역사상이 1940-80년대 중국의 마르크스주의 역사학자들에게 미친 영향에 대하여는 Dirlik, 1996: 244-254 참조).

그러나 서유럽의 중세 봉건제의 중심지 이외의 지역에서 '봉건적 관계'를 발견한다 것은 결코 쉬운 작업이 아니었다. 당나라, 비잔틴 제국, 이란의 사산 제국, 또는 우마이야 왕조와 아바스 왕조의 칼리파테스를 포함한 기원전 1천년 시기의 유라시아에 존재하던 대부분의 제국에는 대규모의 토지를 소유한 지주들, 또는 몇 세대에 걸쳐 세워진 강력한 가문들로 이뤄진 귀족들이 주도하는 관료제도가 있었다. 이런 고대 관료제도의 어디에서도 봉건적 관계의 기반인 영주들의 전장 봉사와 그 대가로 영지가 할당되는 계약관계로 이뤄진 사회적 질서를 증명할 만한 증거들은 발견되지 않았다(Le Goff, 1988: 90-95). 인류가 역사발전의 단계에서 동일한 과정을 겪게 된다는 보편주의적 사상이 내재된 마르크스주의는 그 자체로 의미가 있다. 그러나 서유럽의 경험에서 추론된 봉건제 개념을 다른 중세 사회에 적용시키는 것은 유럽중심주의의 인지적 폭력이다. 1953년 스탈린이 사망한 후 그가 주창한 "5단계 이론"을 좀 더 자유로운 분위기에서 덜 교조주의적인 소련 학자들이 은근히 대폭 수정한 것은 어쩌면 당연하다. 예를 들어, 전후 소련역사 연구에서 독보적인 한국 전통시대사 전문가인 미하일 박(Mikhail Pak, 1918-2009)은 전근대 한국의 '봉건제'를 3-4세기에 형성된 것으로 추정되는 '국가 봉건제'로 정의

했다(Pak, 1979: 144-198; 한국의 초기 국가의 진화에 관해서는 아래의 논의를 참조). 한국의 전근대사에서 '사적인' 봉건적 관계가 부재했기 때문에 봉건제를 둘러싼 이념적 "순수성"을 견지하기 위해 '국가 봉건제'라는 수정된 대안이 절충안으로 받아들여지게 되었다. 소련의 저명한 중국사 전문가인 바실리 일리우셰치킨(Vasily Ilyushechkin, 1915-1996)은 더 나아가 1960년대 후반부터 경제외적(강제적) 수단에 의해 강제되는 지대(地代) 납부에 기반한 전지구적인 전근대적 생산 양식의 존재를 거론하기도했다(Ilyushechkin, 1970). 이런 맥락에서, 이 장(章)은 2세기 후반부터 19세기동안 중국을 여타의 동아시아 국가들을 포함한 다른 유라시아 사회와 비교하려고 한다. 비교의 초점은(화폐가 사용된 시장에서의 교환의 중요성에도 불구하도) 주로 농업생산에 기반한 사회의 상부 구조의 형태, 즉 관료화의 정도와 합리적이고 능력주의적인 원칙에 따라 관료 제도를 운영한 능력이다. 이 장은 10세기까지 중앙집권세력이 약하고 통합되지 않은 왕국들이 봉건화를 겪은 중세 초기 유럽과는 달리 중국 송나라(960-1276)시기에 세계 최초로 역동적인 생산성을 바탕으로 탈(脫)귀족화와 관료적 통치를 완성한 중국의 경험을 추적, 분석하려고 한다. 더 나아가 동아시아에서 송의 인근 국가 중 어느 나라도 유사한 종류의 관료적 합리화를 완전히 달성하지 못했고, 비잔틴 제국과 같은 전근대 유라시아의 다른 선진 관료 국가들도 동일한 종류의 능력주의 체제를 가동시켜 인재의 등용, 고과평가, 승진 등의 시스템을 만들지 못했다는 점도 주목할 만하다. 이 장의 마지막 부분은 인류의 전근대 역사 전체에 대한 마르크스주의적 이해와 그 의미를 논의할 것이다. 마르크스나 엥겔스(예를 들어 막스 베버와는 달리)는 중국의 관료적 제국주의의 발전에 대해 명시적으로 논한 적이 없지만, 전근대 범유라시아적 교역체계에서의 관료 제국으로서의 중국의 중심성(Frank, 1998: 108-116)을 제대로 이해하지 못한다면 자본주의 체제의 등장 이전의 생산양식에 대한 마르크스주의적 논의는 의미가 없을 것이다.

2. 2세기와 3세기: 주요 변곡점

기원후 2-3세기는 유라시아 대륙 전체에 걸친 위기의 시기로, 기원전 12세기 후기 청동기 시대의 문명 붕괴 이후 두 번째의 큰 시련을 맞닥뜨린 시대였다. 전염병이 창궐하여 동, 서양을 막론하고 대륙의 구석구석까지 기존의 문명들이 쓰러져버렸다. (de Crespigny, 2007: 514-516; Harper, 2017: 115) 활발해진 장거리 무역을 통해 퍼져나간 질병 외에도, 3세기 유라시아 대륙 전체에서 발생한 한랭기후에 의한 일련의 흉작 등은 제국 내부의 반란과 외부 부족들의 국경침략의 증가로 이어졌다(Zhang, 2010). 이로 인해 서양의 로마제국과 동양의 한나라에서 제국은 붕괴하고 있었다. 로마제국은 395년에 분열된 뒤, 476년에는 결국 붕괴되고 말았다. 220년에 한나라가 멸망한 뒤 북쪽의 위(魏), 남서쪽의 촉(蜀), 동남쪽의 오(吳)와 같은 3개의 나라로 분열되었다. 위나라의 뒤를 이은 진나라(266-420)는 4세기 초에 남쪽으로 이동하여 다양한 이민족 왕국이 북중국의 평야를 통치하게 되었다. 중국 북부는 최소한 16개의 경쟁 왕조에 의해 1세기 반 동안 통치되었고, 5세기 중반에 몽골의 시조인 선비(鮮卑)족의 씨족이었던 탁발씨(拓跋氏)에 의해 설립된 북위(386-534)에 의해서 재통합되었다. 그러나 통일된 제국에 대한 염원은 분열과 왕조의 변화에도 불구하고 사라지지 않았다. 마침내, 위나라의 후계국인 북쪽의 수나라(581-618)는 진나라(557-589)를 정복했고 중국의 분열은 4세기 만에 막을 내리게 되었다(중국의 위, 진, 남북조 시대의 분열에 관하여는 Lewis, 2009 참조).

고대 동, 서양의 거대한 두 제국이 3세기에 겪은 문제들은 유사하고 밀접하게 연관된 일련의 자연적, 사회적 현상에 기인한 것이지만, 장기적인 결과는 엄청나게 달랐다. 이러한 차이는 심지어 철기 시대 동양과 유라시아 역사에서의 '동서양의 큰 격차'의 예로도 볼 수 있겠다. 로마의 붕괴 이후, 유럽은 무엇보다도 매우 높은 수준의 분권화로 인해 소위 '암흑시대'로 돌입하게 되었다. 중세 말기와 근대 초기에 프랑스로의 점진적 통합의 선례로서 메로빙거 왕국(5세기 중반-751년) 또는 카롤링거 제국(800-888년)을 들 수 있겠다. 그러나, 이 두 왕조 국가들 중 어느 것도 16세기 이후 프랑스 절대주의 시대까지 그 영토와 인구에 대한 완벽한 통제를 할 수 없었다는 점을 기억해야 한다. 중앙집권군주제의 원시적 형태의 과세 제도(Aid royale, 문자 그대로 '왕에 대한 원조', 초기에는 자발적인 기부로 추정되는 시스템)가 13-14세기에 프랑스에서 생겨났고, 토지세(taille)는 1439년부터 정기적으로 부과되었지만, 획일적이지도 국가의 모든 지역에 공평하게 적용되지도 않았다(Bloch, 1940). 귀족들 사이의 사적인 싸움이던 영유권 분쟁은 14세기에도 일반적인 현상이었지만, 이 시기 이후부터만 계속 감소하기 시작했다(Firnhaber-Baker, 2010). 체계적인 과세를 통해 사회로부터 정기적으로 잉여를 수취할 수 있는 국가의 능력과 대규모의 합법적 폭력의 독점으로 특징지어지는 중앙집권적 국가의 기능은 로마 제국의 쇠퇴와 붕괴 이후 1천 년 이상이 경과하여 절대주의가 시작될 때까지는 유럽에 존재하지 않았다. 이와는 대조적으로, 중국에서의 분열은 훨씬 짧은 기간 동안이었고, 하지만 한나라가 해체된 지 4세기도 안 되어 수나라는 한나라의 영토 대부분에 대한 중앙집권적 지배를 할 수 있었다.

후기 로마는 특히 디오클레티아누스(Diocletianus, 재위 284년-305년) 시기와 그 이후에 고도의 관료제를 발전시켰다. 한나라와는 달리 로마인들은 능력에 의한 공식적인 채용과 고과, 승진에 관한 통일된 범국가적인 시스템을 구축하지 않았고, 고전문헌지식의 확인을 위한 시험제도도 만들지 않았다. 후기 로마시대의 관리들은 매우 다양한 사회문화적 배경을 가지고 있었는데, 종종 에퀴테스(하위 귀족) 출신들이 고위직에 등용이 되었으며 특히 황궁의 많은 관리들과 서기관들은 다양한 민족의 황실노예나 속량(贖良)노예 출신들이었다. 승진은 일반적으로 고위 관리의 지명 또는 경우에 따라 금전 상납 등에 의해 결정되었으며, 연공서열에 의해서도 가능했으나, 궁정이나 공무원들과의 사적인 연줄을 통해서도 가능했다(Jones, 1964: 563-606). 로마의 공직사회는 의심할 여지없이 서구의 군주제 국가들의 관료제에 대한 중요한 선례였다. 그러나 후기 로마시대 관료제의 관리하기 힘들고, 번거롭고, 형편없는 구조들은 로마 이후의 군주제들에 의해 복제될 수도 없었고, 복제되지도 않았다. 결국 후자는 봉건제의 길을 걸었고(서유럽 봉건제에 대해서는 Strayer, 1965: 4 참조), 권력은 중앙집권화되는 대신에 각각 지방에서 세습적 영주들에게 위임했다. 우리가 알고 있는 '서양'은 본질적으로 경쟁적 정치체들의 공동체 형성, 그리고 복수의 권력 중심지의 분권 과정에서 탄생했다.

3. 수나라와 당나라: 귀족 군주제의 능력주의

동아시아는 서유럽과는 다른 길을 택했다. 사실 6세기 로마제국 이후의 유럽의 '야만족' 왕국들이 유라시아 오지의 후진국에 불과했던 만큼, 동아시아의 길은 그 당시로서 "최선"으로 보일 수 있었다. 중국에서는 한제국 영토의 대부분이 수나라에 의해 재통일되자마자 더욱 개선된 능력중심의 관료 등용 제도가 다시 만들어졌다. 이미 587년에 310개의 현(縣)

은 3명의 관직 등용 후보자의 명단을 수도에 제출하라는 명령이 있었고 추천은 고전 독해를 포함한 여러 분야(수재 秀才, 명경 明經 등)를 아울렀다. 7세기 초에는 진사(進士)와 준사(俊士)라는 두 개의 새로운 범주가 추가되었는데 관료 등용 시험은 현지에서의 구두시험과 해당 중앙정부기관에서 필기시험의 통과가 주요 항목이었다. 임명권은 고위 관료들의 경우 황제와 재상(宰相), 중하위 관료들의 경우 이부(吏部)에 부여되었는데 지원자들 대부분은 국영 학교의 졸업생들이었다(Xiong, 2006: 123-126). 수나라가 멸망한 후에 기록된 왕조사는 국학이 원래 2명의 박사(博士)와 10명의 조교(助敎), 그리고 더 하급의 교원인 전학(典學)과 직강(直講) 등을 고용했다고 기록하고 있다. 또한 수나라가 통치하기도 전에 양나라의 무제 황제(재위 502-541)는 비천한 집안 출신의 학생들도 입학을 허용했다고 언급하고 있다(수서 제21권; 魏徵, 1987[636]: 724). 수나라의 국자감(國子監)은 72명, 태학(太學)은 200명, 사문소학(四門小學)은 300명의 학생을 교육했는데 물론 그와 같은 교육과 시험제도의 발달이 귀족지배의 종식을 의미하는 것은 아니었다. 특히 수나라의 핵심영토이던 산시(陝西)와 간쑤(甘肅)출신의 귀족들인 '관롱(關龍)' 파벌 구성원들은 관료제도의 상위계층을 형성하고 있었다(陈寅恪, 1982; Ng, 2017; Xiong, 2006: 116-122). 그러나, 통일되지 않은 중국에서도 두드러졌던 귀족제적인 특색에도 불구하고, 능력 중심의 채용과 승진은 공직 사회의 운영에 이상적인 모델로 남아 있었다.

수 세기동안 다양하고도 광대한 영역에 사용되었던 통치의 기술은 수나라 시대에 들어서자 빠르고도 균질하게 발전했다. 수나라가 시행했던 정책 중에 가장 주목할 만한 부분은 현 등 지방 관리들이 출신지에서 일하는 것을 금지한 것(소위 '회피의 규칙')을 포함한다. 이런 금지령은 몇 세기 후 카롤링거 왕국에서 진행된 것 같은 종류의 봉건화를 막기 위해 실시한 정책였다. 이와 유사한 목적으로 주요 지방 공무원의 재직 기간을 3-4년으로 정하고, 가족 동반을 금지하였다. 연말 고과평가는 성과에 기반한 승진이나 강등의 근거가 되었다. 중앙에서 파견된 순회 감사관들은 중앙 집중식 통제의 또 다른 방법이었다(Wright, 1976: 85; Xiong, 2006: 113-115). 공직사회의 모든 단위를 통제하던 막강한 어사대(御史臺) 또한 강력한 감독의 기능을 맡고 있었다. 관료제에 대한 중앙집권적 통제의 강화와 특히 587년(高明士, 1999: 55)부터 실시된 시험을 통한 채용 시스템의 도입이라는 획기적인 변화는 과거와의 혁명적인 단절을 의미했다. 귀족이 지배하던 사회에 합리적인 관료주의적 통치가 시작된 것이다.

위에 서술된 관료화의 과정이 단선적일 수는 없었다. 수나라는 단명했고, 그 원인은 통치기반 건설의 중앙 집권적 계획과 영토 확장을 위한 과도한 자원의 동원에 있었다(Wright, 1976: 133-149). 수나라의 뒤를 이은 당나라(618-907)는 수나라의 미완의 사업 중 일부를 성공적으로 완수했는데 예를 들자면, 동투르크(돌궐 突厥) 제국(599년-630년)에 이어 서투르크 정권(603년-658년)까지 무너뜨리고 북부 초원지역에서의 침범 위협을 일시적으로 줄일 수 있었다. 수나라는 고구려 정복에 실패했지만, 당나라는 668년에 신라의 도움으로 고구려를 멸망시킬 수 있었다. 수나라 몰락의 교훈을 염두에 둔 당나라는 과도한 정부의 개입과 사회적 개혁에 매달리기보다는 이미 정착된 통치패턴을 수용함으로써 연착륙을 하는 방식을 택했다. 7세기 중반에 인구가 5천만 명에 달했던 당시의 대국이었던 당나라 전체의 규모를 생각해보면 관료들은 극히 소수집단이었다. 당나라 말기에는 4만 명으로 늘어났지만, 고종 재위 시대에는 고위 관료 13,465명만이 있었다. 이를 인구비례로 환산해보면 대략 천 명당 중앙 관료가 한 명이 있던 셈이다(金觀濤, 劉青峰, 1984: 62).

효과적인 관료적 통치는 현 단위까지 도달했지만, 딱 그 정도까지였다. 마을자원의 수취에 있어, 마을사람들의 일상이 지역의 주요 문중 등 재향 엘리트들의 강력한 통제 하에 있었기에 관료들도 이런 부분에 주의를 기울여야만 했다(Twitchett, 1976: 13). 이에, 당나라의 평민들은 국역(國役)의 과중한 부담을 거의 느끼지 않았다. 예를 들어, 당나라의 군대는 직업군인을 제외하고는 지역 농민들로 민병대를 만들었고, 특정 작전의 수행이 필요할 때만 농민 징집병들이 배치되었다. 742년, 궁중 관리들의 계산에 의하면 변경 부대원들의 숫자는 전체 48,909,800명의 인구와 8,525,763개의 가구 중에서 476,900명에 불과했다(구당서 제9권; 天寶 원년, 음력 8월: 劉昫 1987[945], 권1, 216, Graff, 2017). 이 계산에 따르면 약 100명 중 1명이 군사의무를 수행했다는 의미인데, 이는 18세기 초 프랑스의 50명 중 약 1명, 프로이센의 27명 중 약 1명이라는 통계와 좋은 비교가 된다(Graff, 2017). 군사 및 국가 기반 시설 사업의 유지비는 정부가 각 납세 가구에게 경작지를 제공한다는 조건으로 징수한 곡물의 세수에 의해 조달되었다(Twitchett, 1970: 25). 국가를 위한 연간 20일 간의 무급 부역(賦役)노동도 종종 세금 납부로 대체되었는데(Li and Lewis, 2009: 56), 한마디로 당나라의 정치·사회 질서의 중심에는 고도로 전문화된 관료 집단이 있었고 그들의 주요 목표는 잉여 수취의 단기적 극대화보다는 장기적인 안정적 수급이었다.

특히 관료의 채용과 승진을 위한 능력중심의 제도는 관료들의 최소한의 전문성을 보장했다. 수도에서 치러진 과거 시험은 621년에 재개되었고, 수나라의 수도에 있던 3개의 학교도 다시 문을 열었다. 626년에는 342명이던 학생 수가 807년에는 650명으로 늘어났다(王溥,1989[961]: 1157-1161). 7세기 중반까지 당나라 제도의 정착화가 진행되면서 졸업생의 수도 증가하였다(시험합격 그 자체가 임용보장으로 이어지는 것은 아니었다). 초기에는 수재(秀才)과 급제자들이 많았지만, 7세기 후반에는 명경(明經)

및 진사(進士)과 중에서 후자가 더 권위를 갖는 것으로 인식되었다. 681년부터 명경과와 진사과는 확연하게 구별되기 시작하였는데, 전자는 유교와 도교의 고전에 대한 문헌 지식의 통달에 초점을 맞춘 반면, 후자는 정치적, 전략적 문제에 관한 주장을 펼치는 능력을 포함한 논술 능력을 중시했다. 7세기말부터 전시(殿試)와 같은 최종의 과거시험은 황궁에서 거행됐다(杜佑, 1988[801], Vol. 1: 354; Twitchett and Wechsler, 1976: 276-277). 여기서 주지할 바는 '능력'이라는 것이 반드시 전문성이나 문헌적 지식과 동일한 것은 아니었다. 후세들에게 존경과 칭송을 받은 당 태종(재위 626-649)은 632년에 그의 측근들에게 '우직한' 사람들을 등용시키고 적절한 보상을 해주는 것이 성공적인 통치의 열쇠라고 언급을 한 내용이 오긍(吳兢, 670-749)이 편찬한 유명한 정치개요인 『정관정요』(貞觀政要)에 기록되어 있다. 태종의 신하였던 위징(魏徵, 580-643)은 이런 사상을 더욱 발전시켜, 관료의 등용은 고전과 관료적 지식과 더불어 인품에 의해 결정되어야 한다고 주장하였는데(吳兢, 1600, 3권: 60) 이는 부패나 반역을 막기 위한 고려였음을 짐작할 수 있다.

물론 이런 제도들은 귀족 관료제의 기본적인 특성을 바꾸지 않았다. 귀족 관료라고 함은 공직에 있지 않더라도 지배계급으로서 사회적 지위를 계승한 사람들을 일컫는다. 당나라 고위 관료의 대부분은 국가에서 위임하여 만들어진 족보에 상세하게 기록된 "명문가" 씨족 출신이었다(Ebrey, 2010: 34-49, 87-115; Ng, 2020). 귀족출신 공직자들은 적어도 아들 중 한 명은 음서제를 통해 관료로 등용될 특권을 가지고 있었기에, 그들의 지위는 사실상 세습이었다고 보아도 무방하다. 매년 실시되는 진사과 시험은 기껏해야 20~25명 정도의 급제자만 배출했고, 그들 대부분은 엘리트 또는 적어도 반(半)엘리트 계층 출신이었다(Twitchett, 1973: 78-82. 대체로, 당나라 시대 내내, 과거제를 통해 배출된 관료들은 전체의 10 퍼센트에도 이르지 못했다. Twitchett, 1976: 21). 또한 진사과 등의 평가 방식은 반드시 객관적이지만은 않았다. 위에서 언급한 명(名)재상 위징(魏徵)은 640년에 황제의 상벌 관행에서의 족벌주의를 폭로한 것으로 유명하다(吳兢, 1600, 3권: 74-88). 관료제는 황실의 직접적인 개입보다는 강력한 권한을 가진 감찰 기관인 어사대(御史臺, Twitchett, 1970: 106-108 참조)를 통해 견제되었고, 지방 관리들의 정기적인 월말 보고서와 연간 세금기록 등의 제도를 통해서도 통제되었다(Ikeda, 1973). 이러한 기제들을 통해 결속된 관료조직이더라도 755년부터 763년 사이에 발생한 안록산(安祿山)의 반란(Pulleyblank, 1955) 이후에 현저하게 분열되기 시작한 당제국의 정치적 권위의 하락을 막지는 못하였다. 그럼에도 기본적으로 능력위주의 등용과 세밀한 통제 수단의 결합은 당나라를 가장 오랜 기간 동안 방대한 영토를 효율적으로 통치한 근간이 되었다.

4. 비잔틴 제국, 이란 제국, 아랍 제국: 능력주의의 미발달

당나라 관료제에서 충분히 발견되는 능력주의의 기초조차도 당대의 동아시아 이외의 지역에서는 보이지 않는다. 예를 들어, 이란의 사산 제국(224-651)은 초기부터 소위 '명문가'(vuzurgan)라고 불리던 귀족계급에 의해 지배되었는데, 그들은 명성이 자자한 동시에 공포의 대상이었던 사산 기병들을 모집하고 지휘했다. 이 귀족의 사병들은 사산군의 핵심이었고, 사산군에는 변경 지역에서 모집된 왕실 경호원과 보조병력 등을 제외하고는 상비군이 없었다. 시간이 지남에 따라 사산 왕조의 황제들은 통치를 제도화하고 관료화하는 데 성공을 거두었지만, 그들을 보좌했던 관료의 대부분은 귀족과 조로아스터교 사제직에서 발탁되었으며, 능력위주의 등용을 위한 공식적인 루트는 없었다. 결국 견제받지 않은 귀족 명문가들의 권력은, 비잔티움 제국과의 끝없는 경쟁으로 내몰리고 아랍 공격에 직면한 왕조의 약점으로 작용했다(McDonough, 2011).

비잔티움 제국은 당나라 통치자들도 잘 알고 있던 유라시아 대국이 었다(Hirth, 1975[1885]; Kordossis, 1994). 비잔티움 제국은 동아시아 지역 을 제외하고 7세기 당시 세계에서 가장 발달된 관료제를 가지고 있었다. 8세기 초에 약 700만 명이 되는(Treadgold, 1997: 570) 인구는 제국의 수도 인 콘스탄티노플에 있던 약 500명의 고위직 관료들에 의해 지배됐다. 고 위직들은 500명에 달하던 군사 및 재정담당 관리자들과 수천 명의 하급 직 관리들의 보좌를 받았다. 이로 미루어 보면 비잔티움 제국의 관료화 의 수준은 당나라보다는 낮았지만 아주 큰 차이는 없었던 것으로 보인 다. 7-9세기의 당나라와 비잔티움 제국은 '국가 엘리트'에 의해 통치되 던 전형적인 '관(官) 본위의 사회'였다. 이 '국가 엘리트'들은 좋은 교육을 잘 받은 귀족들로 촘촘한 그물망과 같은 인맥을 가진 집단으로서 공무원 이나 군 복무 경력을 통해 국가의 행정 자원에 대한 접근이 가능했으며 이들의 성과는 정기적으로 재평가를 받아야했다. 수나라와 당나라의 통 치자들과 별반 다르지 않게, 비잔티움 제국의 황제들은 지방 행정관들이 어느 한 지역에서 자리를 잡고 뿌리를 내리는 것을 막기 위해 고심을 했 다. 그들이 결국 고안한 제도상으로는 예를 들자면, 지방에 파견된 고위 관리자들은 정기적으로 교대근무를 했으며, 그들의 평균 한 지방에서의 재직기간은 약 6년이었다. 무관과 문관을 뚜렷하게 구분하는 경력트랙 이 운용되었다. 그러나 채용, 임용, 승진에서 제도화된 능력주의의 요소 를 찾기는 어렵다. 학습능력에 대한 채용시의 고려는 명백한 장점이었지 만 대체로 인맥, 특히 황실의 인맥은 채용과 승진에 결정적인 변수였다 (Brubaker and Haldon, 2011: 601-616).

페르시아인과 비잔티움인(다수가 시리아인)과 함께 아랍인들은 당나라의 고도로 국제화된 문화에서 중요한 관심대상이었다. '아라비아'는 '대식'(大食)으로 불렸고, 우마이야 왕조(661-750)와 아바스 왕조(750-1258)는 각각 '백의대식'(白衣大食)과 '흑의대식'(黑衣大食)으로 불렸다(Leslie, 1986: 16-31). 절정기를 이뤘던 850년경의 아바스 왕조의 인구는 5천만 명으로 당나라의 인구규모와 거의 비슷했다. 아바스 왕조의 통치는 8세기 중반에 점점 더 관료화되었고, 비서들(kuttāb)의 역할이 점차 중요해졌다. 그러나 비서직은 지식이나 능력에 기반한 채용 및 승진을 통해 충원됐다기보다는 몇몇 명문가 구성원들이 거의 독점했다. 예를 들어 바르마키즈(Barmakids) 가문은 오늘날 아프가니스탄의 발치 출신으로, 아스 사파(750-754), 알 만수르(754-775), 알 마흐디(775-785)를 거쳐 유명한 하룬 알 라시드(786-809) 하에서 803년 몰락할 때까지 관료제를 조직하고 통솔한 중요한 역할을 했다. 아바스 왕조는 문무관의 관료체계를 매우 정교하게 나누어 통치하였다. 10세기에 중앙 행정 기관은 13개의 부서(dīvan)와 그 하위 부서(majlis)로 운영된 것으로 기록되어있다. 그 기능 중에서도 토지세의 징수는 국정 운영에서 가장 중요하게 인식되었다. 낮은 직급의 서기관들도 고도의 전문성을 가지고 있었던 것으로 보인다. 그러나 대부분의 고위직은 아랍계가 아닌 이민족 명문가 집안들이 세세대대로 거의 독점하고 있었다(van Berkel, 2013: 87-99). 비잔티움 제국과 오랜 숙적관계였던 아바스 왕조의 통치자들은 고도로 발달한 기록문화에 그 뿌리를 내리는 정교한 관료 기구를 운영했다. 그러나 이 두 대제국 모두 인맥과 가문의 지체 등이 아닌 개인의 능력에 기반한 합리적인 채용과 승진 체계를 개발할 수 없었다.

'능력'을 도대체 어떻게 정의할 것인가에 관해서 당나라 궁중에서 끝없는 논쟁이 벌어졌으며, 당나라 제도사의 총서인 『통전』(通典, 801)에 부분적으로 기록되어 있었다. 예를 들어, 648년 당시 과거 시험 책임자, 즉 지공거(知貢擧)가 두 명의 진사 수험생의 글을 "천박하고" 부적절한 미사여구로 가득한 문장이라 혹평하여, 만약 그들이 관료로 임용되면 국정에 문제를 일으킬 수 있다고 지적한 사건을 언급하고 있다. 『통전』에 수록된 몇몇 문장들(예를 들어 674년에 작성된 고종에게 보낸 주소 奏疏)의 경우도 화려한 미사여구에 대한 집착을 한탄하면서 황제가 공직 후보자를 선택할 때 문학적 능력보다는 '덕행'을 우선시해야 한다고 촉구한다. 측천무후(則天武后, 690-705) 시대의 한 지공거가 황제에게 제출한 주소(奏疏)에는 수험생들이 내는 잡문(雜文)이나 경계문(箴), 명(銘), 내지 논(論)과 상소문(表)의 표현력뿐만 아니라 글쓴이의 덕성도 중시할 필요성과, 무능력한 귀족의 세습권력의 부당성에 관한 언급도 있었다(杜佑, 1988[801], Vol. 1: 402-412). 의심할 여지없이 당나라 시대 인물들은 정부의 관료 채용, 평가, 승진 제도에 만족하지 않았고, 관계(官界)가 주로 귀족에 의해 사실상 장악돼 있었다고 보는 경향이 강했다. 한데 확고히 뿌리내린 귀족들의 특권에도 불구하고, 당나라의 체제는 귀족들로 하여금 고전에 관한 규범적 지식의 습득과 규범적인 행동 등을 강요하기도 했다. 당나라의 이런 관료 제도를, 7세기 중후반에 이미 이 모델을 선택적으로 도입하기 시작한 인근국가들은 매우 이상적인 모델로 여겼다.

5. 초기 한국과 일본: 귀족 통치의 도구로서의 관료주의

가장 가까운 이웃이자 가장 먼저 정규화된 중국식 관료제의 효율성을 이해한 나라들은 한반도의 초기 국가들이었다. 그들과 이후 일본열도의 발전을 살펴보면, 진나라 치하에서의 급진적인 탈(脫)귀족화의 경험을 공유하지 않았던 후발 인근국에서 관료화가 어느 정도까지 진행될 수 있는 지를 가늠할 수가 있다. 오웬 밀러(Owen Miller)가 설득력 있게 주장하는 바와 같이, 한반도에서의 국가 형성이 중국 문명의 변방에서 시작되어, 중국으로부터의 영향이 현지에서의 사회적 계층화와 지배구조 확립에 매우 중요한 역할을 했다(Miller, 2016: 60). 기원전 108년에서 기원후 313년 사이에 한반도 북부와 오늘날 중국 북동부에 위치한 상당부분의 영토는 한사군(漢四郡)에 의해 통치되었고(Pai, 2000: 127-139) 군관들을 포함한 재지(在地) 중국계 주민들은 기원전 1세기경 압록강의 남쪽과 북쪽에 살던 현지민 족장들이 세운 고구려의 행정체제로 궁극적으로 편입되었다(안정준, 2014). 그러나 4세기 중반까지 초기의 고구려는 귀족 정치체였으며, 원래는 여러 개의 지역사회인 '나'(那: 나라, 특징 씨족이 지배하는 지역)가 연방으로 진화한 결과였다. 이러한 정치체제에서는 대부족장 출신의 대가(大加)나 나(那)의 유력자 출신인 패자(沛者) 등의 귀족들, 특히 왕족인 고추가(古雛加)들은 각자가 그들의 토지, 농민 가구 및 사병들을 가지고 있었고, 그들의 지위는 당연히 세습되었다(이준성, 2016). 고구려는 373년에 성문법인 율령(김부식, 1996년[1145년] 1권: 508)을 반포하였고, 그 1년 전에는 수도에 태학(太學: 김부식, 1996년[1145년] 1권: 508)을 열어 귀족 출신의 관료 양성소 역할을 하게 하였다. 668년 당나라의 공격으로 멸망할 때까지 고구려 후기에는 14개의 관등이 존재했지만, 중국의 사료에 의하면 귀족들끼리 사병을 동원하여 최고 관등인 대대로(大對盧, 일명 토졸 吐捽)를 놓고 내전을 벌이곤 했다는 기록이 있다(임기환, 2004: 201-258 참조). 고구려의 관료적 구조는 명확히 세습 귀족에 의해 독점, 관리되고 있었으며, 이들은 관료적 구조를 이용하여 예속 신민들로부터 잉여 추출을 체계화하고 영토 통제를 유지했다. 한반도의 남서쪽에 위치한 백제(전통적인 연대로는 기원전 18년에서 기원후 660년, 현대의 연구자들은 서기 4세기 중반에 영토국가로서의 백제의 형성을 추정한다. Best 2006: 63)는 6세기 초중반에 정교화된 관료주의 단계에 도달한 것으로 보인다. 훨씬 더 강력한 고구려군에 대항하기 위하여 백제의 22개 전문 관서(부: 部)는 중국의 여러 나라들과 일본에서 온 외국 출신들도 영입하여 충원되었다. 영입 외국인들은 최고 관료 계급을 지배했던 8개의 강력한 귀족 가문(소위 대성8족: 大姓八族)에 종속되지 않고 활동했던 것으로 보인다(정동준, 2006). 그 시기 백제에서 관료직에 진출하기 위해서는 일정 수준의 교육이 필수적이었던 것으로 보이지만, 정규화된 능력주의 채용 패턴에 관한 증거는 없다.

백제와 고구려와의 끊임없는 경쟁구도 속에서 승리한 국가는 한국의 남동쪽에 위치했고 경쟁 국가들과 비교적 지리적으로 떨어진 곳에 있던 신라였다. 673년에 이르러서는 대동강 남쪽의 영토의 전부를 지배했고, 경쟁자들은 이미 나당 연합공격의 공격으로 멸망한 뒤였다. 신라는 백제, 고구려와 마찬가지로 서기 1세기에 소위 '부(部)'라고 불리는 귀족들이 주도하던 느슨한 집단으로 시작되었다. 간지(干支) 또는 이벌찬(伊尺湌, 일명 이찬 伊湌: 이 귀족 칭호들이 나중에 공식적인 관등이 되었다)으로 알려진 이들 부의 지배자들은 초기 신라의 왕인 매금(寐錦)과 동류로 인식되었고, 그런 주장을 뒷받침할 물리력으로 그들만의 사병을 가지고 있었다. 신라가 율령(520년, 김부식, 1996년[1145년] 1권: 150 참조)을 채택하고, 곧 중국에서 왕(王)이라는 칭호로 알려진 군주 아래 17관등제(김부식, 1996년[1145년] 2권: 484-486)로 지배의 위계구조를 정비하면서 상황은 변화하기 시작했다. 대등(大等, '권력자'라는 의미)으로 알려진 기존의 귀족들이 새로운 관료 계층의 정점을 차지하게 되었다(하일식, 2006: 45-121). 이러한 위계질서는 격동의 7세기에 걸쳐 더욱 확대되고 확립된 질서로 발전했는데, 신라는 경쟁자인 이웃 국가들과의 사활을 건 싸움에서 승리하기 위해 중앙집권화와 관료화가 필요했다. 651년부터 신라에는 전쟁, 세금, 법 집행 관련을 포함한 44개의 전문성을 가진 행정 부서들 사이의 위계를 관장하기 위한 왕실 사무국(집사부 執事部, 김부식, 1996년[1145년] 제2권: 488-506)이 있었다. 중앙 행정 기관들에 1,260명의 전임 관료들이 임용되어 있었고, 군대와 지방 공무원들까지 합치면 그 숫자는 약 5,700명에 달했을 것으로 추산된다. 그러나 왕실의 필요에 대응하는 행정 부서는 115 개 정도로(김부식, 1996[1145], 제2권: 506-516), 신라 행정관의 주요 업무 목표는 추상적인 개념으로서의 '국가'보다는 주로 왕실과 궁정을 섬기는 일이었을 것이다(하일식, 2006: 292-296; 신형식, 1990: 162-167). 옛 '부' 귀족 계급의 후손인 세습 진골 귀족들이 5등 이상의 관직들을 독점했는데 다른 세습 집단에게는 허용되지 않던 의복, 이동수단 및 거주지의 특혜를 부여받았다(김부식, 1996[1145], 제2권: 370-386). 이 제도는 영향력 있는 귀족들이 여러 주요 요직의 겸임을 허락하여 국정에 대한 그들의 영향력을 극대화시켰다(하일식, 2006: 298; 신형식, 1990: 170-172; 이문기, 1984). 신라의 왕족들의 관료주의적 합리화와 귀족 가문들을 체계적으로 관리할 수 있는 능력을 극대화하려는 시도는 7세기 내내 지속되었다. 그러나 이런 노력들은 세습의 원칙이 가장 우선시되던 신라 사회제도의 본질적 특성으로 인해 그 효과가 제한적일 수밖에 없었다(Palais, 1984: 436; Miller, 2016: 62. 신라의 관료주의 위에 군림한 세습귀족에 관하여 참조). 예를 들어, 국학(國學)이라 불리던 국립대학은 682년에 개교했지만 진골과 그 아래의 높은 두 세습 계층인 육두품과 오두품만이 수학할 수 있었다(김부식, 1996[1145], 2권: 500). 788년(김부식, 1996[1145], 제1권: 326)에 4과(상중하푸 및 특품)로 구성된 국가고시격인 독서삼품과(讀書三品科)가 수립되었으나, 중간급 관료를 배출한 경우가 대부분(하일식, 2006: 324-331; 김희만, 2019: 276-279)이었다. 9세기 말 할거(割據)의 과정이 시작된 신라 말기까지 관료제는 기본적으로 귀족의 특권을 보호하는 역할을 했다. 그러한 관료제의 기능 때문에 신라처럼 세습을 기준으로 계층화된 귀족적 사회에서 관료화가 성공할 수 있었던 것으로 보인다.

세습 특권과 관료적 규칙성 사이의 일종의 타협은 귀족주의 전통에 젖어 있던 다른 사회들의 관점에서는 매력적인 해결책이었다. 일본도 그러했다. 고분기시대의 원시 일본에서 추장들의 거대한 봉분(250개에서 약 600개 정도)을 보아도 그 시대의 사회가 일관성을 가진 중앙집권적인 국가라기보다는 귀족들이 지배하는 정치연합체의 형태였고 이는 초기 고구려, 백제 또는 신라사회와 매우 유사했다. 중부(카츠라끼 葛城, 와니 和珥, 그 이후의 소가 蘇我 등)와 지방(키비 등)의 강력한 씨족(氏)들은 농민이나 장인집단을 세습적으로 통제했고, 그들 중 일부는 이민자 출신이었으며, 자신들만의 영토와 군사 기반을 모두 소유하고 있었다(平野邦雄, 1962). 아스카 시대(552년-645년)의 가장 강력한 씨족 중 하나인 소가는 권력의 극대화를 위해 중앙집권화를 시도했다. 603년부터 고구려, 백제, 신라와 마찬가지로 기존의 귀족들이 독점하는 관위12계(冠位十二階)가 성립되고 (Inoue, 1993: 176-180), 645년에 공포된 '대화개혁'(大化の改新) 이후 훨씬 강력하고 결정적인 중앙집권화 운동이 일어났다. 7세기 후반에 이르러 일본은 태정대신(太政大臣)이 주도하는 국무원격인 태정관(太政官), 그리고 인사·행정·법무·군사 등의 8개의 주요 부처(省)으로 구성된 중앙집권적인 국가가 되었다. 그러나 중앙 관료제는 60개 이상의 지방(쿠니: 国)에서 임기 6년으로 고정된 주지사(코쿠시: 国司)들로만 대표되었는데 대부분의 지역 행정관들은 기본적으로 재지 권력자들이었고, 그들의 임기는 정해져 있지 않았다. 중앙에는 총 331개의 직이 있으며, 하급 관료를 포함하여 6,487명의 중앙 관료들에 의해 나라 전체가 통치되었다(Naoki, 1993: 231-236). 이 수치는 동시대 신라의 추정치(약 5,700여 명, 위 참조)에 상응하고 있다. 만약 7세기 초 일본 인구 규모를 600만 명(澤田吾一, 1927:

182) 정도로 예상한다면, 인구 920명당 중앙 관료 1명의 비율로 결론지을 수 있다. 이는 당시 당나라의 추정치(위의 인구 1,000명 중앙 관료 1명)보다 약간 높은 밀도의 관료화이다.

　신라와 마찬가지로 일본의 중앙집권적 관료제에서도 황족과 귀족이 5위 이상의 주요 관직들을 사실상 세습적으로 독점했다. 신라와 마찬가지로 주로 귀족의 자녀들이 다녔던 국립대학(다이가쿠료: 大學寮))이 자체적인 시험제도(타이사쿠: 對策)를 운영하였으나, 시험의 합격으로 초위(初位)나 8위에만 해당하는 직급의 임명이 가능했기에 합격자 중 그 이상으로 진급한 경우는 그다지 없었다(Naoki, 1993: 236; Spaulding, 1967: 6-16). 예외적으로 중국 고전에 정통했던 유명한 시인 이사야마 후미츠구(勇山文繼, 773-828)는 고위 귀족 가문 출신이 아니지만 국립대학을 수료한 후 관료로서 훌륭한 경력을 쌓아 종4위하(從四位下)까지 획득한 경우이다(渡辺三男, 1993). 이사야마의 경력은 물론 예외적이었다.

　6세기부터 10세기까지 동아시아 국가들 중 어느 나라에서도 관리의 등용과정이 시험제도를 중심으로 이루어지지 않았고, 당나라와 비교했을 때도 신라와 일본에서의 관료적 위계체제 안에서 시험제도가 가지던 상징적 가치는 낮았다. 진나라와 한나라로부터 계승한 관료적 노하우가 당나라에서처럼 오랜 기간에 걸쳐 축적되어 있지 않았다는 것을 감안하면 신라와 일본의 낮은 관료화는 그리 놀랄 현상은 아니다. 신라도 일본도 진나라가 겪은 급진적인 '탈(脫)귀족주의'를 경험하지 못했다. 신라와 일본 모두 7세기 동안 권력 집중을 심화시킨 매우 중요한 사건들을 겪게 되었는데, 670년대 후반까지 한반도는 거의 끊임없는 전쟁 상황이었고, 660년부터 663년까지는 백제의 동맹국인 일본이 패망한 백제에 원군을 파견하는 등 한반도의 전쟁에 직접적으로 개입했던 격동의 시대였다(서영교, 2016). 전쟁과 대륙으로부터의 잠재적인 침략 위협에 대비하기 위해 일본의 중앙집권화 정책은 속도감있게 진행되었다. 한데 8세기와 9세기는 국외 전쟁에 영향을 받지 않은 비교적 평화로운 시기였다. 이로 인해 귀족 본위의 관료적 군주국들은 더 이상의 급진적이고 고통을 동반하는 개혁의 필요성이 없는 상태에서 국가구조를 통합할 수 있었다. 8세기 일본이 귀족지배 하에서 달성한 관료주의적 정교함의 정도만으로도, 장차관(長·次官) 등 품관들이 부하들의 승진과 강등에 영향을 주는 업무 적합성과 성과를 정기적으로 보고하는 것을 포함한 주요 관리 체제를 운영할 수 있었다(de Bary, 2001: 91-94. 그런 보고에 관한 법령의 번역 참조). 9세기 신라에서는 경문왕(재위 861~875)과 헌강왕(재위 875~886)이 진골 출신자보다는 당나라의 시험에 합격한 오·육두품들을 궁내 한림원의 학자(한림) 또는 궁내서기로 임용하려 했으나 그 시도는 오래가지 못했고, 그 직후 신라의 붕괴가 시작되었다(전덕재, 2011). 하지만 그런 시도가 가능했다는 것 자체가 신라의 귀족 사회가 문학적 소양을 높게 평가했다는 증거일 수도 있겠다. 신라의 패망 이후 지배층 구성원의 사회화와 사회문화적 자본 축적에서 시험제도의 중요성이 매우 성공적으로 수용, 각인된 것도 이런 배경이 있어서였다.

6. 9세기 위기와 중국의 비(非)귀족관료제국의 탄생

홍수와 가뭄을 포함한 일련의 자연 재해는 9세기 말 당나라와 신라 모두에서 민중의 반란(874~884년 중국에서 일어난 황소 黃巢의 반란이 가장 대표적)을 일으켰다. 중앙 통제력이 약화된 상황에서 국가의 과도한 잉여 수취(특히 간접세, 예를 들어 염세 鹽稅)로 인해 삶이 피폐해진 농민들은 지역과 중앙 권력에 저항한 하위 엘리트들(예: 부유한 소금 장수이었던 황소, Levy,

1955: 8 참조)이 이끄는 반란군에 합류하였다. 반란은 진압되었으나 영토 통제권의 균열과 군벌 정권의 출현으로 이어졌다. 이러한 과정이 당과 신라에서 거의 동시에 진행되었다는 점이 주목할 만하다. 신라는 889년부터 반란의 여파로 영토통제력을 상실하기 시작했고, 종주국인 당도 붕괴의 길로 치닫고 있었다(전덕재, 2021; Lorge, 2018). 그 시점을 주요 분기점으로 하여 대륙의 국가들은, 지배력 상실과 분권화가 더 느린 속도로 진행되었지만 실질적으로 되돌릴 수 없는 방향으로 선회한 일본과는 다른 길을 걷게 되었다. 일본의 중앙집권적인 '왕실국가'는 10세기 내내 여전히 건재한 지배력을 행사했지만 지방에 대한 통제력은 점차 약화되면서 개인에 대한 과세에서 토지에 대한 과세로 전환해야만 했다. 완전한 분열은 12세기 말 군사 정권인 막부(幕府) 체제가 확립되면서 발생했는데(坂本賞三, 1985), 외부로부터의 끊임없는 군사적 위협 때문에 훨씬 더 높은 수준의 중앙집권을 필요로 했던 대륙 국가들에 비해 일본의 막부체제는 훨씬 더 오래 유지될 수 있었다. 중국과 한국 모두에서, 중앙집권체제는 10세기 후반 경에 이전보다 훨씬 더 강력한 형태로 복구되었다.

오대십국(五代十國) 시대(907-960년)의 혼란기를 수습하여 태어난 송나라(960-1276)는 아마도 진나라(221-206 BC)의 단명한 급진적인 사회 실험 이후에 "관료 제국"이라는 용어가 완전히 적용된 세계 최초의 사회였을 것이다. 송나라는 중국과 세계 역사상 최초의 지속가능한 탈(脫)귀족 사회였다. 11세기 말까지 지속적인 인구의 증가를 기록한 송나라는 1,100년까지 1억 2천만 명의 인구를 다스렸는데(Banister, 1987: 4), 당시 북송의 인구는 그 시대의 전체 세계 인구의 33%를 차지한 것으로 추정되며, 이는 500년 이후 청나라(1644년-1911년)가 세계 총인구에서 차지했던 비율보다 더 많은 것이었다(Scheidel, 2021년: 103). 송나라는 지방관리를 제외한 34,000명의 문·무관에 의해 통치되었고(Chaffee, 1995: 27), 이

거대한 행정 피라미드의 꼭대기에 있던 삼성(三省: 門下省·中書省·尚書省)의 수장인 재상(宰相)에게 부여된 거대하고 중앙집권적인 권력은 삼사(三司: 戶部司·度支司·鹽鐵司)의 견제를 받으며 균형을 이루었다. 세금과 정부의 전매 품목(예: 소금, 철 등)을 관리하던 삼사는 상대적인 자율성을 보장받고 있었다.[2]

또 다른 중요한 통치 기관으로서 자율권을 가지고 있던 기관인 감사원, 즉 어사대(御史臺)는 공직사회를 통제하고 공직자들의 부패를 막는 역할을 맡고 있었다. 중앙 정부에는 6부(六部: 吏部, 戶部, 禮部, 兵部, 刑部, 工部 -인사, 세입, 의례와 외교, 전쟁, 사법, 공공사업 각각 담당)가 있었고, 감사원에도 6개의 조사담당 부서(六案)가 있어 6부를 각각 통제했다. 그러나 송나라의 황제들은 과도한 권력을 가진 감사원의 수장이 감사의 기능을 넘어서는 권한으로 황제의 통치행위를 제한할 수도 있다는 두려움 때문에 감사원장(어사대부: 御史大夫)의 자리는 공석으로 비워두었다(신채식, 1981: 113). 세계 최초의 관료 제국인 송나라에서 문관 관료제의 중앙집권화는 주요 제도적 원칙의 골간이었다.

중앙집권화는 능력주의적 임용과 승진의 전면적인 도입과 병행해서 진행되었는데, 이는 업적에 의해 임용된 사람들이 황실지배를 위협할 수 있는 강력한 귀족 혈통출신들보다는 더 유용하다는 판단에서 기인하였다. 그러나 능력 위주의 시험만이 관료 채용의 유일한 통로는 아니었다는 것도 유념할 필요가 있다. 송나라의 왕조사인『송사』(宋史)에는 아버지, 할아버지 또는 다른 친척들의 '공로', 즉 음서제, 그리고 추천을 받아 임명된 최소한 290명의 관리들이 기록되어 있다(신채식, 1981: 309).

---

2 송나라의의 재상(宰相)제의 장기적인 역사적 진화에 대해서『문헌통고』(文獻通考)제49권과 馬端臨, 1519[1317]: 100-112 참조. 송나라의 국가재정 담당인 탁지사(度支司)에 대해 脫脫,『송사』(宋史) 제162권과, Kun, 2009: 38을 참조.

973년부터 시행된 과거 시험(Kuhn, 2009: 39)은 현단위, 수도, 그리고 황궁 등의 세 단계(해시 解試, 성시省試 그리고 전시 殿試)의 시스템으로, 11세기에 송나라에서 고위직으로 채용된 관료의 90% 이상이 과거 급제자이었고, 이는 12세기에 들어와서 72%의 비율로 떨어졌다(Chaffee, 1995: 29). 답안을 봉밀원(封彌院)에서 익명화하고, 본문을 등록원(謄錄院)에서 필사하여 시험관이 응시자의 글씨를 알아보지 못하도록 만전을 기했다. 시험을 밀폐된 공관(鎖院)에서 보게 하는 등 "객관성 극대화"를 위한 시험 방법은 놀랍도록 현대적인 고려였음을 알 수 있다(荒木敏一, 1969: 22-23; Chaffee, 1995: 51). 시험은 원칙상 모든 양민들에게 개방되었고(비록 이서 吏胥 등의 자녀를 위한 별도의 시험이 있었는가 하면, 장인 匠人 등에게 과거를 보지 못하는 일부 시기들이 있었다), 인쇄술의 발달과 문해력의 확산으로 수험생의 수는 기하급수적으로 증가했다. 상대적으로 부유했던 남중국 지역의 복건성에서 남성 인구의 6-10%가 일생에 한 번 이상 시험을 본 것으로 나타났고 그 지역의 시험 경쟁률은 1090년에 75대 1, 1207년에 놀랍게도 333대 1이었다(Chaffee, 1982). 시험 결과로 일단 공무원 임용이 결정되고(신채식, 1981: 176-177), 승진 또는 강등은 고과심사를 거쳐 결정되었다. 예를 들어, 지방 행정가들의 경우, 범죄율이나 과세 인구의 증감이 중요한 고과 기준이었다. 공무원의 부정부패가 발각되면 추천인이 있으면 추천인과 함께 그 연대 책임을 지게 하였다(신채식, 1981: 258-263). 송나라 시대에 "능력"은 여전히 고전의 지식을 의미했지만, 송 왕조에서 가장 위대한 개혁가로 꼽히는 왕안석(王安石, 1021-1086)은 1058년 그의 유명한 상소인『만언서』(萬言書)에서 공무원들의 고전에 관한 일반적인 지식보다는 전문적인 지식을 습득할 필요가 있다고 제안했다(Williamson, 1935: 61). 이 제안이 제대로 받아들여지지는 않았지만, 왕안석 제안의 적절한 이행은 송나라 공무원의 업무를 현대 공무원의 복무 기준에 상당히 가깝게 만들 수 있었을 것이다. 이러한 송나라 관료제의 발전은 서유럽의 중세 전사(戰士: 벨라토르: *bellatores*)인 기사들이 봉건계층의 왕자들과 귀족들 바로 아래의 세습특권층으로 점차 진화했던 것과 뚜렷한 대조를 이룬다. 중세 초기에는 양민 남성들이 필요한 장비와 훈련만 갖추고 있었다면(보통 하급) 기사까지의 신분 상승이 가능했지만 봉건제가 성숙해지면서 그런 기회마저 고갈되었다(Cardini, 1990: 103).

여러 요인들이 복합적으로 작용해 송나라의 '능력 중심주의'의 도약이 가능해졌다. 거란의 요나라(遼, 916-1125), 여진의 금나라(金, 1115-1234), 탕구트족의 서하 왕조(西夏, 1038-1227)(Kuhn, 2009: 71-98)와 같은 당대의 어마어마한 경쟁자들에 대항해야만 했던 송나라 통치자들은 대규모의 군대가 필요했던 동시에 지방 군 지휘관들에 의한 권력의 분열과 군대의 사병화를 막아야만 했다. 이와 비슷한 일들이 당나라 때 일어난 전례가 있었기 때문이다(Kuhn, 2009: 20-34). 송나라의 입장에서는 유교적 이념과 유가·법가의 통치 모델(Kuhn, 2009: 99-119)을 고수하며 능력주의로 운영되는 관료제의 수직적 구조가 경쟁관계에 있던 중앙집권제국과의 대결에서 살아남기 위한 최선의 해법이었다. 송나라는 고도로 생산적인 농업경제를 가지고 있었고, 그 생산성의 기반 위에서 인구대비 경작지의 부족을 고려할 때 필연적으로 연중 휴경기가 없는 경작체계가 필요했으며 이를 위해 비료·관개의 광범위한 사용을 권장하였다(Chao, 1986: 199). 오늘날의 베트남지역에서 일찍 익는 쌀의 도입으로 수확량을 증가시킬 수가 있었다(Ho, 1956). 능력에 기반을 둔 고도로 정규화된 방식으로 원활하게 운영되는 관료주의적 통치와 상부 지배구조의 안정성은 현금작물의 원활한 거래뿐만 아니라 다양한 관개 사업의 효율적인 실행을 가능케 했고(Maddison, 1998: 30-33), 동시에 경제의 상업화가 증대되면서 자녀들을 적절히 교육시킬 충분한 경제적 자원을 가진 가족들의 공직사회로의 합류도 증가했다. 이 가문들은 여러 세대에 걸쳐 최소한 한 명의 관료를 배출할 수 있을 만큼의 경제적, 문화적 자본을 보유하면서, 농장과 노예의 소유보다는 문화적 자원을 기반으로 한 새로운 신사(紳士), 독서인(讀書人)의 상류층을 형성하였다(Elman, 2000: 134). 상업화의 정도가 낮은 당대의 인접한 사회들은 비슷한 방식으로 시험 제도를 운영하고 있었지만, 고학력 신사(紳士)층을 형성시킬 정도의 기반은 없었다. 송나라와 비슷한 사례로 958년부터 과거제를 운영해온 고려(918-1392)가 대표적이다. 실제로 『고려사』에 등재된 650명의 주요 신료(臣僚) 중 절반은 급제자 출신이었고, 나머지는 음서제 등을 통해 입문한 경우였다. 한데 사실상 모든 수험생들은 귀족가문 출신들로 볼 수 있다. 평민들은 고려에서 과거를 치를 수 없었던 것으로 알려져 있으며 시험은 소수의 귀족 엘리트 계층에서 신분분배의 도구로써 기능했다(이남희, 2013). 송나라의 신사층은 고려의 귀족층보다 훨씬 더 포용적인 사회 계층이었다. 그러나, 그런 송에서조차 학업 성적에서 뛰어난 사람들을 선발하기 위해 정교하게 만들어진 시험들은 공직자 사회 안에서 성공적으로 자리를 잡는데 필요한 고전읽기와 쓰기의 능력을 향상시킬 자원이 없는 대부분의 빈곤층을 효과적으로 배제했다(Elman, 2000: 1)33-134). 중국사 전공자인 저명한 일본 역사학자 미야자키 이치사다(宮崎市定, 1901~1995)가 주장했듯이 송나라는 전대의 당나라와 달리 소작농들에게도 개별적으로 자유로운 평민의 지위를 보장하며 소작계약제를 실시했지만(宮崎市定, 1970-71) 농민들은 송나라 사회에서 한 몫을 가졌던 공민이었다기보다는 엘리트 지배의 대상자에 불과했던 것 또한 엄연한 사실이었다.

송나라 과거제의 "능력주의"는 몇 가지 중요한 한계들이 있었다. 대부분의 가난한 서민들이 시험 준비에 필요한 오랜 시간과 자원의 부족으로 배제된 것 외에도, 시험 제도는 그들만의 특권 계층을 형성했다. 고위 관직에 있는 부모나 친척들이 어린 자손이나 같은 문중 사람들을 음서제로 밀어주거나, 시험관의 친척들이 특별한 시험 종류로서 훨씬 덜 경쟁적인 특수 고시제도를 이용한 등의 경우(Chaffee, 1995: 101-102)는 일반적으로 훨씬 더 경쟁적인 경로로 관료가 된 사람들보다 더 쉽게 또 운이 좋게 관료직에 앉을 수가 있었다. 100~300명 대 1이라는 경쟁률을 고려할 때, 과거 시험을 준비하는 사람들의 절대 다수는 합격할 가능성이 거의 없었다. 그럼에도 불구하고, 반쯤 근대적이고 최대한 객관화된 시험을 통한 출세 경로의 도입은 고전 문헌의 학습이라는 공유된 문화적 자본과 함께 다소 동질적인 독서인들의 지배계층을 형성하면서 엄청난 역할을 했다. 송나라의 치하에서 완전한 형태를 갖추고,(Chaffee, 1995: 166-169) 이후 거의 천년 동안 중국 사회의 중요한 특성으로 남아 있는 "고시문화"는 특정 유형의 엘리트 문인 남성의 출현을 촉진시켰다. 그런 남성들은 학문적 소양과 그에 수반되는 자기 수양뿐만 아니라 관료 시스템이 요구하는 일정한 행동양식에 익숙했고, 매우 경쟁적이었으며, 복잡한 행정 업무의 수행이라는 결정적 경험을 공유했다(송나라의 관료적 아비투스에 대하여, Ebrey, 2016: 43 참조). 수행평가가 승진과 좌천의 주요기준이던 송나라의 관료문화는 국정의 성공적 경영과 발을 맞추어 발전하였다. 요약하자면, 관료중심적 송나라 제국은 문학적 재능을 가진 국가 관료의 모습이 이상화된 지배 계급을 탄생시켰다. 송나라와 비교하면 세습귀족의 특권이 특히 강한 요소를 유지했던 15세기 이후의 조선(1392-1910) 사회(강응천, 권소현, 송웅섭, 염정섭, 오상학, 정재훈, 한명기, 한필원, 문사철, 2013: 32-38; Palias, 1984: 457-463)에서도 송과 비슷한 유형의 학자관료들이 지배를 하게 되었다. 혁신보다 안정성을 중시하는 경향의 학자관료계급은 지속적으로 증가하는 인구와 세금 수입, 그리고 범죄와 소송의 부재 등으로 좋은 인사고과를 받을 수 있었다. 하지만 그 뒤에 중국과 한국에서 근대화가 시작되고 관주도형 산업근대화의 움직임이 생기기 시작하면서 그 과정에서 강력한 주도권을 행사할 수 있었다.[3]

7. 정복 왕조, 비(非)한족국가 및 능력주의적 질서

과거 시험 문화의 영향은 비록 세습귀족 특권의 패턴을 타파할 만큼 강하지는 않았지만 송나라와 경쟁하거나 송나라의 제도를 계승한 비(非)한족 왕조의 통치 체제에 미친 영향력은 충분히 강력했다. 광범위하게 중국의 모델을 받아들여 시험제도를 만든 최초의 정복 왕조는 거란의 요나라(916-1125)였다. 977년에 과거제를 실시하여 남쪽의 수도인 오늘날의 베이징에 당나라 시대의 시험장을 복원하였다(Twichett, 1994: 92). 988년부터 매년 시험이 실시되었고, 11세기 후반까지 매년 100명 이상의 급제자들이 배출되었다. 그러나 이들 중 소수만이 공식적인 임용을 받을 수 있었다. 거란 귀족들은 고위 관료직으로의 등용자격을 포함한 기존의 세습 특권을 유지했지만, 한족 공직자들 사이에서도 대대수는 입증된 개인의 학문적 성과보다는 음서제를 통해 그들의 지위를 획득했다(Wittfogel,

---

3   황경문이 근대 한국의 신분 동태에 관한 저서에서 주장한 바와 같이, 1890년대 이후의 세계적 근대성의 맹공은 조선의 고위직을 거의 독점하다시피 한 양반계층의 특권 타파에 작용했고, 이에 준(準)엘리트 계층인 중인 집단뿐만 아니라 일부 평민 출신들도 근대적 학력자격증만 보유한다면 관료로서의 진입과 승진도 가능하게 되었다(Hwang, 2004: 42-104). 어떻게 보면 전근대 국가의 능력주의적 요소는 계승되고 더욱 발전하게 되었다. 물론 근대의 학력이란 유교적 고전에 관한 지식과 거의 관련이 없었다. 하지만, 엘리트 국가 관리자들의 학습 내지 시험을 통한 경쟁을 중시하는 태도 등은 이전 시기와 현저한 연속성을 가진다.

1947). 여진의 금나라(1115-1234)는 오늘날 중국 북부의 광대한 옛 요나라의 영토를 차지하고 있었으며, 요나라의 과거 시험 절차를 계승하고 발전시켰다. 금나라에서 과거 시험은 이미 1123년에 시작되었고 1129년부터 정규화되었다. 특히, 1173년부터 여진족 지원자들의 편의를 위해 여진어로 시험을 병행하였다. 송과 마찬가지로, 노비를 포함한 이들의 자손들이 시험에 참가하는 것이 금지되지 않았고, 시험은 또한 여진족 귀족의 세습 특권을 공유하지 않는 야심찬 여진족 평민들(물론 주로 부유한 가정 출신)에게 중요한 신분의 수직상승 경로였다. 1205년에서 1234년 사이에, 37%의 여진족 관리들이 과거 시험을 통해 등용되었고, 이들 관리들 중 다수는 귀족 가문 출신이 아니었다. 1167년에서 1234년 사이에 금나라에서 관직 등용된 진사(進士)급 인재들의 수는 연평균 약 200명으로, 1020년에서 1057년 사이의 북송(224명)과 견줄 만하다. 여진족 귀족들이 금 왕조 정부에서 대부분의 요직을 차지했음에도 불구하고, 능력주의를 실시한 송나라 체제의 방향으로 많은 중요한 단계를 거쳐 이동해 갔는데, 이는 경쟁국인 남송의 압박 때문이었다(Tao, 1974; Xin, 2015).

몽골이 지배하던 원나라(1271-1368)는 10세기 이후 송나라와 그 경쟁국인 요나라, 금나라 등에 의해 분열된 중국을 통일하는 데 성공했다. 정복자들의 지배와 남송의 몰락, 그리고 1313년까지 어떠한 시험도 행해지지 않은 공백에도 불구하고, 신사(紳士)계층은 문화적 자본에 의해 형성된 강한 자의식을 가진 하나의 대자적 계층으로서 스스로를 보존해 나갔다(Elman, 2000: 32-33). 그러나 여진족의 지배계층들과는 달리 몽골의 정복자들은 그들의 광대하고 이질적이며 국제화된 제국에서 피정복자들의 엘리트들과 권력을 공유하는 것을 극도로 꺼려했다. 몽골 황제들은 결국 왕운(王惲, 1227-1304)과 같은 한족 학자관리들의 설득에 의해 과거 시험의 재설치를 진지하게 고려하게 되었다. 왜냐하면 가문 지체와 인맥, 기존 신료들의 추천 등을 통해 임용된 관료들의 효율이 떨어지고 있었다는 점이 명백했기 때문이다(Lam, 2008: 300-306). 그러나 시험이 실시되었던 반세기도 안 되는 기간인 1368년까지 1,136개의 진사만이 급제되었고, 연평균 21개의 학위가 수여되었는데 이는 여진족보다 10배나 낮았다. 게다가 몽골인들과 비(非)한족인(대부분 중앙아시아 출신)인 색목인(色目人) 등이 등록된 모든 호구의 3%만을 차지했지만, 동시에 모든 학위에 대한 50%의 할당 혜택을 누렸고, 모든 공식적인 직위의 30%를 차지했다. 결국, 진사 시험 합격자들은 고위 공직사회의 2%(Elman, 2000: 33-36)를 차지하는데 그쳐, 당나라 초기 이후 가장 낮은 수치를 기록했다. 한족 신사층을 왕조의 통치 메커니즘에 제대로 흡수하지 못하고, 능력 중심주의에 기반한 수직적인 신분상승의 기회를 제한한 정책은 원나라의 단명을 이해하는데 중요한 부분이 된다. 그러나 여기서 한 가지 흥미로운 점은 답안을 익명화하고 응시자를 보안이 철저한 분리된 공간으로 수용한 북송의 시험 규정이 몽골 통치하에서 여전히 지켜졌다는 점이다(Lam, 2008: 328-332). 이렇게 "시험 문화"는 그 당대에 국가 행정 절차와 문인들의 문화 습관을 구성하는 오래된 요소로 이미 자리를 잡았던 것이다.

원나라의 후계 국가인 한족의 명나라는 어떤 면에서 원나라와 송나라의 전통을 동시에 두루 다 이어받았다. 명나라의 핵심 과거 시험 항목들은 원나라의 전례를 따랐고, 사서(四書)의 해석 이외에는 논문(論), 판단을 담은 문장(判), 각종의 조칙(詔와 誥) 그리고 상소문(表) 작문은 그 주요 내용이었다(Elman, 2000: 41-46). 동시에, 진사 학위의 취득은 송나라의 유산을 물려받은 명나라에서도 공직사회 진입의 주요한 관문이었다. 명나라 276년 동안 24,874개의 진사 학위가 수여되었고(Hucker, 1958: 14), 15세기 중반부터는 모든 진사 학위 소지자의 절반가량은 공무를 맡은 기록이 없는, 즉 평민으로 판단되는 가문 출신이었다(Ho, 1959:

343-344). 이 제도가 야심만만한 평민계층 자녀들에게 지배 엘리트의 반열에 진입할 길을 터주었고, 명나라 통치 동안 더욱 공고해진 송나라식의 관직등용제도는 능력주의였다고 볼 수 있다. 행정가로서의 자격은, 세습보다 능력주의적 "관문"의 통과를 통해 획득되었다. 그러나, 동시에 이 제도를 통해 부유한 문중들의 경제적 자본은 행정적, 정치적 참여의 기회로 전환되었다. 시험 준비의 일환으로 외워야 할 문헌의 분량은 약 40만 자에 달했고, 과거 시험 준비는 약 6년이 걸렸다(Miyazaki, 1981: 16-17). 이런 시험 준비를 본격적으로 하기도 전에 일상 언어와는 다른 고어인 고전 한문을 어린 나이부터 배워야 했다. 전체적으로 약 10년에서 15년에 이르는 학습 기간이 필요했으며, 또한 상당한 자원이 필요한 과정이었다. 따라서 평민계급의 대다수인 빈곤층은 처음부터 이와 같은 신분 수직상승 경로에서 제외되었다. 전형적으로 평민 출신 관료는 부농이나 상인 등의 가정에서 태어나 학문적으로 재능이 있어 경제적 네트워크와 자원을 정치적 자본으로 전환하는 데 성공한 사람들이었다(Elman, 1991: 16-17).

시험제도에서 다수의 가난한 평민들이 배제되었지만, 이 제도는 경제적 자본, 행정 참여, 문화적 명성의 결합을 통한 안정적이고 통합된 상류 엘리트 계층을 만들어 내는 기제로 작동했다. 청나라(1636-1911)의 경험에서도 알 수 있듯이, 한족이 아닌 정복 왕조라도 시험 제도가 제대로 운영되고 통합된 엘리트들을 적절하게 수용하면 거의 3세기 동안 통치를 할 수가 있었다. 17, 18세기동안 만주족이 전체 인구의 3% 정도였음에도 불구하고 사실상 최고 행정직(총독 및 순무 巡撫)의 절반을 독점하면서 특권을 누리면서 청나라는 건재함을 과시했다(陳文石, 1977: 593-594). 하지만 그와 동시에 만주족의 청나라는 부유한 한족에게도 시험을 통한 사회적 신분상승의 가능성을 상당히 허용하였다. 명나라와 비교했을 때

부유한 평민의 자손들이 관리의 반열로 올라가고 가족이 귀족의 지위를 획득할 수 있는 기회는 명나라 시대에 비해 아주 조금만 적게 제공되었을 뿐 시험제도 운영에서의 융통성은 담보되어 있었다. 청나라의 26,747명의 진사 학위 소지자들 중 37.2%는 비관료 가문출신이었다(Ho, 1959: 353; Ho, 1962: 114-116). 원하던 시험에 합격함으로써, 부유한 서민들은 가족의 경제적 자본을 공직 보유와 관련된 문화적, 사회적 자본으로 전환시킬 수 있다. 이와는 대조적으로 공직에서의 순수한 경제적 보상은 상대적으로 미미했다. 19세기 중국 상류층 총 소득의 19%만이 공직의 봉록(俸祿, 즉 월급)에서 발생한 반면, 토지 소유에서 발생한 소득은 34%에 달했던 것으로 밝혀졌다(Chang, 1962: 197). 흥미롭게도 조선조차도 귀족 특권의 상대적인 중요성에도 불구하고(Palais, 1984: 457-463) 야망이 있는 서민들에게도 신분상승의 상당한 여지가 있었다. 조선시대 문과 급제자 1만4,615명에 관한 상세 자료에 따르면, 15세기 문과 급제자의 30~50%가 비관료 출신이었다. 이는 광해군(1608~23) 때 이르러서 14%로 크게 떨어진 것으로 나타났는데 임진왜란(1592-98)이후 조선의 지배계층들이 그들의 권력기반의 강화를 위해 더욱 강하게 결속했기 때문이다. 그러나 19세기에 이르러서는, 경제의 상업화에 속도가 붙으면서 경제 분야에서 부유한 서민들의 중요성이 높아졌기 때문에, 관료 경력 없는 집안 출신의 급제자들이 차지한 비율이 전체의 절반으로 다시 반등하게 되었다(한영우, 2013-2014).

8. 결론: 조공사회질서의 완성과 시사점

위에서 언급한 일리우셰치킨(Ilyushechkin)과 같은 논리 선상에서, 전후의 가장 잘 알려진 마르크스주의 사상가 중 한 명인 사미르 아민(Samir Amin, 1931-2018)은 자본주의 이전의 생산 양식을 '공납(貢納)제'로 개념화한 것으로 유명하다. 아민은 고대 지중해 사회(노예를 소유한 사회), 로마 제국 붕괴 이후 유럽의 봉건화되고 분열된 사회, 그리고 조직적이고 고도로 관료화된 이슬람, 인도, 동아시아 국가들에서 잉여 수취의 방법상에서 본질적인 차이를 거의 발견하지 못했다. 잉여가 노예, 농노, 또는 개별적으로 양민 신분의 소규모 생산자로부터 추출되는지의 여부에 관계없이, 모든 공납제 사회는 비(非)경제적 강제를 피지배층에 적용함으로써 잉여물을 추출한다(이는 생산자가 시장원리에 따라 노동력을 판매하는 자본주의 생산양식과는 본질상 다르다: Amin, 1989: 1-11; 이론의 초기 개념화에 관해서는 Amin, 1976: 13-16을 참조). 아민의 개념을 수용하여 공납제 생산양식을 정의한 에릭 울프(Eric Wolf)는 권력의 행사와 지배를 통해 공납제 체제가 작동한다는 주장, 즉 사회적 노동이 동원되는 조건으로서의 정치과정을 논한 것으로 유명하다(Wolf, 1982: 80). 그러나 생산양식이 동일하다고 하더라도, 모든 공납제 사회들이 다 비슷하지는 않다는 것에 주목할 필요가 있다. 시간이 지남에 따라, 공납제 사회들에서는 국가 간 경쟁, 사회 질서 유지, 잉여 수취에 필요한 점점 더 정교한 국가 메커니즘이 개발됐다. 발달된 관료주의 전통을 자랑하는 다른 동아시아 국가들과 비교하더라도 중국의 경우는 이 속도가 상당히 빨랐다. 아민은 전근대 중국을 경제적 생산성과 그에 상응하는 국가기구의 발전이라는 관점에서 자본주의 이전의 발전의 정점인 '완전히 성숙한 공납제 사회'로 정의하고 있다(Amin, 1989: 60-67). 울프가 관찰한 바와 같이, 중국형(型) 공납제 질서의 약화는 반복적으로 지리적 분열의 상태를 야기했으며, 때로는 표면적으로는 봉건제와 유사한 군벌 통치형태도 출현케 했다(Wolf, 1982: 82; 이 관찰에 관하여는 위의 3세기부터 6세기까지의 남북조 시대와 당나라에서 송나라로의 과도기인 오대십국 五代十國 시대에 대한 설명을 참조). 그러나, 오랜 관료주의적 질서의 근본적인 힘은 능력을 바탕으로 한 임용관행과 함께 제국의 질서 회복에 기여하게 되었다.

위에서 살펴본 바와 같이 탈(脫)귀족주의와 능력중심적 관직 임용은 중세 중국 역사의 진화에 매우 중심적인 요소들이었다. 대체로, 국가기관은 넓은 의미의 신사(紳士) 계층에게 개방되었으나, 적어도 원칙적으로는 그 외의 대부분의 계층들에게도 개방되어 있었다. 객관적인 등용, 고과의 기준은 공공성·공익 같은 관념들을 공고화시키고 공적인 기관으로서의 정부의 위상을 정립시키는 데에도 영향을 미쳤다. 이는 당대 유럽에서 정부의 권력이 특정 귀족 가문의 사적 소유로 인식되던 것과는 확연히 구별되는 것이었다. 좀 더 긴 관점에서 보면, 이러한 국가의 이미지는 "공적인 영역"이라는 현대적 개념의 전조였다. 단지 여기서 유념해야하는 부분은 국가는 여전히 왕조의 상태였고, 능력 중심의 평가기준은 국가의 최고 통치자들에겐 적용되지 않았다는 사실이다. 민초 단위에서의 가부장적 가정과 유사하게, 왕조 국가의 상부 구조도 주로 부계 중심의 가문을 핵으로 구성된 사회였다. 공공의 선을 추구하는 일부 관료들이 옹호한 보편적 원칙들과 세습 황권(皇權), 황제의 총애를 받던 심복들 또는 지방 토호들의 평민에 대한 인적 지배 사이의 긴장관계는 실제로 중국 제국의 통치 특징 중 하나였다. 이러한 긴장관계는 다른 공납제 사회에서도 잘 알려진 현상, 즉 자신들의 생계가 국가의 세금 추출 능력에 달려있는 관료들과 그들만의 권력기반을 가진 세습 엘리트들 사이의 '잉여를 위한 투쟁'이라는 패턴의 한 변종으로 설명될 수 있다(Holdon 1993: 203-265). 모든 세습 기득권 집단의 완전한 제거에 성공한 국가는 자본주의 이전에는 거의 없었다. 위에서 언급한 바와 같이 급진적인 탈(脫)귀족화를 시도한 진나라(기원전 221년-206년)는 겨우 15년 동안만 존재했다. 하지만, 잉여를 위한 투쟁에서 국가 관료제의 성공은 국가가 영토 기반을 유지하기 위해서 뿐만 아니라, 原자본주의(proto-capitalist) 형태의 상업적 교환과 매뉴팩처 생산을 비롯한 생산력 발전을 위해 필요한 내부 안정을 유지하는 데서도 결정적으로 중요했다. (송나라 시대의 고도로 발달된 시장 경제에 관하여는 Liu, 2015: 57-76를 참조). 관료제의 힘이 절대적으로 강하고 관료들이 추출한 잉여의 몫이 컸다는 것은 물론 전근대 중국이나 조선에서 상인 공동체로서의 자치 도시의 성장을 방해하는 등 자본주의적 생산관계의 선구적 발생에 장애물이 되기도 했다(Wolf, 1982: 85). 하지만, 이 나라들이 서구발(發) 자본주의 세계 체제 안에 일단 들어가자, 관료제에 의한 잉여의 추출은 약점이 아니라 강점으로 바뀌었다. 다양한 형태의 능력주의를 포함한 관료제도에 기반한 국가경영의 장기적인 지속성은 서구가 보다 일찍 달성한 자본주의의 축적을 상대적으로 빠르게 따라잡는 일에 긍정적으로 작용했다고 평가할 수 있다(예를 들어, 한국의 발전에 중요한 역할을 한 응집력 있고 능력위주로 모집된 관료제에 관하여는 Evans, 1995를 참조).

번역: 김미경(부경대학교 강사)

참고문헌

강응천, 권소현, 송웅섭, 염정섭, 오상학, 정재훈, 한명기, 한필원, 문사철. 2013. 『16세기, 성리학 유토피아』. 서울: 민음사.

김부식. 1996[1145]. 『三國史記』. 서울: 한글과 컴퓨터, Vols. 1–2.

김희만. 2019. 『신라의 왕권과 관료제』, 서울: 경인문화사.

신채식. 1981. 『송대관료제연구』. 서울: 삼영사.

신형식. 1990. 『통일신라사 연구』. 서울: 삼지원.

서영교. 2016. "신라 통일 전쟁과 왜" 『신라사 학보』 Vol. 38, pp. 115–146.

안정준. 2014. "4~5세기 高句麗의 中國系 流移民 수용과 그 지배방식" 『한국문화』, Vol.68, pp. 111–141

이준성. 2016. "고구려 초기 대가(大加)의 성격과 상위 관제(官制)의 작적(爵的) 운영." 『동북아역사논총』, Vol. 53, pp. 317–349.

이문기. 1984. "신라시대의 겸직제" 『대구사학』, Vol. 26, pp. 1–59.

이남희. 2013. "고려시대의 과거제와 공공성" 『한국 동양정치사상사 연구』, Vol. 12, No. 2, pp. 57–76.

임기환. 2004. 『고구려 정치사 연구』, 서울: 한나래.

전덕재. 2011. "신라 경문왕·헌강왕대 한화정책(漢化政策)의 추진과 그 한계" 『동양학』, Vol. 50, pp. 65–91

전덕재. 2021. "신라 말 농민봉기의 원인과 통치체제의 와해" 『역사와 담론』 Vol. 98, pp. 5–48.

정동준. 2006. "백제 22부사 성립기의 내관·외관" 『한국고대사연구』 Vol. 42, pp. 191–230.

하일식. 2006. 『신라 집권 관료제 연구』 서울: 혜안.

한영우. 2013. 『'과거, 출세의 사다리』. 서울: 지식산업사.

宮崎市定(미야자키 이치사다). 1970–1971. "部曲から佃戸へ(上, 下) : 唐宋間社會變革の一面". 『東洋史研究』 Vol. 29, pp.325–61 ; Vol. 30, pp. 1–32.

澤田吾一(사와다 고이치). 1927.『奈良朝時代民政經濟の數的研究: 附諸國人口·斗
　　量·衣食住』. 東京 : 富山房 .

坂本賞三(사카모토 쇼조) 1985.『莊園制成立と王朝国家』. 東京: 塙書房.

荒木敏一(아라키 도시가즈), 1969.『宋代科舉制度研究』京都: 東洋史研究会

矢野主税(야노 치카라). 1965.『門閥社会史』長崎: 長崎大学史学会.

渡辺三男(와타나베 미츠오). 1993. "勅撰三集に見る嵯峨帝側近の詩臣"『駒澤國文』
　　Vol. 30, pp. 19-33.

平野邦雄(히라노 구니오). "大化前代の社会構造"『日本歴史』vol. 2. pp. 83-122. 東
　　京: 岩波書店

高明士. 1999.『隋唐贡举制度』台北: 文津出版社.

脱脱(도크토야 등). 1345.『宋史』. https://www.zhonghuadiancang.com/lishizhua
　　nji/songshi/ 에서 열람 가능(2021년12월22일 접속).

杜佑(두우). 1988[801]『.通典』. 北京: 中華書局, Vol. 1.

劉昫(류슌). 1987[945].『舊唐書』Vols. 1-16. 北京 : 中華書局.

馬端臨(마돤린). 1519[1317].『文獻通考』. 福建省 建陽: 劉氏. https://dl.ndl.go.jp/i
　　nfo: ndljp/pid/2570885?tocOpened=1 열람 가능(2022년 12월22일 접
　　속).

吳兢(우징). 1600.『貞觀政要』. 京都: 圓光寺 . Vols. 1-8. https://dl.ndl.go.jp/info:
　　ndljp/pid/2570051?tocOpened=1# 에서 열람 가능(2021년5월12일 접
　　속).

王溥(왕 푸). 1989[961].『唐會要』台北: 世界書局.

魏徵(웨이 젱). 1987[636].『隋書』. 北京: 中華書局.

金觀濤(진관타오), 劉青峰(류칭펭). 1984.『興盛與危機——論中國封建社會的超穩定
　　結構』. 長沙: 湖南人民出版社

陈寅恪(젠 인케). 1982.『隋唐制度渊源略论稿』. 上海: 上海古籍出版社

陳文石(젠 웬시). 1977. "清代滿人政治參與"『歷史語言研究所集刊』Vol. 48, pp.

529-594.

Amin, Samir. 1976. *Unequal Development. An Essay on the Social Formations of Peripheral Capitalism*. Hassocks, Sussex: The Harvester Press.

Amin, Samir. 1989. *Eurocentrism*. London: Zed Books.

Banister, Judith. 1987. *China's Changing Population*. Stanford: Stanford University Press.

Best, Jonathan. 2006. *A History of the Early Korean Kingdom of Paekche, together with an annotated translation of The Paekche Annals of the Samguk sagi*. Cambridge, MA: Harvard University Press.

Bloch, Henri-Simon. 1940. "The Evolution of the French Taxation System – An Historical Sketch" *The Bulletin of the National Tax Association*, Vol. 25, No. 9, pp.266-273.

Brook, Timothy. 2016. "Introduction" in Brook,Timothy(ed.). *The Asiatic Mode of Production in China*, pp. 3-35. London: Routledge.

Brubaker, Leslie and Haldon, John. 2011. *Byzantium in the Iconoclast Era*, C. 680-850: A History. Cambridge: Cambridge University Press.

Cardini, Franco. 1990. "The Warrior and the Knight" in Le Goff, Jacques(ed.). *The Medieval World*, pp.75-113.London: Parkgate Books.

Chaffee, John W. 1982. "To Spread One's Wings: Examinations and the Social Order in Southeastern China during the Southern Song" *Historical Reflections*, Vol. 9, No. 3, pp. 305-332

Chaffee, John W. 1995. *The Thorny Gates of Learning in Sung China*. New York: State University of New York Press.

Chang, Chung-Li. 1962. *The Income of the Chinese Gentry*. Seattle: University of Washington Press.

Chao, Kang. 1986. *Man and Land in Chinese History: An Economic Analysis*. Stanford: Stanford University Press.

deBary, William Theodore et. al., eds. 2001. *Sources of Japanese Tradition*.Vol. 1. 2nd edition. New York: Columbia University Press.

deCrespigny, Rafe. 2007. *A Biographical Dictionary of Later Han to the Three Kingdoms*(23 – 220 AD).Leiden: Brill.

Deng, Gang. 1999. *The Premodern Chinese Economy: Structural Equilibrium and Capitalist Sterility*. London: Routledge.

Dien, Albert E. 2001. "Civil Service Examinations: Evidence from the Northwest." in Pearce, Scott; Spiro, Audrey and Ebrey, Patricia(eds.). *Culture and Powerin the Reconstitution of the Chinese Realm, 200 – 600*, pp. 99-122. Harvard: Harvard University Press.

Dijkstra, Roald; van Poppel, Sanne; Slootjes, Daniëlle, eds. 2015. *East and West in the Roman Empire of the Fourth Century: An End to Unity?* Leiden: Brill.

Dirlik, Arif. 1996. "Social Formations in Representations of the Past: The Case of "Feudalism" in Twentieth-Century Chinese Historiography" *Review*(Fernand Braudel Center), Vol. 19, No. 3, pp. 227-26

Ebrey, Patricia. 2010. *The Aristocratic Families in Early Imperial China: A Case Study of the Po-Ling Ts'ui Family*. Cambridge: Cambridge University Press.

Ebrey. Patricia. 2016. "China as Contrasting Case: Bureaucracy and Empire in Song China" in Crooks, Peter and Parsons,Timothy(eds.), *Empires and Bureaucracy in World History: From Late Antiquity to the Twentieth Century*, pp. 31-53.Cambridge: Cambridge University Press

Elman, Benjamin A. 1991. "Political, Social, and Cultural Reproduction via Civil Service Examinations in Late Imperial China" *The Journal of Asian Studies*, Vol. 50,No. 1. pp. 7-28.

Elman, Benjamin A. 2000. *A Cultural History of Civil Examinations in Late Imperial China*.Berkeley and Los Angeles: University of California Press.

Engels, Friedrich. 1959[1878]. *Anti-Dühring*.Moscow: Progress Publishers, 1959.

Evans, Peter. 1995. *Embedded Autonomy: Statesand Industrial Transformation*. Princeton NJ: Princeton University Press.

Firnhaber-Baker, Justine. 2010. "Seigneurial Warand Royal Power in Later Medieval Southern France" *Past and Present*, Vol. 208, No. 1, pp. 37-76.

Fogel, Joshua A. 1988. "The Debates over the Asiatic Mode of Production in Soviet Russia, China, and Japan" *American Historical Review*, Vol. 93, No. 1, pp.56-79.

Frank, André Gunder. 1998. *ReOrient: Global Economy in the Asian Age*. Berkeley, CA: University of California Press.

Graff, David. 2017. "The Reach of the Military: Tang" *Journal of Chinese History*, Vol. 1, No. 2, pp. 243-268.

Haldon, John. 1993. *The State and the Tributary Mode of Production*. London, New York: Verso.

Haldon, John; Elton, Hugh; Huebner, Sabine;Izdebski, Adam; Mordechai, Lee; Newfield Timothy. 2018. "Plagues, climate change, and the end of an empire. A response to Kyle Harper's The Fate of Rome(2): Plagues and a crisis of empire" *History Compass*, Vol. 16, p. e12506.

Harper,Kylie. 2017. *The Fate of Rome. Climate, Disease, and the End of an Empire*. Princeton-Oxford: Princeton University Press.

Hirth, Friedrich. 1885. *China and the Roman Orient*. Chicago: Ares Publishers, 1975[1875].

Ho, Ping-Ti. 1956. "Early-ripening Rice in Chinese history." *Economic History Review New Series*, Vol. 9, No. 2, pp. 200–218.

Ho, Ping-Ti. 1959. "Aspects of Social Mobility in China, 1368-1911" *Comparative Studies in Society and History*, Vol. 1, No. 4, pp. 330-359.

Ho, Ping-Ti. 1962. *The Ladder of Success in Imperial China*. New York: Columbia University Press.

Hucker, Charles O. 1958. "Governmental Organization of The Ming Dynasty" *Harvard Journal of Asiatic Studies*, Vol. 21, pp. 1-66.

Hwang, Kyung Moon. 2004. *Beyond Birth: Social Status in the Emergence of Modern Korea*. Cambridge, MA: Harvard University Press.

Ikeda, On. 1973. "T'ang Household Registers and Related Documents" in Wright, Arthur and Twitchett, Denis(eds.). *Perspectives on T'ang*, pp. 121-151. NewHaven: Yale University Press.

Ilyushechkin, Vasily. 1970. *Sistema Vneekonomicheskogo Prinuzhdemiya i Problema Vtoroi Osnovnoi Stadii Obshchestvennoi Evolyutsii*(The System of Extra-economical Coercion and the Problem of the Second Main Stage of the Societal Evolution). Moscow: Institut Vostokovedeniya AN SSSR.

Inoue, Mitsusada. 1993. "The Century of Reform" in Hall, John et. al. (eds.). *The Cambridge History of Japan*, pp.163-220. Cambridge: Cambridge University Press.

Jones, Arnold H. 1964. *The Later Roman Empire*, 284-602, Volume 2. Oxford: Basic Blackwell.

Kennedy, Hugh. 2004. *The Prophet and the Age of the Caliphates*. London: Pearson.

Kordossis, Michael. 1994. "Embassies between Fu-lin(Byzantium?) and China: Historico-geographical Realities" *Dodone*, Vol. 24, pp. 113–260.

Kuhn, Dieter. 2009. *The Age of Confucian Rule: The Song Transformation of China*.Cambridge, MA: The Belknap Press of Harvard University Press.

Lam, Yuan-Chu. 2008. "The Civil Recruitment Chapter in the Yuan History" *Monumenta Serica*, Vol. 56, No. 1, pp. 293-372.

LeGoff, Jacques. 1988. *Medieval Civilization*. Oxford: Blackwell.

Leslie, Donald Daniel. 1986. *Islam in Traditional China: A Short History to 1800*. Belconnen, A.C.T.: Canberra College of Advanced Education.

Levy, Howard S., tranls. and annot. 1955. *Biography of Huang Ch'ao*. Berkeley: University of California Press.

Lewis, Mark Edward. 2009. *China between Empires: The Northern and Southern Dynasties*. Harvard: Harvard University Press.

Li, Kwoh-Ting and Lewis, Mark Edward. 2009. *China's Cosmopolitan Empire: The Tang Dynasty*. Harvard: Harvard University Press.

Liu, William Guanglin. 2015. *The Chinese Market Economy, 1000－1500*. New York: SUNY Press.

Lorge, Peter. 2018. "The Five Dynasties and Ten Kingdoms" in Xiong, Victor Cunrui; Hammond, Kenneth J; Lorge, Peter(eds.). *Routledge Handbook of Imperial ChineseHistory*, pp. 157-172. London: Routledge.

Maddison, Angus. 1998. *Chinese Economic Performance in the Long Run*. Paris: Development Centre of The Organisation For Economic Co-Operation And Development.

Marx, Karl. 1959 [1894]. *Capital*, Vol. 3. Moscow: Institute of Marxism-Leninism.

Marx,Karl. 1976 [1858] *Grundrisse*. New York: Random House.

McDonough, Scott. 2011. "The Legs of the Throne: Kings, Elites, and Subjects in Sasanian Iran" in Arnason, Johann P. andRaaflaub, Kurt A.,(eds.).

*The Roman Empire in Context: Historical and Comparative Perspe*ctives, pp. 290-321. Wiley-Blackwell.

Miller, Owen. 2016. "The Uneven, Combined and Intersocietal Dimensions of Korean State Formation and Consolidation over the Longue Durée, 300-1900 CE." In Anievas, Alex and Matin, Kamran(eds.). *Historical Sociology and World History: Uneven and Combined Development Over the Longue Durée*, pp. 53-71. Lanham, MD: Rowman and Littlefield.

Miyazaki, Ichisada. 1981. *China's Examination Hell*, New Haven: Yale University Press.

Naoki, Kōjirō. 1993. "The Nara State" in Hall, John et. al. (eds.). *The Cambridge History of Japan*, pp. 221-267.Cambridge: Cambridge University Press.

Ng, Pak-sheung. 2017. "Upsetting the Establishment" *Monumenta Serica*, Vol.65, No. 2, pp. 285-320

Ng, Pak-sheung. 2020. "History of Aristocratic Families in Tang China, Part 1: The Struggle to Adapt." *Journal of Asian History*, Vol. 54, No. 2, pp. 211-260.

Pai, Hyung Il. 2000. *Constructing "Korean" Origins: A Critical Review of Archaeology, Historiography, and Racial Myth in Korean State-Formation Theories.*Cambridge, MA: Harvard University Press.

Pak, Mikhail Nikolaevich. 1979. *Ocherki Rannei Istorii Korei*(Sketches of Korea' Early History). Moscow: Izdatel'stvo Moskovskogo Universiteta.

Palais, James. 1984. "Confucianism and The Aristocratic/Bureaucratic Balance in Korea." *Harvard Journal of Asiatic Studies*, Vol. 44, No. 2, pp. 427-468.

Pulleyblank, Edwin. 1955. *The Background of the Rebellion of An Lu-Shan.*

London: OxfordUniversity Press.

Sawer, Marian. 1974. *The Question of the Asiatic Mode of Production: Towards New Marxist Historiography*. PhD Thesis, Canberra: ANU

Scheidel, Walter. 2021. "The Scale of Empire: Territory, Population, Distribution," in: Bang, Peter; Bayly, C. A; Scheidel,Walter(eds.). The Oxford World History of Empire, Volume 1, pp. 91-110. Oxford University Press: New York: OxfordUniversity Press.

Spaulding, Robert M. 1967. *Imperial Japan's Higher Civil Service Examinations*. Princeton, N. J.: Princeton UniversityPress.

Stalin, Iosif [1938]1952. *Dialectical and Historical Materialism*. Moscow: Foreign Languages Publishing House.

Strayer, Joseph. 1965. *Feudalism in History*. Hamden, Conn.: Archon Books.

Tao, Jing-Shen. 1974. "Political Recruitment in the Chin Dynasty" *Journal of the American Oriental Society*, Vol. 94, No. 1, pp. 24-34.

Tikhonov, Vladimir. 2022. "The Formation of East Asian Bureaucratic Statehood and its Characteristics: From Han to Song: Bureaucratic Statehood in China, Bureaucratic Meritocracy and the Marxist Understanding of Pre-Capitalist Socio-Economic Formations" 《마르크스주의 연구》 19(2): 65 - 110.

Treadgold, Warren T. 1997. *A History of the Byzantine State and Society*. Stanford: Stanford University Press.

Twitchett, Denis. 1970. *Financial Administration Under the T'ang Dynasty*. Cambridge: Cambridge University Press, 1970.

Twitchett, Denis. 1973. "The Composition of the Tang Ruling Class: New Evidence form Tun-huang" in Wright, Arthur and Twitchett,Denis(eds.). *Perspectives on T'ang*, pp. 47-87. New Haven: Yale University Press.

Twitchett, Denis. 1976. "Introduction" in Twitchett, Denis(ed.). *The Cambridge History of China*, Vol. 3.pp. 1-47. Cambridge: Cambridge University Press.

Twitchett, Denis and Wechsler, Howard J. 1976."Kao-tsung(reign 649-83) and the Empress Wu: The Inheritor and the Usurper,"in Twitchett, Denis(ed.). *The Cambridge History of China*, Vol. 3.pp. 242-289. Cambridge: Cambridge University Press.

Twitchett, Denis. 1994. "The Liao", in Twitchett, Denis(ed.). *The Cambridge History of China*, Vol. 6, pp. 43-153. Cambridge: Cambridge University Press.

Van Berkel, Maaike. 2013. "The Bureaucracy" in van Berkel, Maaike; El Cheikh, Nadia Maria; Kennedy, Hugh; Osti, Letizia(eds.). *Crisis and continuity at the Abbasid Court Formal and Informal Politics in the Caliphate of al-Muqtadir*(295-320/908-32), pp. 87-109. Leiden: Brill.

Wang, Zhenping. 2013. *Tang China in Multi-Polar Asia: A History of Diplomacy and War*. Honolulu: University of Hawai'i Press.

Weber,Max. 1964. *Wirtschaft und Gesellschaft: Grundriss der Verstehenden Soziologie*. Berlin: Kiepenheuer & Witsch.

Williamson, Henry R. 1935. *Wang An Shih - A Chinese Statesman and Educationalist of the Sung Dynasty*. Vol. 1. London: Probsthain.

Wittfogel, Karl A. 1947. "Public Office in The Liao Dynasty and The Chinese Examination System" *Harvard Journal of Asiatic Studies* Vol. 10, No. 1, pp. 13-40.

Wolf, Eric R. 1982. *Europe and the People Without History*, Los Angeles: University of California Press.

Wright, Arthur. 1976. "Sui Dynasty, 581-617" in Twitchett, Denis(ed.). *The Cambridge History of China*, Vol. 3, pp. 48-149. Cambridge: Cambridge University Press.

Xin Wen. 2015. "The Road to Literary Culture: Revisiting the Jurchen Language Examination System" *T'oung Pao*, Vol. 101, No. 1, Issue 3, pp. 130-167.

Xiong, Victor Cunrui. 2006. *Emperor Yang of the Sui Dynasty: His Life, Times, and Legacy.* Albany: SUNY Press.

Zhang, Zhibin; Tian, Huidong; Cazelles, Bernard; Kausrud, Kyrre; Brauning, Achim; Guo, Fang; Stenseth, Nils Chr. 2010. "Periodic climate cooling enhanced natural disasters and wars in China during AD 10 - 1900" *Proceedings of the Royal Society, Biological Science*, Vol. 277, pp. 3745 - 3753.

Zhao, Dingxin. 2015. *The Confucian-Legalist State: A New Theory of Chinese History.* Oxford: Oxford University Press.

• • • •

제2장

중화인민공화국에서의 전환과 발전: 봉건제와 자본주의, 사회주의[1]

안잔 차크라바티(캘커타대학교 경제학과 교수)

사요네 마줌다르(타키 서벵골주립대학교 경제학과 조교수)

1. 서론

중국공산당(CPC; Communist Party of China)은 고전 역사유물론(CHM; Classical Historical Materialism)을 나름대로 변형시켜 수용하고 있다. 이는 현지의 특수성을 고려하기 위한 조처이다. 그와 같은 재해석은 자국 경제사의 기술에도 활용되고 있다. 요컨대 이는 중국의 역사적 발달과정에서 반(半)봉건적·반(半)식민적 사회체제가 사회주의 체제의 초기단계로 전환, 즉 생산력이 한층 더 발달해나가면서 현 체제는 더욱 원숙한 사회주의로 나아가고 있다는 서술이다. 이 장에서는 계급 분석을 바탕으로 중

---

1 본 연구는 대한민국 교육부와 한국연구재단의 지원을 받았다(NRF2021S1A4A2 A02096299).

국의 사회주의를 설명하는데 있어서 체제 전환에 대한 위에 대한 해석이 그릇됐다고 주장하고자 한다. 오히려 중국 사회가 경험한 체제 전환은 마오쩌둥 집권기의 '국가봉건제'에서 덩샤오핑의 개혁기 이후 국가자본주의로의 이행으로 규정해야 한다. CPC는 계급과 연관된 개념(계급 그 자체, 계급모순, 계급투쟁 따위)을 일절 고려치 않은 채 소유권만을 가지고 체제의 성격이 사회주의인지 여부를 판가름하는 시각을 견지하고 있다. 따라서 CPC가 말하는 '중국특색 사회주의'란 국유·공공부문이 경제에서 상당한 비중을 차지하고 있다는 뜻에 지나지 않는다. 이 장에서는 이러한 입장을 계급중심적 입장에서 비판하며, 공공부문을 '국가자본주의적 기업들'의 인격화로 이해하고 국민경제 내에서 이들이 우위를 점하고 있다는 사실은 국가자본주의에 해당하는 사안일 뿐이라고 주장할 것이다. 또한 이 장에서는 중국의 맥락에서 사회주의로의 체제 전환에 대해 고찰하며 가치전유 상의 정의(계급불평등의 해소, 즉 생산과정에서 착취의 소멸)와 분배적 정의(소득·부·사회지위상의 불평등을 해소하기 위한 공정하고 정의로운 분배)를 기초로 계급투쟁과 체제 전환의 지렛대가 되어야 한다는 점을 제시할 것이다.

이 장에서는 다음과 같은 순서로 논의를 전개할 것이다. 첫째로, 우리가 채택한 분석틀인 계급중심 이론에 기반한 마르크스주의 관점을 간략히 소개할 것이다. 그 다음으로는 해당 이론을 통해 중국에서 사회주의로의 체제 전환 여부를 검토하고자 한다. 이어서 소련에서 이행을 간략하게 요약할 것이다. 소련에서 생산수단의 국가적 소유의 역사적 성립이 사회주의와 동일시되면서 사회주의 해석에서 잉여노동의 계급과정, 계급모순 및 계급투쟁의 문제는 실종되었다. 마지막으로 우리는 중국의 체제 전환 과정을 계급중심적인 관점을 통해 분석함으로써 그 요체는 국가봉건제에서 국가자본주의로의 이행이었다는 핵심적 주장을 제시하고자 한다.

2. 계급중심이론에 대한 간략한 소개

논의를 본격적으로 시작하기에 앞서, 고전학파 정치경제학(Classical Po-litical Economy; CPE)을 출발점으로 삼았으나 분명한 차별성을 지닌 마르크스의 접근법을 간명하게 짚어볼 필요가 있다. 각국의 '국부'(Wealth of a nation)는 '생산된 사용가치'(produced use values; 이하 생산된 사용가치)로 구성된다. 이에 대해 식(1)과 같이 규정할 수 있다.

$$L \times M = W \tag{1}$$

이상에서 변수 L은 국민경제 내에 투하된 총노동시간을 표현한다. 변수 M은 노동생산성을 의미하는데, 여기에서는 노동력과 결합되는 생산수단의 특성 또한 반영되어 있다. 마지막으로 변수 W는 국부에 해당하며, 생산된 사용가치의 총량(quantum)을 나타낸다.

보다 간단명료히 표현하자면, 부의 총계(W)는 농업부문과 산업부문의 생산된 사용가치를 합친 값이라고 하자(각 부문의 생산된 사용가치를 가리킬 때에는 각각 하첨자 $_{Agr}$과 $_{Ind}$를 붙일 것이다.) **노동력**은 정신적으로 그리고 육체적으로 노동을 수행할 역량을 뜻한다. 노동시간은 충원된 노동력을 사용하여 [상품생산과정에] 투하된다. 한편 생산성은 확보된 **생산수단**의 양과 질에서 좌우된다. 생산력(FOP; Forces of Production)이란 두 저량(stock) 변수의 곱(product)으로, 달리 말해 두 요소의 결합에서 산출된 것이다.

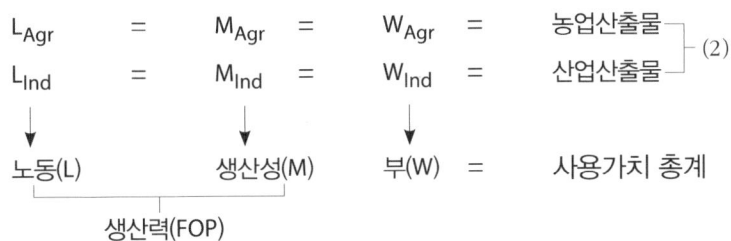

고전학파부터 오늘날까지의 표준적 경제이론에서는 자본주의를 경쟁적인 시장체계로 규정하여 호모 에코노미쿠스가 그 작동을 견인해왔다고 파악한다. 이들은 생산력 발전의 가속에 훨씬 유리하기 때문에 자본주의가 봉건제와 중상주의보다 우월성을 내포하고 있다고 주장한다. 이는 FOP의 보다 신속한 발전을 가능하게 하여 국가의 지속적인 성장과 빈곤의 급속한 감소를 보장하기 때문이다. 마르크스도 이러한 전망들 모두에 대해서 분명히 동의한 바 있다. 하지만 마르크스는 고전학파의 자본주의 분석에서 놓친 두 가지의 중대한 사안들을 파악하여 이론적 설명의 기반을 다졌다(오늘날의 주류경제학 또한 마찬가지의 처지에 놓여있다). 첫째로 고전학파 경제학자들은 계급을 '잉여노동의 과정'으로 파악하지 못했다. 둘째로 이들은 생산영역 내부에서 계급관계의 역사에 대해서 무지했다(Marx, 1990: 953-970; Chakrabarti, 2021). 계급쟁점을 흐린 것은 전유양식으로서 자본가적 착취가 중추적이라는 점을 놓치거나 외면하는 것으로 이어진다. 마찬가지로 투쟁의 형식이 계급투쟁이라는 것도 마찬가지로 다루지 못하는 이론이 된다, 착취와 계급투쟁은 자본주의뿐 아니라 모든 계급사회에 내재적인 것인데도 말이다. 이러한 쟁점누락을 해소하고자, 마르크스는 계급과정을 포함하는 노동과정의 개념을 도입하였다. 이는 다음과 같이 이해된다.

$$
\left.
\begin{array}{l}
L_{agri}(\text{필요노동}) + L_{agri}(\text{잉여노동}) \\
L_{industry}(\text{필요노동}) + L_{industry}(\text{잉여노동})
\end{array}
\right\}
\begin{array}{l}
= L_{agri} \\
= L_{industry}
\end{array}
\left.
\begin{array}{l}
\\
\end{array}
\right\}
\text{총 노동 투하량}
\qquad (3)
$$

마르크스에 따르면 노동일은 필요노동시간과 잉여노동시간을 합한 값이다. 잉여노동과정은 곧 계급으로 규정된다. 도식(2)의 내용에 도식(3)을 통합시켜 파악한다면, 생산관계(ROP; Relations of Production)가 그에 따라 '국부'를 재정의할 수 있다.

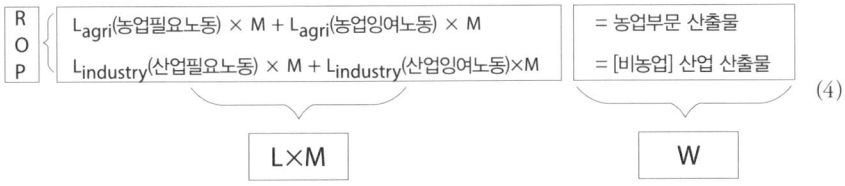

$$
\begin{matrix} R \\ O \\ P \end{matrix} \begin{cases} L_{agri}(농업필요노동) \times M + L_{agri}(농업잉여노동) \times M & = 농업부문\ 산출물 \\ L_{industry}(산업필요노동) \times M + L_{industry}(산업잉여노동) \times M & = [비농업]\ 산업\ 산출물 \end{cases}
$$

$$\underbrace{\qquad L \times M \qquad}\qquad\qquad \boxed{W} \tag{4}$$

산출물의 분배형식이 비상품의 형식을 취하는지 (가계에서처럼), 혹은 시장교환을 통한 상품의 형식을 취하는 지에 따라, 잉여노동의 계급과정은 각각의 경우 잉여생산물의 형식을 취하거나 잉여가치의 형식을 취한다. 잉여노동 외의 나머지는 필요노동의 등가물에 해당하는 값으로, 실물형태의 재화·용역 바스켓 혹은 임금으로 지급되는 보수에 해당한다. 이는 잉여의 직접 생산자들이 재생산되는 데에 필요한 값이다. 마르크스가 중대한 기여를 한 바는, 생산력(FOP)에 대한 논의와 도식(3), 즉 계급관계와 도식(4), 즉 계급 생산관계(ROP)에 관한 논의를 결합시킨 것이다. 특정한 계급과정은 생산력(그리고 이에 대해 소유권과 같은 다른 과정과 특정한 생산관계(ROP; relations of productions))을 형성한다.

레즈닉과 울프의 해석을 따라, 우리는 잉여노동의 수행과 전유를 둘러싼 계급과정을 **근본적 계급과정(FCP; fundamental class process)**로 규정하고자 한다. 덧붙여, 전유된 잉여노동이 분배되고 취득되면서 벌어지는 과정은 **포섭된 계급과정(SCP; Subsumed Class Process)**에 속한다고 규정할 것이다. 근본적 계급과정과 포섭된 계급과정을 제외한 나머지 과정들은 비(非)계급적 과정에 속한다. 근본적 계급관계의 재생산을 위해 필요한 다양한 비계급과정들에 대한 포섭된 분배가 이뤄진다. 다시 말하면 비계급적 과정들은 근본적 계급과정의 존재조건이다. 근본적 계급과정과 포섭된 계급과정, 비계급적 과정들은 상호형성적 관계에 있어서 서로 영향을 끼친다. 각 지위의 주인인 주체들은 이 과정이 인격화된 것이다. 각 과정 사이의 관계는 수행주체 사이의 사회적 관계를 창출하고 그들이 취하고 있는 다양한 계급적/비계급적 지위를 형성한다. 일반적으로 한 명의 주체는 근본적 계급과정과 포섭된 계급과정, 비계급과정 모두에 모종의 사회적 지위를 동시에 차지한다.

1) 계급과정의 유형과 계급중심적 경제

> 다양한 경제적 사회형성체들을 각각 구별 짓는 기준은 잉여노동이 직접생산자 즉, 노동하는 사람으로부터 수취되는 형식에 따라 달려 있다. 예컨대 노예노동 기반 사회와 임금노동 기반 사회 사이의 구별처럼 말이다(마르크스, 1990. p.325).

마르크스의 언급을 단초로 심아 '경제'의 유형을 분류하자면, 다음 행렬에 제시된 바와 같은 여섯 가지의 근본적 계급과정을 기초로 범주화할 수 있다. 행렬에 있어서 첫째 알파벳과 둘째 알파벳은 각각 잉여노동의 수행과 전유에 관한 사안을 다룬다. 예를 들어 잉여의 수행과 전유가 동일한 개인(A)에 의해 수행한 경우는 AA라고 지칭하도록 하고. 잉여노동을 수행하지 않고 다른 개인으로부터 잉여노동을 수취하는 주체의 경우에는 B라고 지칭할 것이다. 이 경우, 'A'가 수행한 잉여노동을 'B'라는 개인 혹은 집단이 노동 수행없이 잉여수취만 하는 경우를 지칭할 때 AB라고 표기할 것이다. C는 집단적 노동수행자/전유자를 지칭하는 기호로 사용할 것이다. 이 경우, 복수의 잉여노동 수행자 개개인은 이런저런 분업을 통해 될 수 있다. 표1에서 지칭한 바와 같이 전유양식이 자기전유적이든 착취적이거나 비착취적인지의 여부는 잉여노동의 수행주체의 행위양식에 달려있다. 요컨대 개별적으로도든-집산적으로도든 **잉여노동의 전유**

과정에서 배제됐는지 여부가 중요하다. 이 장의 논리에 따르면, 만약 배제된 상태라면 착취가 행해지고 있다고 보고 배제되지 않았다면 착취가 일어나지 않고 있는 상황이라고 봐야 한다. 이하의 표에서는 모든 계급과정을 고려하고 있는데, AA는 독립적 계급과정을 뜻하고 반면 CC는 공산주의적 계급과정을 의미한다. 그리고 AC는 착취가 일어나지 않는 공동체적(community) 계급과정을 의미하는 한편 CA는 착취가 벌어지는 집단적(communitic) 계급과정을 의미한다. 표에서 나머지 계급과정들은, 즉

표 1   계급과정과 전유양식

잉여노동의 수행주체	잉여노동의 전유주체		
	개별적 노동주체(A)	노동 미수행주체(B)	집산적 노동주체(C)
개별적 주체(A)	AA 비착취적 성격 – 잉여노동의 수행과 전유의 수행이 동일한 개별적 주체에 의해 이뤄짐	AB 착취적* 성격– 개별적 주체에 의해 잉여노동이 수행되나, 그 전유의 주체는 잉여노동을 수행하지 않은 이들이다 *노동수행주체들이 전유과정에서 배제됨.	AC 비착취적** 성격 – 개별적인 주체에 의해 노동이 수행되나 그 전유과정에서는 직접생산자 집단전체가 참여함. **개개의 노동수행주체가 집산적인 잉여전유과정에서 배제되지 않음.
집산적 노동주체	CA 착취적* 성격– 집산적 주체가 그 잉여노동을 수행하나 (C), 그 중 단 한 명이 잉여 전체를 전유하는 주체가 된다(A).	CB 착취적* 성격– 집산적 주체가 그 잉여노동을 수행한 주체이지만, 그 전유의 주체는 잉여노동을 수행하지 않은 이들이다.	CC 비착취적 성격**– 동일한 집산적 주체 전체가 그 잉여노동을 수행하며, 동시에 직접생산자 집단 전체가 그 전유과정 자체의 주체가 된다

AB와 CB는 이질적인 착취적 계급과정을 착취적 계급과정들로 분화되는데 해당 범주들은 예컨대 자본가적 계급과적, 봉건적 계급과정, 그리고 노예제 계급과정 등으로 구분가능하다. 이는 중요성이 큰 쟁점일 뿐아니라 이 장에서 관련 범주들이 빈번하게 언급될 것이기 때문에 이하에서 각각의 범주에 대한 규정을 할 것이다. 이 장과 관련된 저서(Majumdar and Chakrabarti, 2023)에서도 해당 범주들은 중요하고 빈번하게 다뤄지고 있다.

　　자율적(Independent) 계급과정 내지는 원시적 계급과정이란, 잉여노동의 수행 주체가 동시에 그 전유의 주체이기도 한 자기 전유적 상황을 말한다(Gabriel 1990; Gabriel and Martin 1992). **노예제 계급과정**은 노예주가 영구적으로 보유한 노예로 하여금 잉여과정을 수행케한 후 이를 전유하는 과정으로 규정할 수 있다(Weiner 2003. P33-48). 그와는 다르지만 **봉건제의 계급과정** 또한 착취적 성격을 지닌 과정이다. 봉건 사회에서는 영주가 자신이 아닌 농노가 수행한 잉여노동을 전유했다. 영주와 농노의 관계처럼 잉여노동의 수행주체가 전유주체에게 인격적으로 종속된, 구속적 결합관계가 존재하는 착취체제가 바로 봉건제의 계급과정이다(Fraad et al., 1994: 1-58; Resnick and Wolff, 2002). 이 개념은 중국의 이행을 분석함에 있어서 중요한 요소가 될 것이다. 자본가적 계급과정은 생산적 노동자들이 직접생산자 구실을 하는 잉여노동 수행과정과 이를 수행하지 않는 생산적 자본가에 의한 잉여노동 전유과정으로 규정되며, 그리고 상품가치가 노동력과 생산수단의 가치형태, 그리고 최종생산물의 가치형태로 구성됐다는 점에서 상품가치의 조합이 고유한 방식으로 이뤄진다. 말하면 투입물(생산력을 형성하는 요소들)과 산출물(생산된 사용가치) 모두 이러한 계급적 생산관계에서 가치형태로 나타나며 잉여노동 또한 잉여가치의 형태로 나타난다. Resnick and Wolff(2002)의 소련에 관한 연구에 따르면 국가자본주의의 존재와 사적 자본가의 존재는 두 가지 지점에서 구분된다. 첫째로 잉여노동을 수취하는 주체가 고용을 통해서든 선별을 통해서든 국가와 연결돼있다. 이는 사적 자본주의의 가치 전유자들이 잉여노동 수취에 있어서 필연적 연관성이 부재하다는 점과 대조된다. 둘째로 자유시장기제에 의해 결정되는 가치·가격과 별개로 국가행정에 의해 관리되는 가치·가격이 존재한다. 전자는 국가자본주의적 상품이고 전자는 사적 자본주의 유형의 상품에 해당한다. 자본가적 계급과정과 생산관계가 국가자본주의적인지 사적 자본주의적인지 여부는 상품과 전유양식 사이의 관계를 비롯해서 전유자들과 국가 사이의 관계가 지닌 구체적 성격에 달려있다. **공산주의적 계급과정은** "직접생산자가 집산적 차원에서 잉여노동의 수행과 전유 모두에 있어서 주체"가 되는 상황을 지칭하는 용어다(Resnick and Wolff, 1987, 309). 계급적 생산관계가 공산주의적으로 재편되기 위한 핵심조건은 직접생산자를 잉여노동 전유과정에서 배제하지 못하게 하는 것이다(Cullenberg 1992). 이 장에서 '계급 중심적 과정'의 시점에서 볼 때, 사회주의적 계급과정이나 사회주의적 생산관계 따위의 개념은 존재하지 않는다. 마오 집권기나 후일 덩샤오핑 집권기에 그러한 개념들을 내세운 배경에는 잉여노동의 지배나 통제와 관한 관점만을 깔고 있을 뿐, 계급과정에 대한 인식은 부재했다.

CA 유형의 집단적(communitic) 계급과정은 노동이 집산적으로 이뤄지는 착취관계의 하나로 전원이 수행에 참가하지만 그 중에서 특정 인원만이 잉여노동의 전부를 전유하는 경우를 지칭한다. 예를 들어 모든 가족구성원이 함께 일하는 가족농업 조직이 이에 해당한다. 이 경우에는 온 가족이(가부장, 자녀, 형제자매, 자녀, 배우자, 사촌 등) 함께 생산과정에 집단적으로 참가하지만 그 중에 오직 이른바 "가부장"만이 잉여노동의 산출물 전체를 전유하고 이를 특정한 규범에 따라 가족구성원에게 분배할 권한을 지니고 있다. 이와는 대조적으로 **AC 유형의 공동체적(community)** 계급과정은 비착취적 계급과정이다. 잉여노동이 각자의 노동과정에 의해 수행됐다고 하더라도 전체 공동체가 이를 집산적으로 전유하는 경우를 말한다. 예컨대, 각자의 농지를 보유한 농민들이 자주관리적 합작사(cooperative)를 통해 농산물을 판매함으로써 잉여를 포함하는 생산물가치가 실현되게 하는 경우가 이에 해당할 것이다. 이는 비록 걸음마적 수준에 불과한 비착취적 계급과정이지만 그 도입만으로도 경제의 계급 중심성이 해체될 것은 분명하다(Gibson-Graham, 1996)

2) 계급중심 경제이론 중층결정과 모순

근본적 계급과정을 포함한 모든 계급과정은 각자의 구체적 맥락 속에서만 존재할 수 있다. 각각의 과정들은 상호형성적 관계로 작용하여 모두가 각자에게 인과효과와 되먹임 효과를 발휘하고 있다. 이 점으로 미루어볼 때, 모든 과정은 다른 모든 과정들의 효과가 복합적으로 작용할 때에만 실재할 수 있으며, 각각의 과정이 형성된 과정을 형성하는 '실존조건'이 되기도 한다. 중층결정은 모순을 포함하고 있다. 특정 과정을 형성하는 것은 다른 과정들의 파급들이고 이들이 해당 과정을 다양한 방향으로 움직인다. 이 파급들은 그 성질과 영향력에 있어서 차이가 존재하는데, 이것이 바로 모순이다. 여기에는 다음과 같은 몇 가지 함의가 있다.

그들의 계급형식과는 별개로, 근본적 계급과정은 여타의 비계급적 과정들과 상호형성 관계 속에 놓여있다. 여타 정치, 경제, 문화, 자연적 영역의 과정들 따위 말이다. 이 점에서는 자본주의적 계급과정과 공산주의적 계급과정 모두가 공통적이다. 이론적 차원에서는 포섭된 계급과정이 무엇이든 다양한 양상들(SCPs)과 다양한 범주의 권력관계(참여민주제적이거나 대의민주제적일 수도 위계적 관계 혹은 전체주의적이거나 가부장적인 성격을 지닐 수도 있다)가 양립 가능하다. 또한 이와 동시에 병립 가능한 소유구조(사적 소유구조, 국가나 노동자의 집단적 소유구조, 노예제적 소유 등)역시 다양하다. 또한 이상의 근본적 계급과정들 중 그 무엇도 상이한 유형의(평등하거나 불평등한) 소득분배 양상들이나 이런저런 문화적 과정들과 공존할 수 있다(예컨대 신분제적, 젠더차별적, 인종차별적, 종교적 성격 양상의 과정 전부). **장소(site)**는 그 모든 과정들의 상호형성적 작용들이 결합한 결과로 나타나는 것이다. 비록 이 상호형성적 작용들은 모순적인 과정들일 수 있지만 말이다. 이하의 서술에서 우리는 특정한 계급적 성격의 **기업**형태가 상호형성적 계급/비계급과정들의 작용이 결합된 장소에 해당한다고 볼 것이다. 따라서 기업은 단순한 산업조직이 아니라 사회적 제도의 일종에 해당한다. 어떤 근본적 계급과정이 나타나는지에 따라서 해당 기업의 유형을 자본주의적 기업/자율적 기업/공산주의적 기업 따위로 분류할 수 있다.

레즈닉과 울프(1987)는 마오쩌둥의 모순론과 결별했다. 주요모순과 부차모순을 구분한 것은 중국의 이행에 대한 중국공산당의 서사를 정당화하기 위한 것에 지나지 않는다는 것이다. 레즈닉과 울프는 마오의 무한 모순의 세계에서 특정한 모순이 선험적이고 담론 외적인 특권을 부과하고 있다고 비판하며, 실제로는 그러한 모순도 다른 모순들과 결합된 형태로 존재해야만 현실을 형성하고 변형시킬 수 있다고 설명한다. 따라서 이러한 마오쩌둥 사상의 모순 개념은 신념의 도약(leap of faith)을 수반한다는 것이다. 반면 중층결정적 접근법에서는 다양한 과정의 작용들을 분리하고 그 중 일부를 부차적 작용으로 격하시키는 것은 불가능하다. 이 모든 과정은 상호형성적으로 결합된 과정이기 때문이다(Wolff, 2002: 1). 중층결정된 현실은 상호형성적이며 모순적인 모든 과정들이 결합된 결과이며, 이 모순에는 주요모순이라고 특권화된 모순적인 과정 또한 포함된다. 무한 수의 '부차적' 모순 또한 이른바 '주요모순'과 상호형성적 작용에 놓여있을 따름이다. 다시 말하면 모순적 과정들은 쌍방향적 인과성을 지니는 작용이다. 주요모순과 부차모순 사이에 차별적 지위를 상정한 것은 정치적 실천과 특정한 정책상의 입장을 취하는 데에 있어서는 전략적 의의를 지닐 수 있을지언정 현실의 작용과 분석에는 별다른 효용성이 없다. 따라서 계급중심적 접근에 근거한 이 장의 중국의 이행 분석은 중층결정론의 방법을 채택하여 중국공산당의 이행 분석은 주요모순과 부차모순을 작위적으로 구분한 것에 근거한다는 점을 비판한다. 이와 같이 모순적 작용들을 구분 짓는 해석은 전부 문제가 많다고 비판하고 있다.

3) 계급적 분배와 발전적 분배

잉여생산물은 두 가지 목적으로 분배될 수 있다. 하나는 가치형태의 사례로 검토할 것이다(Chakrabarti and Dhar 2003). 이는 생산된 총잉여가치(TSV; total Surplus Value)로부터 근본적 계급과정을 보장하기 위해 필요한 비계급적 존재조건을 마련하는 데에 필요한 포섭된 계급과정에 수반되는 지불에 활용된다 법적 보호와 치안을 위해 국가에 지불하는 세금과 지주에게 지불하는 지대, 은행가와 대부업자에게 지불하는 이자, 상품판매를 위해 상인자본에 지불하는 거래수수료, 자본축적이나 노동과정을 감독하는 관리자들에게 지불하는 봉급, 자본소유자들에게 지불되는 배당 따위가 여기에 해당한다. 이러한 분배 양식을 잉여의 '계급적 분배'라고 부르자. 포섭된 계급과정에 수반되는 계급적 분배의 목적은 근본적 계급과정의 비계급적 조건을 확보하는, 생산의 필요를 충족시키는 것에 있다. 총잉여가치생산물이 계급적 분배과정에서 모두 소모되는 것은 아니다.

잉여생산의 과정에서 총잉여가치생산물 일부는 근본적 계급과정과 직접적으로 결부돼있지는 않은 별도의 사회적 필요를 충족시키기 위해 존재한다. 그러한 잉여를 '사회적 잉여'(SS)로 지칭하고 이에 해당하는 분배를 발전적 분배과정이라고 부르도록 하자. 사회적 필요를 위한 사회적 잉여의 분배목적은 생산의 필요를 충족시키기 위한 계급적 분배의 목적과 동일하지 않다. 사회적 잉여는 빈곤이나 실업 혹은 보편적 기본소득제도 혹은 노후복지나 환경과 관련된 사회적/생태적 필요 따위와 같이 사회적으로 결정된 필요를 위해 사용되는, 사회적으로 결정된 필요에 수반되는 재분배를 일컫는 것이다. 사회적 잉여의 분배에 있어서 수반되는 재분배과정을 발전적 분배라고 말하자. 사회적 필요를 위한 잉여의 발전적 분배를 위한 제도와 행위자는 다양하나, 특히 중국의 경우에는 국가가 그 역할을 수행한다.

계급적 분배와 발전적 분배를 동시에 고려하자면, $TSV = \sum_{i=1}^{n} SC_i + \sum_{k=1}^{m} SS_k$으로 i와 j는 각각 계급적 분배과정에 있어서는 근본적 계급과정의 비계급적 토대가 되는 조건들을 대응시키고, 다양한 사회적 필요에 대한 설명 차원에 있어서는 이런저런 사회적 필요에 대응되는 발전적 분배와 대응시킨다. 분명하게도 계급적 과정과 비계급적 과정들, 그리고 계급적 과정과 필요의 과정들, 계급적 분배와 발전적 분배들, 계급투쟁과 필요의 투쟁은 모두 중층결정된 관계에 놓여 있다. 해당 경로 중 하나에라도 변동이 발생하면 나머지 과정들에 모순적 효과가 발생한다. 그들 자신의 사회주의적 전제에 따라서 이러한 분배형식들은 지금까지의 소련과 중화인민공화국에서 중요한 구실을 수행했다. 따라서 이곳에서의 모순들은 계급적 과정과 비계급적 과정 사이의 작용과 반작용에서 발생했다고 볼 수 있다. 후자의 경우 사회적 필요에 따른 비계급적 과정에서 발생한 필요를 포함한다.

4) 잉여노동과정에 의거한 계급규정의 중요성 재론

이 장의 접근과 소련(의 소련공산당)과 중화인민공화국(의 중국공산당)의 공식입장에 반영된 계급론에는 두 가지 지점에서 차이가 존재한다. 우선 계급을 정의하는 층위가 다른데, 이 장의 계급이론에서는 기초범주가 잉여노동의 **과정**(즉 변화과정의 개체)이고 명사, 즉 기존의 계급론에서 말하는 동질적인 인민/행위자 집단으로 정의되지 않는다. 둘째로 소련과 중국의 마르크스주의에서는 계급이 소유관계나 권력 관계로서 묘사되고 특히나 중국공산당에서는 이 두 가지가(혹은 그 이상의 요소들이) 결합된 개념으로 이해되곤 한다. 그러나 여전히 소유권과 같은 단일한 양상이 핵심적인 요소로 정의되어, 계급의 다른 측면들은 소유관계의 문제 따위로 환원되거나 그에 종속된 것으로 이해되고 있다. 소련과 중국의 경우에는 이러한 계급규정, 즉 소유권에 따른 규정에 따라 잉여노동의 과정으로서 계급을 환원시켜서 이해하는 것이 일반적이다. 예컨대 착취와 같은 특정한 계급작용의 존재를 다루고 이에 대해 설명하는 데에 있어서 다른 요인들은(환원적 추론을 통해서)핵심적 요소로 취급되는 요인들에 비해 부차적인 것으로 취급된다. 이 장의 계급론은 잉여노동의 과정으로 계급을 이해하고 중층결정론의 비환원론적 인식론에 기반하고 있으므로, 이러한 환원주의를 전면 거부하는 입장에 서있다. 이론상 계급과 소유권 그리고 권력이 구체적 환경 속에서 다양한 조합을 이룬 채 존재할 수 있다는 점에서, 그리고 중국의 이행이 실제로 그랬다는 점에서 이 장의 이론이 지닌 장점이 드러난다.

이러한 분석에서 계급과정과 계급은 동일한 의미를 지니지 않는다. 계급은 인민들 사이의 구체적인 구분법으로 그들이 근본적 계급과정과 포섭된 계급과정에서 차지하는 위상(의 인격화)를 말하는 것이다(Resnick and Wolff, 1987: 117-124). 결과적으로 계급투쟁의 본질은 선험적으로 규정된 구조적 위상을 지닌 두 동일한 인민집단 사이의 투쟁에 해당하지 않는다. 오히려 계급투쟁은 근본적으로 **잉여노동의 수행과 전유에 관한 갈등**, 즉 근본적 계급과정과 포섭된 계급과정을 둘러싼 투쟁을 의미한다. 그 자체로서 하나의 과정이기 때문에 계급투쟁은 근본적/부차적 계급과정의 유형과 형태 자체를 질적 차원과 양적 차원에서 변형시킬 뿐 아니라 이들이 중층결정되어 발생한 파급효과를 통해서 비계급과정의 투쟁 또한 계급투쟁을 형성하는 데에 개입하게 만든다. 계급투쟁과 비계급투쟁은 상호작용적 계급 과정과 비계급과정을 둘러싼 투쟁으로부터 비롯되지만 상호간의 실존조건으로 작용하고 상호형성적 관계를 맺는다.

3. 중국 이행 논쟁의 선구자로서 소련의 계급적 전환

이처럼 사회주의의 '소박한'(thin) 목적과 그 최소조건은 계급적 착취를 끝장내는 것이다(Cullenberg, 1992; 1998, Resnick and Wolff, 2002; Wolff, 2012). 소비에트나 중국의 유형과도 같은 체제들에서 착취는 존재하지 않는가? 만약 실로 부재했다면, 사회 형식이 어떻든 간에 해당 체제들은 아무튼 사회주의적이라고 볼 수 있다. 그렇지만 이들 사회에서 착취가 발생한다면 이를 사회주의적이라고 볼 수는 없을 것이다. 소련 역사를 간략히 살펴봄으로써 해당 쟁점에 대해서 보다 확고한 이해를 세우고 그 함의 또한 도출하도록 할 것이다.

1917년 볼셰비키 혁명의 핵심 전제 중 하나는 이상에서 언급한 사회주의의 목적을 달성하기 위해서, 즉 계급간 착취를 소멸시키기 위해서 착취적 생산관계를 소멸시키는 것이었다. 그러나 혁명을 이끈 전위정당이 국가를 접수하고 대규모 산업자본 기업들을 국유화하여 '프롤레타리아 독재'를 성립시켰음에도 불구하고, 레닌(1923)은 볼셰비키 집권 이후 1920년대의 소련 체계가 국가자본주의를 탄생시켰다는 점에 대해 경고한 바 있다. 그러나 레닌의 규정 역시 잉여노동의 과정 보다는 소유권과 권력의 복합체로서 계급개념에 따른 것이었다. 생산수단의 소유권은 대규모 산업체들의 국유화와 상당한 규모의 농업부문의 경우 등에서의 사적 소유가 혼재된 양상을 띠고 있었다.

러시아 내전과 외국으로부터의 침공을 겪은 기간 동안 전시공산주의 체제를 경험한 국가에서 신경제정책과 농업집산화를 수행함으로써, 1930년대 동안에 스탈린은 '사회주의'를 나름대로 정의내리는 동시에 소련에서 그에 해당하는 체계를 창출해냈다. 스탈린의 재정식화를 따르면 전위정당이 이끄는 노동계급의 비호 하에 사적 소유의 대상이었던 생산수단의 사회화(즉 국유화)는 곧 계급(분단)의 종결을 뜻하며 이는 곧 계급모순/투쟁과 착취를 의미한다. 거칠게 말해서 사회주의란 국유화에 의한 사적 소유권의 철폐와 동의어로 여겨진 것이다. 이 명제는 착취를 사적 소유와 동일시하고, 사적 소유대상의 국유화를 계급과 착취의 소멸과 동일시하고 있다. 근본적 계급과정들의 양상, 즉 계급과 착취가 단지 소유권의 문제로 환원된 것이다(Resnick and Wolff, 2002). 착취와 계급이 소멸하면서 계급투쟁을 전제하는 계급정치는 소련에서 사라졌다고 선언되었다.

계급중심 이론에 따르면, 계급과 재산권 그리고 권력은 그 어떠한 시공간적 차원에서 보아도 다른 형태로 공존할 수 있다(Resnick and Wolff, 2006 Ch-6; Chakrabarti and Cullenberg 2003). 예를 들어 생산수단의 국유화는 착취적인 근본적 계급과정과 공존할 수 있고, 생산수단의 사적 소유는 비착취적인 근본적 계급과정과 별 문제 없이 공존할 수 있다. 그와는 다른 조합들도 가능하다. 재산권과 권력의 변호에서 비롯된 중층결정된 모순작용의 효과는 예컨대 소련과 중국에서처럼 국가의 소유권과 권력의 증감은 당연히 근본적 계급과정들(과 포섭된 계급과정들 내지는 비계급적 과정들에도) 영향을 끼칠 수 있는 것이지만, 그렇게 변형된 계급구조가 여전히 착취적일 가능성도 비착취적으로 변모했을 가능성도 모두 존재한다. 근본적 계급과정에서의 변화가 소유권과 권력에 역으로 변화를 일으킬 수 있음은 물론이다. 소유권/권력의 변화와 계급관계의 변화를 동일시하는 가설은 분명히 오류로 점철된 것이며, 계급을 이 두 요소로 환원시키는 것이다. 이로 인해 계급이 이론적 설명과 정책설정 그리고 정치적 실천에서 무의미하거나 부차적인 것으로 취급되는 치명적 결과로 이어질 수 있다.

Resnick and Wolff(2002)에 따르면 과거 소련에서 사유재산이 국유화된 이후에도 잉여노동의 조직은 여전히 착취적 성격을 지니고 있었다, 국가에 의해 조직되는 형식으로 변형되었을지라도 그 기본적 성격은 유지된 것이다. 노동자들은 자신들의 잉여생산물이 국가에 소속된 비생산자에 의해 전유되는 현상을 발견할 수 있었다. 다시 말하면 국민경제 최고회의(Veshenkha)와 소련 각료회의(COM, Council of Ministers) 같은 국가기관이 비노동 전유자 집단의 구실을 행한 것이다. 이러한 국가기관에 의한 국가의 잉여노동 전유가 국가자본주의적 근본적 계급과정을 구성했는데, 이는 중앙계획된 투입과 산출 (이들은 국가 당국(GOSPLAN(2))에 의해 가치(가격)가 부착되었다)의 흐름에 의해 유지되었다. '사회주의'라는 명목 하에 소련에서는 역사적으로 새로운 유형의 계급분열이 형성됐다. 잉여가치의 생산과 전유에 있어서 피고용 인원/수행자/피착취계급에 해당했던 노동자와 사용자/전유자/착취자에 해당했던 국가관료로 이뤄진 사회였던 것이다. 이는 "노동자 스스로가 잉여생산물 혹은 잉여노동을 전유하는" 것으로 규정한 바 있는 공산주의적 계급과정의 정의 그 자체와 매우 이질적인 것이었다(Marx, 1969: 255). 소련에서 사회주의로의 이행은 공산주의적인 근본적 계급과정을 실현시키려는 목적의식이 전혀 없었으며, 공산주의적 과정의 존재조건을 수립하기 위한 노력도 가미돼있지 않았다. 그와는 매우 대조되게도 소련사회의 현실은 사용자-피사용자 간의 계급관계와 착취관계가 유지되는 것이었다. 자본주의적 생산관계의 본질적 특성이 지속된 것이다. 다만 사적 자본주의가 국가자본주의로 대체됐을 따름이다.

국가자본주의 하에서 사적자본주의가 이행대립하고 있던 것은 소련이 주도한 20세기의 '사회주의' 진영과 미국이 주도한 자본주의 진영 사이의 논쟁은 우파들에게나 좌파들에게나 오류로 점철된 논쟁으로 이어졌다. 체제논쟁이 곧 국유/사유 여부, 권력/민주주의 내지는 권력부재/전체주의의 여부, 경제의 국가계획과 사저운영 여부, 기업의 국유화와 사유화 여부, 여부의 문제로 환원된 것이다. 끔찍한 일이지만 마르크스주의적 입장에서 제기된 입장을 포함한 그 어떠한 입장들도 사회체제의 근본적 차이를 규정하는 범주가 무엇인지 정확히 짚어내지 못했다. 이는 근본적 계급과정과 전유양식(착취적인 양식과 비착취적/자기전유적 양식) 사이의 차이가 핵심이었다는 점이다. 마르크스주의 이론의 중추적 요소였던 계급의 소거로 인해서 계급문제는 소유권과 권력의 문제로 환원되어 사유되었고, 사회주의는 국가적 소유라는 형식과 동일시되는 결과로 이어졌다. 그러나 마르크스의 시대에는 훗날 20세기에 성립된 국가자본주의 체계와 유사한 체계가 거의 없었고 시장체계 중심적 사적 자본주의 유형의 자본주의만이 대세였다. 그럼에도 불구하고 마르크스의 이론에는 20세기의 국가계획경제에 대해 분석할 수 있는 훌륭한 이론적 요소들이 포함되어있었다.

이와 같은 혼란상은 사회주의에 대한 뿌리깊은 잘못된 이해로부터 시작되어 계급을 둘러싼 쟁점들을 부차화시키고 사실상 다루지 않는 결과로 이어졌으며, 계급과 비계급적 과정들을 환원주의적이지 않은 방식으로 연동시켜서 사유한 중층결정적 방법 역시 경원시됐다. 이는 단지 무지에 의거한 실수 정도로 끝난 것이 아니라 사회주의 정치의 종언이라는 파괴적 결과로 이어졌다. 잉여노동과정을 둘러싼 정치, 즉 계급정치 그 자체를 뜻하는 사회주의 정치가 관짝에 들어가게 된 것이다. 당연하게도 소련과 중국에서의 사회주의 체제에서 그들의 경제체제는 여전히 착취적이고 계급적인 과정에 기반했음에도 불구하고 잉여노동과정을 둘러싼 투쟁 즉 계급투쟁은 제대로 주목받지도 못한 채 종결됐다고 선언됐다.

4. 중국의 사회주의 이행 재고찰

중국공산당에서는 1949년에 봉건제 체제가 소멸된 이후 사회주의의 완성으로 이어지는 생산관계 변화가 바로 개시됐다는 점에 대한 이의가 전혀 존재하지 않는 것으로 보인다. 이들에 따르면 마오쩌둥 집권기가 사회주의의 초기 단계가 수립된 시기에 해당한다. 한편 마오 집권 이후의 시기에 대해서는 생산관계 중심적 사회주의 이행정책이 급속한 생산력 발전을 중심으로 한 사회주의의 개발로 대체되어 경제적 개혁이 이뤄진 시기라고 규정했다. 그러나 수많은 마르크스주의자들이 중국공산당의 입장에 반하여 중국의 경제개혁은 사회주의 사회가 아니라 자본주의를 낳았다고 비판한 바 있다(Bettleheim, 1978a; 1978b; Huang, 2008; Dirlik, 2012). 이처럼 상충되는 입장을 지닌 두 분석과 이론들은 나름대로의 중요성을 지니고 있기는 하지만 중국사회의 이행에 있어서 잉여노동의 계급적 과정에 대한 개념을 전혀 고려하고 있지 않다는 점을 주목해야 한다. 우리의 계급 중심적 이론은 중국공산당의 입장과 그 비판가들의 입장 모두와 대조되게도 해당 사회의 전환은 1949년에서 1977년에 이르는 마오쩌둥 집권기를 국가봉건제로 규정하면서, 중국이 그 다음에는 1971년 이후 경제개혁을 통해 국가자본주의로 변모했음을 논증할 것이다.

1) 전환의 첫 단계(1949~1978): 사회주의인가 국가봉건제인가

> 모든 과거의 사회구성체에서 타인의 잉여노동을 직접 전유한 것은 자본가가 아니라 토지소유자였다. 지대는 역사적으로 잉여노동 죽 부불노동의 일반적 형태였다. 잉여노동의 전유는 자본가적 사회와 달리 교환에 의해 매개되지 않았다. 그러나 그 기초는 사회의 특정한 일원으로부터 다른 일원으로의 강제추출에 있다. 따라서 직접적 노예제와 농노제 혹은 정치적 종속성이 존재한다(Marx 2022, Part III).

지대 수취가 봉건제적 전유의 본질적 성격이란 점은 생각보다 매우 분명하며(Hindess and Hirst, 1977), 바로 이점에서 자본주의적 전유와 구분된다. 자본주의에서는 피착취계급도 형식적으로는 착취자와 평등한 신분으로 취급된다. 이들 사이에는 위계가 없는 것으로 취급되며, 이들이 맺는 관계는 인격적 차원의 문제가 아니다. 노동력의 상품화는 바로 이러한 논리의 연장선상에 있다. 그리고 노예제의 전유에서는 피착취자의 '존재 그 자체'가 소유대상이 되는데, 지대는 생산물의 형태를 취할 수도 있고 화폐의 형태를 취할 수도 있다. 그러나 어떠한 형태를 취하던 간에 그 내용은 잉여노동이다. 보다 구체적으로 말해 근본적 계급과정이 봉건제적 성격을 지닐 경우 이는 노예제도 아니고 자본주의적 환경에서 벌어질 수 있는 일도 아니다. 이론적으로 볼 때, 봉건제적 성격의 근본적 계급과정은 노골적인 형태의 봉건제적 착취가 유지되고 합리화될 수 있는 문화적/정치적 과정 속에서만 존재한다. 봉건제적 계급과정에서는 사회적 강제성을 지닌 문화적/정치적 과정이 위계적 성격이 띠고 있고, 착취자와 피착취자 사이의 관계는 상호성을 지니고 있다. 이는 인격적 성격을 지니며, 종속적인 관계를 지니고 있다(Kayetekin, 1996; Kayatekin and Charusheela, 2004; Bloch, 2017). 달리 말해, 봉건제적 계급과정은(AB 혹은 CB유형에 해당하는) 착취적 성격의 관계이며, 직접 생산자(농노)가 만들어 낸 생산물(물리적 혹은 화폐적 성격)을 비생산자들(봉건적 영주)이 전유하는 형태이다. 노예주와 노예의 관계는 신분적 종속 관계이자 전통적인 쌍무적 계약관계로 얽혀있다.

이런 면에서 중국의 인민공사(Commune) 체계와 단위 조직(딴웨이 單位:Danwei System)은 봉건제에 해당한다. 이와 관련해서 우선 봉건제의 착취는 다양한 사회적 맥락 속에서 각기 다른 형태로 발생할 수 있다는 점을 봐야 한다. 다시 말하면 신분제적이고 쌍무적 종속관계가 발생하는 모든 특수한 사회적 형태에서 나타날 수 있다는 것이다. 봉건제의 착취를 제대로 이해하기 위해서는 유럽중심주의적 사고에서 벗어나야 한다. 이는 봉건제를 목적론적 역사과정의 일부에 지나지 않는 것으로 보면 안 된다는 것이다. 이를 테면 봉건제를 자본주의**에 선행하는** 역사적 단계로 취급하는 시각을 교정해야 한다. 우리의 계급중심적 접근법에서는 근본적 계급과정의 결정을 상호형성하며 공존하는 다양한 요소들을 일일이 구체적인 시각에서 분석하고 있다. 이를 통해 시공간적 차원에서 봉건제를 유럽중심적인 목적론적 사고로 보지 않는 시각을 견지하고 있다(Charusheela, 2007). 둘째로, 특정한 봉건제적 근본적 계급과정과 연계된 봉건제적 생산관계가 역사적으로 특수한 신분제와 쌍무적 의존관계와 연계된 것으로 이해하는 방식에서 벗어나는 것이다. 이렇게 보면 봉건제적 근본적 계급과정은 특수한 경제사회적 환경이 변화했다고 그러한 계급과정이 역사상에서 완전히 소멸하는 것은 아니라는 것이다. 봉건제적 생산양식은 시공간적으로 다른 국면에서 재등장할 수 있다. 다시 말하면 그 시대에 맞는 위계서열과 쌍무성을 지닌 종속관계가 등장한다면 봉건영주와 농노의 관계와 같은 사회적 관계가 새로운 형태로 재등장할 수 있다고 볼 수 있다. 셋째로, 마르크스주의 전통의 이행 논의도 유럽중심주의적 성격을 지니고 있다. 예컨대 노예제도 자본주의도 아닌 사회는 무조건 봉건제적 체계로 여겨진다. 이러한 문제점은 계급중심적 사회주의 전통에 속한 사론(史論)에서도 드러난다. 우리가 참조한 Resnick and Wolff(2002)와 Gabriel(2006)의 경우조차도 그렇다. 비서구적 사회 양식들이 가진 복잡한 차이들을 무시하고 그들의 역사적 궤적과 변천들을 고려하지 않은 채 전부 '봉건제'로 취급하는 것에 문제가 있다고 본다. 이론적으로 계급중심적 관점에서 보면 AC와 CA유형 같은 공동체적 형태의 근본적 계급과정을 규정한 상황에서, 이러한 다양한 사회들을 단순히 '봉건적'이라고 규정하는 것에는 상당히 문제적인 측면이 있다. 이들은 신분적이고 쌍무적 계약관계가 있을지언정 단순히 봉건제적이라고 취급하는 것보다 더 자세한 분석을 더할 수 있는 체제들이다. 그런데 이를 봉건제로 전부 환원시켜버리면, 그러한 계급과정을 다른 근본적 계급과정과 이를 차별화하는 과정에서 문제가 생긴다. 봉건제적 생산양식을 분석적으로 분리하고자 한다면 종속적 관계와 그 인적 결합성을 지닌 근본적 생산양식에 제한될 것이다.

Gabriel(2006)과 Gabriel et al(2001)의 논의를 출발점으로 삼아, 이 장에서는 마오주의 중국의 기존 독해방식과는 혹연히 다른 해석을 제시한다. 마오쩌둥 집권기에는 국가소유의 확립이 사회주의를 뒷받침하는 것으로 여겨졌다. "국가소유에 기반한 사회주의적 체계는 공적 소유권 체계에 기초하여 생산양식과 생산물 모두가 전체 근로인민을 대표하는 프롤레타리아 국가에 의해 점유되도록 한다. 사회주의적 국가소유권 체계의 등장은 근로인민이 해방됨으로써 이들이 단지 사회의 지배계급으로 변화했을 뿐 아니라 경제를 지배하는 계급이 됐음을 의미한다"(Wang 195, 167). 이처럼 사회주의와 국유화를 동일시하는 개념은 일찍이 소련에서 주창한 사회주의 개념과 유사하다. 여기에는 두 가지 환원주의 논리가 작동한다. 첫째로 생산수단에서 인민의 소유권과 통제권은 국가적 소유와 통제를 의미하는 것으로 환원된다. 둘째로 중국공산당의 지배하에 놓인 국유화된 생산수단은 전체 인민을 대표하는 것으로 여겨지며, 이로 인해 착취가 존재하지 않는 것으로 여겨진다. 국가의 잉여전유가 전체 인민의 잉여향유와 동일시되는 것이다. 이처럼 환원주의적 과정은 소련사회가 그랬듯이 잉여노동의 계급과정에 주목하지 않으며, 근본적 생산과정이 착취적 성격을 지닌 것을 전복하기 위한 계급투쟁을 무시하는 것으로 이어진다. 소유권의 형식과 전유의 양식은 다양한 방식으로 조합될 수 있다. 예를 들자면 국유화된 경제에서도 근본적 계급과정은 착취적일 수도 있고, 사적 소유권이 존재하면서 근본적 계급과정은 비착취적일 수 있다. 따라서 사회주의를 국유화된 경제와 기본적으로 동일한 것으로 여기는 것은 해당 사회의 전유양식이 착취적인지 여부와 무관하다.

중국에서 이뤄진 도시권 산업조직의 국유화를 통해 중국공산당이 통제하는 산업적 생산수단의 국유화는 1950년대 무렵 완성됐다. 국영기업(State Owned Enterprises; SOEs)에 대한 소유권을 취득한 결과 산업체 차원에서도 단위조직(danwei)을 수립하기도 했는데(대규모 국영기업은 단위에 해당하는 사회적/행정적 조직으로 변화했다.) 이는 도시지역에서 사회주의가 전체적으로 완성된 것이나 다름 없는 것으로 여겨졌다. 중국 인구의 90퍼센트가 거주하고 있던 농촌지역에서는 소유권과 사회주의 사이의 관계 문제가 조금 더 까다로웠다. 중화인민공화국 성립이전에는 중국공산당이 취한 태도는 토지와 여타 생산수단을 보유한 지주계급이 직접

생산자들에게 의무적 계약, 즉 쌍무적 구속성을 지닌 사회적 연계를 강제하자는 입장이었다. 이는 지주와 농노 간의 관계를 영속적인 종속 관계로 전화시켜 농노인 직접생산자를 잉여 전유에서 배제함으로써 봉건 지주가 잉여를 전유할 수 있게 했다고 주장됐다. 그런데 1949년 혁명 이후에는 사회주의의 성립을 추구하면서 토지 재분배 등 생산수단을 지주계급으로부터 소농들에게 넘겨주는 정책을 펼치기 시작했다. 그 이후에는 농업 집산화와 인민공사 수립 정책이 빠르게 진행됐다(Majumdar, 2018). 마오 집권기에는 인민공사의 수립은 가장 혁신적이며 선명한 사회주의의 증표로 여겨졌다. 이에 따라 두 가지 결론이 도출됐다. 첫째로 초기의 토지개혁은 지주계급을 절멸시켰고 지주-소작관계에 근거한 봉건제의 착취성을 지닌 전유관계가 중국에서 소멸됐다는 것이다. 다시 말하면 이와 같은 생산수단에 대한 소유와 통제권 변화가 중국에서 봉건제의 소멸로 이어졌다는 것은 예나 지금이나 중국의 정치권 내에서 합의된 사항이다. 둘째로 농촌의 인민공사에 의해 이뤄진 집단적 소유권의 수립은(도시지역 국영기업의 '단위'의 경우와 달리) 완전한 사회주의적 국유화의 성격을 지니지는 못했을지언정, 시간이 지날수록 바람직한 국가형태에 걸 맞는 국가소유권의 **기초적 형태를 마련했다는** 결론으로도 이어졌다. 이와 같이 중국 농촌 지역에서의 집산적 소유권 모델에 대한 목적론적 사유가 다음 발언에서 명명백히 드러난다. "중국의 농민 인민공사는 서서히 현재의 생산대(production team; 生産隊) 기반 소유권체계를 앞으로 생산대대(brigade; 生産大隊)와 인민공사에 기반한 소유권 체계로 전환하면서 서서히 사회주의적 국가소유권 체계로 나아갈 것이다. 이는 점진적인 거북이 걸음과 같은 발전 과정이 될 것이다…… 집단적 소유권 체제가 발전하여 갈수록 규모가 커지고 높은 차원에서 이뤄지는 것, 집산적 소유권이 국가소유권으로의 전환되는 것은 생산력의 점진적 발전과 인민의 사회주의적 의식화에 따라 점차 진행될 것이다"(Wang 1975, 176-177). 이를 보면 집산적 소유를 국가소유보다 낮은 단계의 발전형태로 취급함으로써 인민공사는 중국에서 사회주의 체제가 싹트기 시작한 증거로 여겨졌다. 그러나 우리가 보기에 실상은 다르다. 이른바 '사회주의'체제라는 공산당 당 조직과 인민공사 제도가 국가봉건제적 성격의 근본적 계급과정을 싹트게 했다.

당시 중국의 계급구조를 국가봉건제라고 규정하는 것은 국가조직이 봉건영주와 "다를 바 없는" 위상을 차지했기 때문이다. 이는 단지 중국에서만 발견되는 사례는 아니고, 봉건제적인 근본적 계급과정과 생산관계는 다른 곳에서도 존재한 바 있다. 러시아에서 농노제는 왕정제 국가 하의 제도화된 형태로 유지됐으며 "농노 해방이 이뤄진 시점에서는 50퍼센트 이상의 농노가 개별 영주들이 아니라 국가에 "귀속"된 상태였다"(Resnick and Wolff 2002, 133). 러시아 제국의 존속은 농노의 잉여생산물을 국가가 직접 전유하는 것에 달려 있었다. 한편 중국공산당이 이끈 '사회주의 국가'가 주도하여 설립한(후술할) 일군의 새로운 비계급적 존재조건을 수립하고자 했던 과정에서 새로운 형태의 국가봉건제를 도입하는 결과로 이어졌다. 그리고 농촌지역의 인민공사 체제와 도시지역의 '단위' 조직은 그러한 체계구성의 기반이 됐다. '단위' 조직을 간단히 살펴보고 인민공사에 대해서 세밀하게 분석하자.

(1) 인민공사와 '단위'에 대한 계급적 분석

농촌지역에서 인민공사는 농촌지역 생활의 경제/사회/행정을 포괄하는 조직이 됐다. 농업과 제조산업의 생산조직들을 포함해서 말이다(농업에서는 **생산대**, 제조산업에서는 **인민공사와 생산대대**라는 기업의 근본적 계급관계로 구성됐다). 인민공사는 그 외에도 초중등 교육기관과 병원 및 진료소, 공공식당, 건설 노동조직, 관청 등을 모두 포괄하는 조직이다. 인민공사 체계는 3개의 위계서열 체제로 나눠져 있었다. 가장 밑에는(농업생산단위의) 생산대가 있었고, 그 위에는 산업생산조직이 포함된 생산대대가, 그리고 최상위에는 인민공사 조직이 존재했다. 인민공사는 하위의 두 조직들을 통솔하고 감독하는 역할을 수행했다. 공식적으로는

> … 인민공사 대회를 구성하는 것은 인민공사 내에 포함된 하부조직들인 생산대, 공장, 광산, 문화조직과 보건조직, 홍위병, 금융과 상업조직, 청년조직과 여성조직에서 선출된 대표단이었다. 그리고 이 대회에서는 인민공사의 관리위원회와 감독자 그리고 일부 보조 감독자와 그 외의 관리위원회 구성원들을 선출하곤 했다. 생산대대 회의에 출석하는 대의원들은 생산대와 여타 생산대대 관할 하의 조직에서 직접 선출됐다. 생산대대 대회에서는 생산대대 관리위원회와 그 수장, 대의원 대표와 여타 위원들을 선출했다(Townsend, 193: 138-139).

인민공사 관리위원회(CAC)는 공사 내부에서 가장 막강한 권력을 지닌 조직이었는데, 중앙의 계획을 중국 농촌의 가장 하위의 행정 단위에 적용시키는 지방의 국가기관 구실을 하였다(Lippit 1981, 20). 혹자는 이러한 구조가 농업 생산대의 '민주적 관리'에 해당한다고 말할지도 모른다. 선출된 소규모 관리위원회가 생산대 구성원들의 대회에서 선출된 것이니 말이다. 그럼에도 불구하고 생산대대와 인민공사라는 상의의 두 층위에서는 민주적 관리체계의 형식에 어긋나는 수많은 양상들이 존재했다. 인민공사 차원에서 보자면 CAC와 그 지도부는 중국공산당이 통제하는 국가기구의 지시에 종속돼있었던 것이 분명했다. 이들의 정책방향과 실천은 국가적 계획 노선을 충실히 따랐다.

투표절차와 무관하게 중국공산당은 인민공사에서 확연한 존재감을 드러냈다. 허베이성의 Hsianshin현에 위치한 칭하이(시) 인민공사의 기초헌장에서 규정한 바에 따르면, 관리위원회 위원회의 구성원들과 생산대대의 모든 간부와 대의원들, 생산대대 관리위원회 구성원들, 그리고 모든 생산대 간부들은 인민공사 대회의에 대표단으로 출석하도록 규정돼있었다. 동일한 헌장에 따르면 인민공사 지도자와 대표단 지도자들은 정부의 상위기관과(32인으로 구성된)인민공사 관리위원회 승인을 받아야 했고, 일부 간부진은 반드시 포함돼야만 했다. 인민공사 당위원회의 서기와 대표단을 포함한 일부 당원들이 여기에 포함된다. 이 당원들이란 인민공사 부서의 대표들, 생산대대 당세포의 당서기들, 모든 생산대대와 그 지도부 등이 여기에 해당했다. (Townsend, 1963: 142)

이처럼 세 층위의 조직으로 구성된 인민공사체계를 '선출'과 '민주적 관리'의 과정을 해부해보면, 농업과 제조업 그리고 기간시설 차원에서의 의사결정을 조직하고, 농업과 제조업에서 근본적 계급과정에서 직접적 잉여노동의 전유를 좌우하는 것은 인민공사 관리위원회였다는 것이다. 보다 초기의 합작사와 집산체들과는 달리 공사관리위원회는 전유의 주체이자 중국공산당 통제하의 국가기구가 인격적 연장선에 있는 존재였다. 그리고 그 구성원들은 대체로 직접적 생산과정에 참여하지 않는 이들이었다. 한편으로는 노동력 사용의 대가로(농촌 생산대와 산업생산대 그리고 인민공사의 노동자들에게) 지급되는 현금수령액은 노동접수를 기준으로 삼아 결정됐다. 이에 더해서, 일부 사용가치는 현물로 직접 분배됐다. 이 두 가지를 모두 고려하면, 노동자와 그 가족을 재생산하기 위한 필요노동의 등가에 해당하는 봉급은 현금과 현물로 지급된 것으로 보인다. 필요노동 이상의 것에 해당하는 잉여노동 등가는 오로지 공사관리위원회가 독점적으로 전유해갔는데, 중앙정부의 의무할당량과 계획가격을 충족해야 했다. 이때, 국가의 자본재투자와 군사적 지출 그리고 도시 단위의 '철밥통'제도를 유지하기 위한 자원 등을 따져서 유리한 상대적 교역조건이 책정된 산업들도 있었다. 농촌의 인프라 기반시설 발전은 중앙정부와 인민공사가 가져간 유보잉여를 자본 투자에 사용하여 발전할 수 있었는데, 프로젝트의 규모에 따라서, 즉 계획 방침에 따라서 결정됐다. 마지막으로 다른 잉여분량은 다양한 사회적 필요(교육, 보건, 노인복지 등)에 필요한 사회적 잉여로 분배된다. 이러한 국가전유의 양식과 분배양식은 다음과 같은 결론으로 이어진다. 인민공사의 농업 생산대와 산업조직들에 소속된 직접 생산자들은 잉여의 전유과정에서 배제됐었다. 노동 수행자와 비수행자인 국가 소속의 잉여노동 전유자 사이의 관계가 이처럼 착취적 성격을 지녔다는 점을 볼 때, 집산적 소유권을 지녔을지언정 이러한 상황은 국가에 의해 착취적인 근본적 계급과정이 구현됐음을 보여준다,

그렇다면 국가에 의한 착취적 근본 계급과정이 봉건제적 성격을 가지고 있다고 규정할만한 이유는 무엇인지 살펴보자. 첫째로 CA유형의 집단적 생산관계의 가능성은 배제해야 한다. 여기에 위계적이고 쌍무적인 의존관계 하에서 발생할 수 있는 근본적 계급관계는 두 가지 사례일 뿐이다. 첫째로, CAC의 위원들이 노동과정에 참여하고 잉여노동을 수행하면서도 다른 직접생산자들을 전유과정에서 배제하는 경우가 해당될 수 있다. 그렇게 된다면 이는 CA형태의 착취 형식에 해당할 것이다. 반면 CAC회원들이 잉여노동을 수행하지도 않고 오로지 잉여의 전유와 분배 역할만을 수행하는 경우도 이에 해당할 것이다. 이 경우 착취관계는 CB형태의 근본적 계급과정에 해당할 것이다. 관련된 중국연구 문헌에서

는 전자의 사례를 지지하는 문헌은 사실상 없다시피 하고, 후자의 경우 CAC위원들 사이에서 지배적인 경향이었을 것으로 추측된다(O'Leary and Watson, 1982-1983). 뒤에 설명하겠지만, 이러한 이유로 인해서 인민 공사 내부에서 또 다른 모순과 계급투쟁이 발생할 수 있는 조건이 만들어졌다고 볼 수 있다.

농촌지역에서의 인민공사처럼, 도시의 '단위' 또한 노동자와 중국 국가를 인격화한 국영기업의 사용자 사이에서도 봉건제적 생산관계에 기반해 운영됐음을 볼 수 있다(Gabriel, 2006; Gabriel et al., 2008). "마오쩌둥 집권기 중국의 사회경제적 기관이었던 단위는 국영기업과 국가기관, 정부부처 그리고 여타 공공부문 조직들을 일컫는 말이었다. 단위는 인사통제권을 지니고 있었고 공동의 설비를 제공했으며, 독립채산제로 운영됐고, 도시적 혹은 산업적 역할을 수행했으며 공공부문에 속했다. 단위는 그 자체로 자급자족적 '미니 복지국가'의 기능을 수행했다. 단위 시스템의 기본 요소는 다음과 같은 세 가지였다. 종신직 보장(철밥통)과 평등주의적 임금제도(큰 밥솥) 그리고 복지 패키지였다"(Ngok 2008 p.61, note-4). 무엇을 어디에서 어떻게 생산할지에 관한 중앙계획에 따른 생산결정에 근거해서, 국무원이 임멸하는 국영기업 관리자들은 직접적인 배타적 전유의 주체로서 그러한 계획적 잉여생산의 조건을 제공하는 포섭된 계급적 지불로서 분배했다. 상품의 직접 생산자들과 그 상품 안에 체화된 잉여노동은 그들의 전유과정에서 고려되지 않았다. 착취자와 피착취자 사이의 위계적이되 쌍무적인 성격을 지닌 봉건제적 관계 속에 착취적인 근본적 계급과정이 숨어있었다는 점에서 이들 국영기업의 성격은 국가자본주의적이라고도 볼 수 없고 또한 결코 공산주의적이라고 볼 수는 없지만 말이다. 더군다나 국가자본주의적 생산관계나 공산주의적 생산관계 모두와 다르게 노동자들은 특정한 단위에 귀속돼있었다는 점이 달랐다.

더군다나 노동력을 제공해야 하는 의무의 대가로 국가에 의한 고용보장이 이뤄졌고 사회재생산의 비용 또한 임금과 현물지급을 통해서 보장됐다는 점에서도 이 둘과 차별적이다.

1960년대가 되면, 중국에서 존재하고 있었던 자율적 계급과정과 같은 다양한 계급과정들은 모두가 봉건제적 생간관계의 목적에 종속되거나 부차적인 것으로 격하됐다. 이러한 자율적 성격의 근본적 계급과정은 경제 전반에서 구조적으로 지배적인 형태가 되지 못했다. 그런 일은 나중에 덩샤오핑 집권기 동안 아주 잠시 이뤄졌다. 인민공사와 단위들은 소유구조나 호구(戶口, 후커우)제도, 중앙의 계획, 공산당의 이데올로기 등의 다른 요인들에 의해 좌우됐다. 그로 인해서 봉건적인 근본적 계급과정/포섭된 계급과정이 지배적 지위를 지니게 되면서 그것이 중국에서는 '사회주의'의 지배적 표현이 됐다. 국가봉건제의 중요한 조건이 된 사례 중 몇가지를 살펴보도록 하자.

(2) 국가봉건제의 존재조건으로서 중앙계획, 중국공산당과 호구제도

사회주의적 계획이야 말로 중국에서의 국가봉건제의 중요한 계기로 작용했다. 베틀랭(Bettelheim, 1975)는 사회주의를 계획과 결부 짓지만, 중국에서 이른바 "사회주의적 계획"이라고 불린 국가계획은 국가봉건제를 더 강화하고 재생산했을 뿐이다. 중앙의 계획 덕분에 국가는 인민공사와 단위를 경유해서 생산된 사용가치와 전유될 잉여의 생산을 지휘할 수 있었다. 또한 국가는 그 잉여를 생산조건의 기반이나 생산투입물 사이에 분배할 수 있었다. 더불어 협상 가격차(price scissors)를 유지하고 자본축적을 개시하고, 상충되는 사회적 필요간의 잉여분배 문제를 결정했다. 또 다른 중요한 기구는 중국공산당이었는데 이들은 사회주의 이념의 철용성 역할을 하면서 유일한 정치적 세력이었고, 상기한 봉건제적 성격의 근본적 계급과정과 생산관계를 형성/유지/정상화하는 것에 기여하면서 이를 '사회주의'로 포장했다. 지배적인 문화적 세력의 문제도 있었는데, 문화혁명기의 일시적 예외를 제외하면, 중앙의 정치세력이 사용가치와 잉여의 생산에 대한 경제적 통제력뿐 아니라 포괄적 계급적/사회적 재분배가 국가에 의해 유지될 수 있도록 만들었다. 중국공산당의 국가통제와 중국공산당이 지배하는 국가에 의한 인민공사와 단위들에 대한 통제는 정치적인 동시에 문화적인 과정이었다. 다시 말하면 이는 흔히 말하는 상부구조에 해당하는 것이었다. 이를 통해 중화인민공화국은 봉건제적 생산관계와 그 이행에 대한 지배권을 확보할 수 있었다. 하지만 여기에 더해서 특별히 주목해야 할 것이 하나가 있는데 바로 인민공사와 단위를 제도화하는 데에서 핵심적인 역할을 한 호구제도이다. 이것은 위계적인 쌍무적 의존관계를 인격화한 특수한 양식이었다.

마오쩌둥 집권기에는 노동시장이 사실상 존재하지 않다시피 했기 때문에 상품화된 노동력은 존재하지 않았고 따라서 자본주의적 근본적인 계급 과정도 존재하지 않았다. 그와는 대조적으로 노동력 관리와 재생산을 위한 새로운 체계가 고안됐는데 그것이 바로 호구제도였다. 호구제도가 다른 과정들과 결합하면서 중국공산당이 주도한 생명정치적 통제 덕에 인구의 생명에 국가통제가 이뤄질 수 있었고 이는 1960년대에서 70년대 사이에 절정을 이루었다(Cheng and Selden, 1994; Chan and Zhang, 1999).

물론 호구제도가 1955년에 도입됐던 초기의 의도는 중앙계획경제의 일환으로서 노동력의 배분을 적절히 통제하고자 하는 것이었다. 그러나 호구는 점차 두 개의 그룹으로 발전/분화돼갔다. 도시의 호구는 단위로 한정되고 농촌의 호구는 인민공사로 한정됐다. 한편에서 강제적 호구 지정은 노동자들이 한 지역에서 다른 지역으로 일자리를 찾아 이주하지 못하게 만들었고, 특정 노동자들은 특정한 지역에서만 일할 수 있게 만들었다. 다른 한편, 호구 등록은 노동력 재생산에서 중요한 요소였다. 필요한 노동과 용역을 제공한 대가로서 노동자들은 가족의 재생산에 사회적으로 필요한 재화와 서비스를 제공받을 수 있도록 임금과 현물로써 보상을 받았다. 필수적인 사회적 잉여를 현물로 제공하기 위해서(무료 노인복지, 무상 교육 등) 당국은 호구등록에 따라 잉여를 분배했다. 호구 등록은 본질적으로 상속되는 것이었다. 다시 말하면 농촌 호구에 등록된 이들의 후손들은 농촌 호구에 계속 등록되고 도시호구에 등록된 사람들은 그 후손들도 그렇게 되도록 설계돼있었다. 그리고 호구는 도시와 농촌 모두에서 국가가 제공하는 재화와 서비스(식료품, 의류, 주택, 교육, 보건복지, 노령복지 등)를 배급 받기 위한 신분증과 같은 역할을 했다. 인민공사 체계는 중국 전문가 다수가 보기에는 사회주의의 전범으로 여겨졌는데, 실상은 봉건적 착취관계의 조건을 마련하는 위계적이고 쌍무적인 착취관계를 추동하는 체제였던 것이다. 마찬가지로 도시의 단위에 있어서도 국가가 보장한 평생직장(철밥통)과 평등한 임금(큰 밥솥) 그리고 도시 호구와 복지 패키지는 국가가 착취자와 피착취자 사이의 위계적이고 쌍무적인 의존성을 보증하기 위해 요구한 것이었다.

(3) 소유권, 인민공사와 복지국가: 사회주의인가 국가봉건제인가

국가봉건제 시기에 생산수단에 대한 국가소유와 집단적 소유는 사회주의적 조건을 나타내는 가장 분명한 지표로 여겨졌다. 거기에다가 국가가 보건, 교육, 공동식당, 육아, 노인복지, 의식주와 기반시설 제공을 해준 것 모두가 '사회주의적' 국가의 시민(사실상 농노)에 대한 의무적 헌신인 것처럼 보였다. 그들의 노동력과 생애과정 일반을 재생산하는 데에 있어서 말이다. 포섭된 계급과정에 필요한 지급액과 사회적 잉여분배는 이러한 관계를 만들기 위한 목적 하에 진행됐다. 이러한 국가의 헌신적 모습은 중국공산당이 통제한 사회주의국가의 평등을 위한 헌신으로 여겨졌다. 그러나 이중 그 어느 것도 근본적 생산관계 차원에서 인민공사나 단위가 착취적이라는 점을 부정하는 것은 아니었다. 오히려 새롭게 형성된 잉여생산자와 노동수행자 사이의 위계적인 쌍무적 관계가 지배적이 되면서 착취관계가 자리잡는 데에 기여했다. 착취자는 피착취자의 삶이 재생산될 수 있도록 보장됐는데, 이는 신민들에게 중국공산당과 그 국가에 대한 절대적 충성을 받아내기 위한 것이기도 했다. 한편 이들이 국가에 대해 온전히 헌신하지 못한다면 국가는 인민을 처벌할 권한을 지니고 있었다. 국가에 의한 분배적 정의 문제를 가지고 전유상의 불의한 상황을 윤색하는 것은 문제적이다. 특히나 이 둘이 상호형성적 관계에 놓여있다는 점을 보면 말이다. 생산과정에 있어서 계급과정과 계급관계를 국가복지로 환원시키고 오도함으로써 봉건적인 잉여생산체계가 사회주의의 필요조건인양 잘못 해석되는 결과로 이어졌던 것이다.

(4) 국가 봉건제 내외의 모순

계급적 과정과 비계급적 과정이 결합된 효과였던 봉건적인 근본적 계급과정과 봉건적인 생산관계는 그 나름대로의 모순을 형성했는데 특별히 인민공사에서 이런 일이 일어났다. 놀랍지도 않게도 그러한 모순은 노동자들 사이에서도 존재했다. 근본적 계급과정에서 잉여노동의 직접수행자와 근본적 계급과정 상의 비계급적 조건을 제공하는 노동자들 사이에 그러한 모순이 존재했던 것이다. 그리고 노동에 참여하지 않는 착취자들과 그들의 직접 소속된 집단은(국가가 지명한 중국공산당 간부진) 봉건제적 관계를 유지하고 관리하는 데에 있어서 책임을 맡았다.

하급 간부들은 이제 비효율성과 숙련도 부족 그리고 부패에 대한 비판을 받고 있었다. 그 중 많은 수가 위로부터 내려오는 지령을 곧이곧대로 받아들이고 이를 지역적 사정에 맞추어 수정할 생각조차 하지도 않았다. 그들은 "획일화된 해결책"을 선호했다. 특정 상황에서 어떻게 대처할지에 관한 일반적인 행정처리 기법과 같은 것 말이다. 그들은 농업기술이나 회계에서 숙련도가 떨어졌다. 많은 이들은 생산에 직접 참가하기를 꺼렸고, 그러면서도 집산적 소득 분배 몫에서 자신들의 정당한 몫보다 더 많은 분량을 전유해갔다 …… 이런 상황에서 일반 농민과 농촌의 당간부 사이에 적대관계가 깔려있다는 증거가 관찰되는 것은 당연한 일이라고 볼 수 있다. 농민들이 가계 계약을 도입하기를 요구했던 주된 까닭은 모든 당간부들 또한 현장에서 자신의 소득을 창출하기 위해 노동해야 한다는 의미였기 때문이다(O'Leary and Watson, 1982-83: 606).

중국공산당에 의해 발생한 또 다른 모순은 이들이 인민공사를 생산력(토지총량, 토지저량을 비롯한 생산수단과 노동력) 안정화와 확장의 수단으로 여겨 생산성을 높이려고 했다는 점에 있다. 문제는 노동인민과 비노동인민 사이의 봉건적 관계로 인해서 생산성 향상이라는 바로 그 목적을 이루는 것에 장애가 발생했다는 점이다. 마찬가지로, 문화대혁명 기간동안에는 도시공간 내 일련의 모순적 결합으로 인한 파급이 발생했다. 마오쩌둥이 주자파에 맞선 전 사회적 계급투쟁을 촉구하면서 "그들의 사령부를 폭격하라"고 지시했을 때, 그 중에서도 공장과 대학 따위의 사회적 공간들에서 이런 일들이 벌어졌다.

당연하게도 마오쩌둥 집권기 이후에 결합된 모순들이 기층차원에서 인지되면서, 특히나 인민공사에서 확인되면서(직접생산자들은 봉건제적인 착취관계를 분쇄하기를 원했다) 그리고 중국공산당이 이끈 국가 또한 이를 문제시하면서(이들은 생산력을 빠르게 증대시키기를 원했다), 양측의 필요는 인민공사제도의 폐지로 이어졌다. 마르크스주의적 관점에서 보면 인민공사 체제의 폐지는 해당 제도만의 철폐로 그치는 일이 아니었다. 이를 보다 깊이 꿰뚫어보자면, 인민공사에 기반해 유지될 수 있었던 특정한 형태의 봉건적인 근본적 계급과정과 생산관계가 끝장나는 것을 의미했다.

2) 1978년 이후 이행의 제 2단계: 마오쩌둥 이후의 중국은 사회주의인가 국가봉건제인가

우리는 우선 마오쩌둥 시대의 다양한 사회적 조건들을 대체하는 과정에서 중국특색 사회주의라는 명목 하에 국가자본주의적 근본계급과정과 생산관계가 지배적 지위를 차지하게 되고 말았다는 점을 지적하고자 한다. 중국공산당의 역사유물론적 관점에서 사회주의라고 본 것은 계급 중심적 관점에서 보자면 국가자본주의에 해당했던 것이다.

(1) 마오쩌둥이라는 인물과 마오쩌둥사상: "실사구시(實事求是)"

1978년 중국공산당 제 11기 중앙위원회 제 3차 전체회의 덩샤오핑 파벌이 중국공산당의 차기 권력승계세력으로 확정됐다. 덩샤오핑은 마오가 직접 지명한 차기 당권주자인 화궈펑의 집권시도를 분쇄하면서, "마오가 한 일과 말들은 전부 옳았다"는 그의 주장을 교조주의로 선포하고 마오쩌둥 사상(MZT)의 핵심은 "실사구시"였다면서 마오 개인에게만 안주하지 말 것을 주장했다(Deng, 1978). 1978년 덩샤오핑은 이런 맥락에서 중국의 구체성이 크게 변화했다는 점을 수용한 중국 특색의 사회주의적 이행 문제를 다뤄야 한다며 새로운 발전전략을 제시했다.

제3세계 중에서 따져봐도 중국은 여전히 저개발 상태다. 중국은 사회주의 국가다. 우리나라의 사회주의 체제가 우월성을 입증하기 위한 가장 기본적인 방법은 바로 이 체제가 과거의 중국과는 달리 엄청난 속도로 사회적 생산력을 폭발적으로 성장시킬 수 있다는 점에 있다. 그리고 이를 통해 인민들의 늘어나는 물질적, 문화적 욕구를 충족할 수 있게 된다는 점에 있다(Deng, 1978).

….. 혁명은 계급투쟁을 수행한다는 뜻이기는 하나 그것만을 의미하는 것은 아니다. 생산력 발전 또한 일종의 혁명이다. 그것도 매우 중요한 혁명이다. 역사발전의 관점에서 보자면 가장 근본적인 혁명에 해당한다고 할 수 있겠다. ….인민공화국 수립 이래 지난 30년간 우리는 농업과 제조업을 비롯한 여러 분야에서 사회주의의 기초를 다졌다. 하지만 치명적인 문제가 하나 있었다. 바로 생산력이 너무나도 더디게 발전하는 동안 시간을 날려버렸다는 점이다. 모든 혁명은 생산력 발전의 장애물을 제거하기 위한 목적을 지니고 있다(Deng. 1980).

후진적이고 정체적인 사회주의 단계에 대한 그의 인식은 "사회주의 단계를 발전단계와 연결"시켰다는 점에서 매우 중요했다. 이 개념은 생산관계 상의 계급/계급모순/계급투쟁에 대한 마오주의적 우선순위를 허물고, 생산력 발전에 기반한 소득증대와 빈곤감소라는 시장사회주의적 발전전략을 내세우는 데에 중요한 논거가 됐다. 사회주의의 두 영역과 발전을 연결시켜 도출된 그의 결론은 1987년 13차 중국 공산당 전국대회에 앞서 발행된 예비 문헌에 잘 나와있다. "제 13차 전국 당대회는 중국이 사회주의의 초급단계에 있다는 점을 설명할 것이다. 사회주의 그 자체는 공산주의의 초급단계일 뿐인데 중국은 여전히 사회주의의 초기단계에 머물러 있다. 다시 말하면 저발전된 단계에 머물러 있다는 것이다(in Boer 2021: 42-43).

이처럼 이례적인 중국의 특수한 조건은 사회주의의 역사에서 다뤄지지 않은 하나의 문제를 제기한다. 30년 전 중화인민공화국에서 사회주의가 태어났지만 그 사회주의는 유산된 것이나 다름없는 상태였다는 것이다. 소련이 생산력의 근대화를 통해서 사회주의를 쟁취해냈다는 사례와는 대조되는 '후진적' 사회주의 개념은 새로운 주요모순의 문제를 제기하는 것을 허용케 했다(근본모순 문제는 마오쩌둥사상에서 덩샤오핑이 빌려온 중요한 이론적 요소 중 하나다). 따라서 중국특색의 사회주의를 추진해야 한다는 것이다. 그러나 이 주요모순 개념은 이제 마오주의에서 주장해왔던 프롤레타리아트와 부르주아지 사이의 계급투쟁의 문제가 아니라 "인민의 물질적, 문화적 욕구의 증대와 후진적인 사회적 생산성의 문제"(Haacke & Preston, 2013: 9)로 치환됐다. 이와 같은 근본적 모순을 해결하기 위해서는 중국경제구조의 근대화가 요구됐다. 이 목적은 성장이 산업부문이나 지역간에 매우 불균등하게 이뤄지더라도, 비록 소득 불평등과 사회 격차를 키울지라도 반드시 성취돼야 하는 것으로 주창됐다. 이러한 논쟁 속에서 마오주의 급진파들은 그들이 우선시했던 '궁핍한 사회주의'와 '궁핍한 공산주의'가 '풍요 속의 자본주의'보다 차라리 우수하다고 주장했다. 왜냐하면 이들은 평등을 강조했기 때문이다. 이에 더해 덩샤오핑은 "우리가 자본주의를 도입하자는 것은 아니다. 하지만 그렇다고 사회주의 하에서 궁핍을 감내하자는 것도 아니다…… 우리에게 필요한 것은 생산력 발전을 통해 부강한 국가로의 발전을 성취시키는 사회주의일 뿐이다."라고 말했다(in Boer 2021: 42 재인용). 생산력 발전에 의해 뒷받침 되는 '부유한 사회주의'로 초점을 바꾸고 '빈곤한 사회주의로부터의 탈피를 주장한 것은 중국의 이행을 이 장의 2.1에서 거론한 것과 같은 고전파적 발전경로와 확고히 연결되는 주장이었다. 그런데 이러한 전략은 다른 지점에서 논쟁적인 것이었다.

1960년대 중국공산당 내 일각은 마오쩌둥을 따라서 사회주의에서 공산주의의 최종단계로 즉시 이행할 것을 요구했다. 하지만 덩샤오핑은 다음 발언을 통해 공산주의의 문제를 부차화시켰다. "우리는 사회주의가 공산주의의 첫 단계일 뿐이라고 말하고, 공산주의가 완연해지면 능력에 따라 기여하고 필요에 따라 분배해야 한다고 주장한다. 그런데 그렇게 하려면 고도로 발전된 생산력과 상당한 물적 풍요가 필요하다. 사회주의는 빈곤의 소멸을 뜻한다. 가난에 머무는 것은 사회주의도 아니고 공산주의는 더더욱 아니다."(Den Xiaoping, 1984) 덩샤오핑과 같은 개혁세력들은 지나지 않기 때문에 덩샤오핑과 같은 개혁 세력들은 공산주의의 문제를 담론의 영역으로 밀어내며 머나먼 미래에 성취되어야 할 이상 정도로 취급했다. 계급적 잉여노동과정을 무시한 것 때문에 이는 또 다른 문제를 낳았고, 덩샤오핑의 파벌은(잉여생산경제에서) 비착취적인 공산주의적 계급과정을 구성하여 사회주의를 재구축할 가능성을 인지하지 못했다. 달리 말하면, 생산력에 기반한 발전에 대한 온전한 강조로 인해서 사회주의에서 공산주의로 이행하는 또 다른 경로를 완전히 망각하게 된 것이다(이에 대해서는 차후 더 논의하도록 하겠다).

마오쩌둥 집권기의 대약진 운동의 실패와 문화대혁명(Cultural Revolution; CR)의 혼란상에 대해서 비판적으로 평가했음에도 불구하고, 마오 이후의 개혁을 통한 발전전략 수정과 그 성공은 마오주의 시기에 만들어진 기초 없이는 성취하기 어렵거나 심지어는 불가능했을 수도 있다고 말한다(Griffin and Khan, 1995; Gabriel et al., 2011; Dreze and Sen, 2013). 이러한 분석을 통해 드러난 바는 다음과 같이 요약할 수 있다. "마오쩌둥 집권기는 사회적 '자본'의 개선과 기반시설 투자로 뒤이은 시기의 개혁이 효과를 거둘 수 있는 토대가 됐다. 긍정적인 측면들을 보자면 마오의 집권기에는 교육 수준의 상승과 의료복지 접근권 개선, 그리고 교통이나 관개시설과 관련된 기반시설의 건설과 개선이 이뤄졌기 때문이다"(Gabriel et al., 2011: 128). 생산력이란 원자재와 생산도구 그리고 생산과정에 배치될 수 있는 노동력으로 구성돼있다는 점을 되새겨보면, 중국 국가에 의해 수행된 농촌의 제도적 개혁이 일궈낸 연속적 성공이 이와 연결된다는 점을 즉시 연상할 수 있다. 예컨대 가구생산책임제도(Household Responsibility System; HRS)와 향진기업(Town and Village Enterprises; TVEs)은 생산력 향상과 자본축적을 촉진하여 잉여가치 생산 또한 폭증할 수 있게 해주었다. 일면적으로 보기보다는, 마오쩌둥 집권기의 성취에는 긍정적인 일면과 부정적인 일면이 모두 존재하는 것이다. 달리 말하면 개혁과정과 그 성공에 모순적 영향을 끼쳤다고 볼 수 있다.

(2) 공산당의 우위성 재천명

정치영역(상부구조)에서 덩샤오핑 중심의 개혁세력은 자신들에게 타격을 준 문화대혁명을 비판하면서 당 노선의 우위와 레닌주의 전위당원리를 재천명했다.

> 오늘날 중국에서는 당의 지도력을 포기할 수도, 대중의 자발성을 찬양만 할 수도 없다. 당의 지도력은 물론 무소불위의 것이 아니고 당이 얼마나 인민대중과 긴밀히 연결돼있는지의 문제와 정확하고 효과적인 지도를 실천하는 것에 달려있는 문제이다. 이 점에 대해서 우리는 여전히 더 깊이 연구하고 문제들을 해결해나가야 한다. 하지만 이런 사실이 당의 지도력을 약화시키거나 와해시키는 것을 요구하기 위한 근거가 될 수는 없다. …… 사실 그러한 요구에 굴복하는 것은 오로지 아나키즘과 사회주의적 대의의 괴멸로 이어질 따름이다(Deng

Xiaoping, 1979).

덩샤오핑에 따르면 마오쩌둥은 레닌의 전위당 이론을 따르되 이를 중국적 특수성에 맞추어 발전시켰다(예컨대 옌안(延安)의 정풍운동(Yan'an rectification movment)동안 인민대중의 중요성과 그들의 불만 사항들에 대해서 초점을 둔 것이 그 사례다). 1957년에 마오쩌둥은 중국공산당의 4대 목적을 세우는데 그 중에서 "민주주의와 집중주의"는 문화혁명 기간 동안 완전히 망가져버렸다. 덩샤오핑은 공산당의 작동원리에서 민주집중제 원리를 다시 강조하기 시작했다. 이는 당내 민주주의가 작동하는 동시에, 즉 (핵심 지도자는 존재할지언정) 당내 개인이 군림하지 않는 것과 더불어, 집중주의적 원칙을 지켜 당 중앙위원회가 궁극적 의사결정권자로 남고 최종 지휘권을 계속 쥐고 있어야 한다고 강조했다. 이 시점부터 상부구조 상에서 중국공산당의 지배력은 신성불가침의 영역으로 여겨지게 됐다. 이는 오늘날의 중국에서도 이어지고 있는 관점이다.

(3) 계급투쟁의 소거

덩샤오핑은 1981년 6월 27일 중국공산당 17차 중앙위원회 제6차 전체회의에서 중국공산당을 이끌었는데, 이때 그는 문화대혁명 기간 동안 마오쩌둥이 '주자파'의 특권 부활에 맞선 계급투쟁을 강조했던 입장에 대해 비판적 평가를 남겼다.

> 우리 당은 사회주의적 대의를 선도하는 데에 있어서 경험이 미천했던 탓에 여러 실수를 저지른 바 있다. 정세 분석과 중국의 구체적 상황에 대한 이해에 있어서 당 지도부의 주체적 오류도 많았다. ….. 마오쩌둥 동지는 계급투쟁을 광범하고 절대적인 것으로 격상시킨 바 있는데, 계급투쟁은 사회주의 사회에서는 오직 일정한 한도 내에서

만 존재할 따름이다. 그는 1957년 반우파 투쟁 이후로 프롤레타리아트와 부르주아지 사이의 모순이 중국 사회의 주요모순으로 건재하다는 관점을 계속 견지해 내갔다. 그는 더 나아가서 사회주의로 접어든 역사적 단계에 조차 부르주아지는 여전히 존재할 것이고 이들이 꾸준히 복권시도를 할 것이며 당내의 수정주의를 부추길 것이라고까지 말했다. …… 이러한 오류는 '문화대혁명'에서 정점에 이르렀다(CPC, 1981)

이러한 노선으로 계급착취의 문제를(사회주의적) 생산관계 구조와 분리시키는 한편 계급투쟁 개념을 상부구조와 관련해서 소거하는 것은 중국공산당에게 절대적으로 중요한 일이었다. 왜냐하면 중국이 사회주의 초기 단계에 접어들었다는 주장이 함의하는 바는 곧 계급의 우선성, 생산관계를 둘러싼 계급모순과 계급투쟁이 소멸됐음을 의미하기 때문이다. 이러한 설명을 덧붙이지 않았다면 중국공산당은 스스로 언급한 바와 같이 "계급투쟁을 핵심적 연결고리로 보는 관점을 폐기"하는 절차로 나아가지 못했을 것이다. 따라서 생산력 발전을 통한 "사회주의 사회에서는 그것이 부적합하고, 사회주의적 근대화를 핵심적 사업으로 전환하는 전략적 결정"이라는 결론에 도달하지 못했을 것이다(CPC. 1981: 26). 계급모순의 우선성과 계급투쟁을 무시한 결과,(마오는 이를 강조하는 입장이었던 것에 반해) 계급투쟁의 형태로서 사회적 투쟁의 문제는 경시됐으며 상부구조와 이데올로기의 영역은 중국공산당의 독점 영역으로 규정되게 됐다(Xi Jinping, 2017). 이는 실천적으로 국가와 군대 그리고 상부구조에 대한 절대적 통제를 절대적 통제의 정당화로 귀결된다. 이 명제는 텐안먼 항쟁이나 이후 여러 차례 산발적으로 진행된 중국 내의 자생적 운동이 일어날 때마다 되풀이된 강조점이었다. 왜냐하면 생산관계가 앞으로 어떠한 방식으로 변화하든 이는 오로지 중국공산당의 영도 하에서만 이뤄질 수 있는 독점적 영역으로 취급됐기 때문이다(물론 생산관계의 변화는 나름대로 이미 일어났다). 아무튼 이러한 논리 덕에 계급과 계급모순 그리고 계급투쟁은 엄청나게 터부시됐고, 무시된 주체성의 형식이 됐으며, 중국에서 사회주의적 이행 문제와 관련하여 분석의 대상이 되지도 않았고 이와 관련된 실천에서도 별다른 유의성이 없다고 여겨졌다.

'주자파'로 불렸던 입장을 진보적 개혁주의자로 둔갑시키는 과정에서 덩샤오핑은 중국공산당의 역사유물론 해석에서 경제결정론적 측면을 부활시켰다. 보다 정확히는 생산력 우선주의 입장을 갖게 만들었다. 그리고 이제는 중국공산당의 독점적 영역이 된 상부구조의 문제는 생산관계의 통제문제에서 부차적인 구실만을 하는 것으로 여기게 됐다. 다시 말하면 이를 통해 생산력 발전을 유지하고 촉진하는 것을 강조하게 됐고 이는 30년에 걸친 중국의 고도경제성장을 추동하는 원동력 중 하나가 되었다.

(4) 호구 개혁과 노동력의 상품화

다양한 영역에서 벌어진 경제개혁의 중요한 일환이었던 노동시장 개혁정책은 서서히 호구제도를 약화시켰다. 이에 관해 총평하자면 "개혁은 호구등록법의 집행력을 약화시켰다. 덕분에 농촌의 직접생산자들이 농촌 내부에서 이주하거나 도시로 나아가서 농업기업이나 도시에 소재한 제조업기업에 자신의 노동력을 판매할 수 있게 됐다. 이들 산업은 대개 수출지향적이었다. 이로 인해 중국의 노동자들이 지닌 노동력 판매의 자유가 상대적으로 증가했고 그들의 임금교섭력과 지리적 이동의 자유 또한 강화됐다"(Gabriel et al., 2008: 552). 이는 결과적으로 노동력의 성격이 변화하여 착취자-피착취자 관계가 자본주의적 성격을 지닐 수 있는 변화로 이어지게 됐다. 국가자본주의적이든 사적 자본주의적이든 말이다.

농촌 공간에서는 가구생산책임제도가 농업생산성을 급속히 끌어올렸고, 노동시장의 활성화와 동시에 봉건제적 성격의 인민공사 체제가 쇠퇴하게 됐다(인민공사는 이전과 달리 더 이상 강제적 노동할당을 할 수 없게 됐다). 농촌 노동력의 과잉분은 저임금노동의 인력 풀을 형성하게 됐다. 이 과잉노동인구는 새로이 설립되기 시작한 **향진기업**과(농민공으로서 도시로 이주한다면) 도시지역에 값싼 임금노동의 공급원이 됐다. 향진기업은 노동관계에서 다양한 양상으로 나타났는데, 자영업적인 관계를 띨 수도 있고, 사적 기업가에게 고용된 형태를 띨 수가 있었다(이른바 '붉은 모자를 쓴 향진기업가'(Red Hat TVEs)에 해당하는 사례들이다). 혹은 이러한 인력은 지자체에 의해 고용되는 것도 가능하다. 한편 향진기업들은 그 전유양식에 따라서 다양한 종류의 근본적 계급관계와 유사해질 수 있고 이질적인 계급적 기업의 성격을 지닐 수가 있다. 대신에 국가는 갈수록 노동을 직접 통제하기 보다는 고용과 기업내의 노동 배분을 상당부분 노동시장과 기업들에게 맡기는 경향이 커졌다. 가구생산책임제도에 기반한 농촌의 개혁과 맞물려서, 그에 수반되는 노동력의 신속한 상품화 과정 덕분에 봉건제적 위계와 쌍무적 의존 관계 또한 재빠르게 소멸됐다.

도시에 입지한 국영기업의 개혁은 1990년대 이래로 굉장히 가속화됐는데 특히 장쩌민 집권기 이후에 그런 변화가 강화됐다. 이는 국영기업뿐 아니라 중국에서 '사회주의'의 본질이 미묘하게 변화 변화하는 데에 기여했다. "조대방소"(抓大放小, Grasping the large, letting go of the small) 정책원칙에 기초해서 상당수의 기업이 민영화되고, 도산하는 결과를 낳기도 했으며, 숱한 국영기업 인수합병도 벌어지게 됐다. 이는 봉건제적 단위 체계를 박살내는 것이나 다름 없었다.[2] 도시 노동인구도 일정부분

---

2 1995년에서 2005년 사이에 십만 개의 기업이 11조4천억 위안(RMB)에 달하

과잉 공급 됐고, 노동인구 중 더 많은 수는 과거에는 고용안정을 누렸지만 자신들의 고용지위가 불안정해지는 상황에 직면하게 됐다. 특히 도시 노동자가 농민공과 고용과 임금 그리고 복지 혜택을 둘러싸고 경쟁해야 하는 처지에 놓인 경우라면 상황은 더욱 심각해졌다. 철밥통과 큰 밥솥이 사라지고 복지 패키지가 약화되자 도시지역에서도 봉건제 체계가 송두리째 뒤흔들리게 됐다. 국가봉건제 체제 하에서와 달리 국영기업들이 노동자와 그 가족의 노동력 재생산을 책임질 의무도 이제는 없어졌다. 그로 인해 고도성장기간 동안 노동 쟁의는 늘어났고 파업의 물결과 국가의 탄압이 고조되어 2009년에는 보편적 노동조합법이 새로 만들어졌다(Sheehan 2011). 노동시장 개혁으로 노동력이 상품화되고 생산물이 시장에서 자본주의적 상품형태로 판매되는 실태 속에서 자본가적 잉여축적의 추구는 국영기업들에게도 핵심적 목표가 됐다.

3) 공공부문 주도를 통해 소유권 기반 사회주의 개념의 재등장과 덩샤오핑 집권기 이후의 새로운 주요모순

만약 소유권이 사회주의를 규정하는 핵심 범주가 된다면, 개방된 시장경제를 통한 구조개혁으로 생산관계를 변형시키고 생산력 주도 발전을 활성화시키는 조처는 사회주의로부터의 후퇴로 이어지는 것이 아닐까? 특히나 개방경제 하에서 민간 자본주의적 성격의 근본적 계급과정과 기업 조직이 재도입되는 맥락이라면 말이다. 덩샤오핑은 그렇지 않다고 주장했다.

는 자산들이 민영화됐다. 이는 중국의 국영기업과 국유자산 중 2/3 정도에 해당하는 규모이다. 그로 인해 중국의 민영화는 유사이래 최대로 민영화가 되었다"(Gan, J. 2009. 1).

이제 분명한 것은 해외에 경제를 개방하는 것이 적절한 조치라는 점입니다. 계획경제와 시장경제를 혼합하는 구조개혁이 도입돼야 합니다. 이것이 사회주의의 원칙과 상충되는 것일까요? 아닙니다. 개혁과정에서도 두 가지는 분명히 할 것이기 때문입니다. 첫째는 경제에서 공공부문은 언제나 주도적 구실을 할 것이란 점입니다. 또한 우리는 경제개발을 통해 공동부유를 추구하여 양극화를 방지하고자 할 것입니다. …… 사회주의 체제 고유의 장점들을 활용하면서도 몇 가지 자본주의적 접근 또한 채택되겠지만 이는 생산력 발전을 가속시키기 위한 방법에 한정될 것입니다"(Deng Xiaoping, 1985).

덩샤오핑의 발전전략이 이후 수십 년 동안 중국이 제도적으로 시장을 제공하고, 자유무역과 세계화를 수용하는 태도를 취하게 된 시발점이 된 것은 분명하다. 또한 국영기업의 운영은 유지되고 있지만, 그와 함께 공공부문에 속하지 않는 자본주의적 기업들이 생겨나고 확장되는 것도 덩샤오핑이 촉발했다는 점이 분명하다. 국내외 기업 간의 합작회사도 마찬가지로 늘어났다. 덩샤오핑은 경제계획과 시장원리를 사회주의와 자본주의의 핵심적 차이로 보지 않았고, 이 둘은 양립 가능한 것이라고 주장했다. 이것이 함의하는 바는 사회주의(혹은 자본주의)를 구성하는 핵심요인은 다른 데에 있다는 것이다. 마오쩌둥 사상의 전통의 연속선상에서, 덩샤오핑과 그 추종자들은 사회주의를 생산수단에 대한 국가소유와 통제로 규정하였다. 마오주의 전통에서 국영기업은 국가소유권의 직접적 구현체였다. 반면 인민공사와 같은 집산적 소유권은 국가적 소유권의 낮은 단계로 치부됐다. 국영기업을 중심으로 경제전반에 완전한 국가소유권과 생산수단 통제가 이뤄진다면, 이는 사회주의가 완성된 것임을 의미할 것이다. 다만 덩샤오핑과 그 추종자들은 여기에서 조금 물러나서 경제전반에서 국가소유권이 미치는 범위라는 기준 대신에 일부 핵심 부문에서 국민경제상의 중추적 국영기업[3]들에 대한 통제 정도로 그 기준을 완화했다. 공공부문은 '공동부유'(이 용어는 1953년 인민일보에서 처음 나타난 단어다)의 보장과 더불어서 말이다. 덩샤오핑 시대의 공동부유 원리는 일종의 낙수효과를 노리는 원칙과도 같은 것이었다. 공공부문을 점검하기에 앞서서, 소득 불평등과 지역간 불평등의 심화를 감내해온 것은 지난 30년 동안 추진된 시장사회주의 모델의 생산력 주도 발전전략을 추진하면서, 초고도 생산체제가 창출된 것과 기록적인 수준으로 빠르게 빈곤이 감소하는 효과가 있었기 때문이다. 이러한 과정은 그 나름대로의 모순적 결과들로 이어지기는 했는데, 21세기 들어서 중국에서는 다양한 층위의 불평등과 불균형이 눈에 띌 수준으로 나타나기 시작했다. 실질 GDP 성장률과 소득불평등(이는 불평등의 여러 양상 중 하나일 뿐이다)을 나타낸 두 개의 그림을 보면 상충되는 경향을 볼 수 있는데, 분배 정의 상

3　국유기업은 중국경제에 관해서는 다양하고 이질적인 기업들을 광범하게 묶어놓은 의미를 지닌다. 그러나 국유기업은 인민공사와 생산대대의 기업(CBEs; Commune and Brigade Enterprises)와 더불어 훗날의 향진기업과도 다른 것이다. 이들은 지방정부에 의해 통제된 반면, 중앙정부가 독자적으로 관여하는 부문은 아니었다. 반면 국유기업은 중앙정부(정부 부처나 국가 위원회 등)에서 소유하고 있다. 중앙정부는 때때로 지역정부에 국영기업과 해당 산업의 행정권과 관련된 통제력을 어느 정도 위임하기도 한다. 저발전된 지방의 국영기업의 경우가 그러한 사례에 포함된다(Perotti et. Al, 1998: 164). 그럼에도 불구하고, 적절한 재전유와 재분배에 관한 권한은 궁극적으로 중앙정부에 귀속된다. Zhang and Freestone(2013)의 선례에 따라 우리는 국영기업을 세 가지 유형으로 분류하고자 한다. 첫째로 국영산업체, 둘째로 국영 은행업/금융업체, 셋째로 매체/출판/문화/오락산업체 등이 여기에 해당한다. 이들 기업들은 다양한 중앙정부에 소속된 다양한 정부기관이 운영한다.

의 문제가 존재함이 분명해 보인다.

일반적으로(도농 간의 혹은 농업과 비농업산업 간의) 부문간 격차나(해안의 산업지대가 분포한 성(省)들과 서부내륙지방 사이의) 지역간 격차가 확대되고, 경제적 집단간(관리자와 노동자 사이의 격차 등) 불평등이 심화되는 것

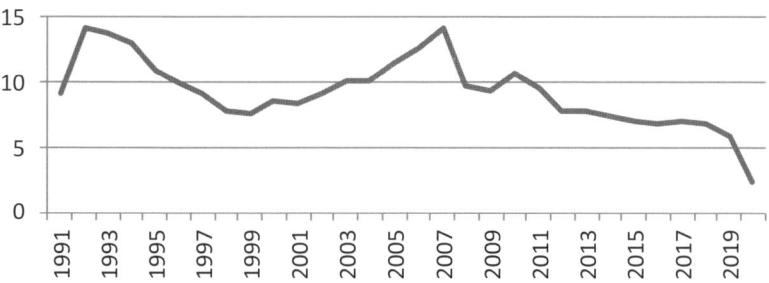

그림 1   중국의 실질 GDP 성장률, 1991–2020 (단위: %)
출처: World Bank, World Development Indicator
https://data.worldbank.org/indicator/NY.GDP.MKTP.KD.ZG?locations=CN,
retrieved on 22.12.2022.

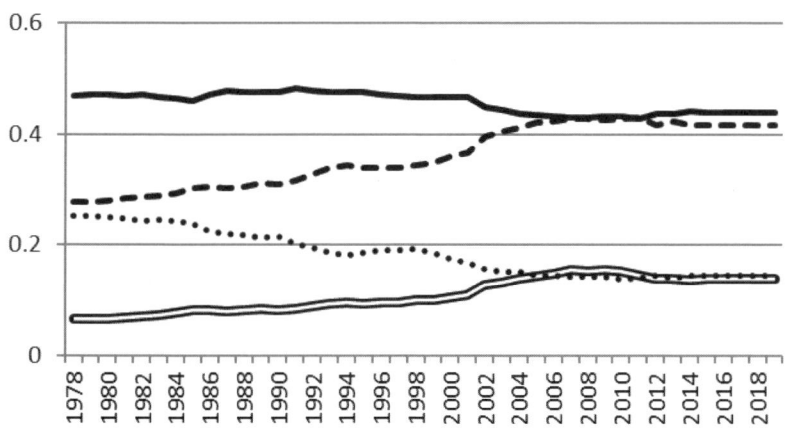

그림 2   중국의 소득불평등 1978–2019
주: ---(상위 10%), ——(중간 40%), • • •(하위 50%), ===(상위 1%)
출처: World Inequality Database
https://wid.world/data/ accessed on 06.12.2022.

이, 환경 파괴와 더불어 새로운 주요모순으로서 고려될 가능성이 생겼다. 이는 생산력 수준이 과거와 바뀌었고 경제구조 상의 생산관계가 복잡하게 재구성됐기 때문이다.

> 중국 특색사회주의는 새로운 시대에 돌입하였습니다. 중국사회가 직면한 주요모순도 변화를 겪었습니다. 이제 중국은 불균형적이고 부적절한 발전과 더 나은 삶을 위한 인민들의 필요 사이에서 발생하는 모순을 직면하고 있습니다. …… 이것이 인민들이 더 행복한 삶을 추구하는 데에 있어서 가장 제약적인 요인으로 작용하고 있습니다(Xi Jinping, 2017).

그런데 이러한 새로운 주요모순을 지목하는 데에 있어서 꼭 덧붙여지는 말은, 이러한 모순으로 인해서 생산력 수준을 발전시킬 필요가 사라진 것은 아니라는 주장이다. 여전히 중국은 사회주의의 초급단계에 있으며 '전면적 소강사회' 건설의 길목에 놓여있을 뿐이다(Xi Jinping, 2017). 이 새로운 주요모순은 생산력 기반 발전논리를 바꾸지 않고도 다른 기제를 통해서 해결될 수 있다는 것이 중국 공산당의 입장인 것이다. 분배의 부당성 문제가 제기되자 보다 천천히 경제성장을 추진하는 경향이 나타나고 있다. 그리고 보다 강조되는 점은 중국공산당의 국가통제와 (은행과 금융기업을 포함한) 공공부문의 주도성을 포기하지 않는 것이 사회주의의 황금률로 여기고 있다는 것이다. 따라서 공공부문의 주도성 문제에 관해서 다시 검토해볼 필요가 있다.

> 마르크스주의 정치경제학에 따르면 생산수단의 소유권은 생산관계의 핵심입니다. 그리고 이것은 사회의 근본적 성격과 발전양상을 좌

우합니다. …… 우리는 공공부문을 견고화하고 발전시키고자 하는 확고한 원칙을 고수해야 합니다. 그리고 동시에 공공부문에 속하지 않은 곳들 또한 발전을 장려하고 지지하고 지휘하는 데에 마찬가지로 힘을 써야 합니다. 따라서 소유권 형태와 무방하게 모두가 상호간의 발전을 도울 수 있도록 해야 합니다. 동시에 우리 국민경제의 기본 체계는 중국 특색사회주의 체계의 중요한 기둥이오 사회주의 시장경제의 기초라는 입장을 매우 명료하게 지켜야 합니다. 따라서 공적 소유의 주도적 역할과 국가부문의 선도는 변함없이 지속될 것입니다(Xi Jinping, 2020).

2007~2008년 금융위기 이후의 결과로, 특히 트럼프 행정부와 코로나19 판데믹 상황 이후로 전략적 산업부문의 국유기업이 중국의 국민경제에서 주도적 역할을 수행하도록 하는 흐름이 되살아나고 있다.[4] 2021년도 포춘 500리스트에는 상위 500대 기업 중에 중국의 국유기업이 82개나 등재돼있다. 그 중 42개는 중앙정부가 소유하고 보조금을 지급하는 국유기업이었고 나머지 33개는 지방정부가 소유한 국영기업이었다. 사적 자본가가 차지하는 부분 역시 성장을 장려하고 있지만, 이들 기업은 중국공산당이 장악한 국가의 엄격한 통제와 규제를 준수하며 영업해야 한다. 그 중에는 국유기업의 주도적 구실을 수용하는 것도 포함된다.

그러나 국가개입의 강화는 중국의 국민경제에서 핵심적 위상을 차지하는 부문으로 간주되는 전략적 산업부문으로 한정돼있다. 그러한 중국공산당이 이끄는 국가기구의 입장에서 볼 때 무엇이 필수적인가에 따

4 2019년에는 중국 시가총액의 60% 이상, 2020년에는 중국 GDP의 40%, 2019년에는 세계 경제의 4.5%를 차지하는 약 150,000개의 공기업 기업이 있다.

라 전략적 산업부문으로 정의되는 곳들은 계속 바뀌고 있다. 이에 관해서는 〈부록1〉을 참조하라. 반면에 경제계획상 중앙정부가 소유한(국무원 산하의) 국유기업들은 국가의 자금제공이 우선시 되는 부문이기 때문에, 그 자금지원은 갈수록 산업부문과 금융부문의 거대기업들에게 엄청난 지렛대 구실을 하고 있다. 이는 자본축적을 강화하고 이와 더불어 현대적 기술의 취득과 발전을 이룩하여 국민국가 차원에서 그리고 국제경제 차원에서 최강자가 되기 위해서이다.

5. 결론: 사회주의인가 국가자본주의인가?

사회주의 시장경제의 밑바탕이 되고 있는 것은 계획경제와 시장경제의 혼합경제, 국가주도와 사적 부문이 주도한 근본적 계급과정과 계급적 기업들, 국가소유권과 국가통제 사이의 관계에 대한 재정향, 중국공산당의 국가 및 상부구조에 대한 지배력 확보, 계급모순과 계급투쟁을 무시하기, 호구제도를 약화시켜서 노동력을 상품형태로 전환시키기 등이 있다. 현존하는 '공공부문'이 흔히 국가자본주의적인 국유기업의 형태를 지니고 있다는 점은 이미 살펴봤으며, 이 산업체들의 전략적 주도력이 사회주의의 핵심지표처럼 여겨지고 있다. 그러나 국유기업에 대해서 계급분석을 해보면 그곳에도 계급 분단이 존재함을 알 수가 있다. 엄청난 수의 노동자들이 생산물과 잉여가치를 만들어내지만, 국가기구에서 지원하거나 지목한 소수의 이사회나 임명직 대표단이 그 잉여를 직접적으로 그리고 독점적으로 전유하는 주체이다. 투입물과 산출물은 모두 가치형태이기 때문에, 그리고 전유양식이 국가에 이한 착취이기 때문에, 근본적 계급과정도 생산관계도 국가자본주의적이라고 할 수 있다. 이러한 상황에서 착취자들이 이사회와 대주주들 사적 개별자들인 경우에도, 자본주의적 근본 계급과정과 생산관계는 사적 자본주의적 성격을 지니고 있다. 국가자본주의 기업과 사적 자본주의 기업과 더불어 중국 경제 내부에는 자율적 형태와 공동체적 형태(CA유형과 AC유형)의 근본적 계급관계는 물론 공산주의적 계급관계 또한 내부적으로 존재한다는 점은 새삼 놀랄만한 일이 아니다.

이러한 맥락에서, Resnick and Wolff(2006)의 지적대로 개념상 공적 소유권과 국가의 통제권을 분리해서 생각하는 것이 도움이 될 것이다. 사실 특정한 관계 속에서 결합되지만 엄밀하게 구분되는 이 과정들이 덩샤오핑 시대 이후의 중국특색 사회주의를 이해하는 데에 있어서 매우 핵심적이다. 심지어 1980년대 조차 국영기업의 소유구조도 다양했고 그에 대한 통제의 수위도 다양했다. 국영기업은 중앙정부가 직접 운영하기도 하지만, 지역정부가 운영하는 것도 있고 형식적으로는 국가가 소유하고 있지만 사실상 민간의 경영진이 소유하도록 '임대'돼있는 경우도 많다(Sheehan 2011). 소유권 구조가 민영화 과정과 더불어 공공부문 내부의 개혁으로 인해 상당한 변화를 겪었지만, 중국에서 '사회주의'가 의미하는 것도 바뀌었기 때문에 여전히 해당 사회체제는 사회주의적인 것으로 여겨지고 있다. 이제 중국에서 사회주의의 정의는 단순히 소유권 문제로만 환원되지 않고 혼합 경제식 소유권과 통제 그리고 지배구조를 모두 고려하는 것으로 변했다.

민간부문이 소유권을 지닌 생산수단이 아니라고 해서 오롯이 국가의 손에 떨어지는 것은 아닐 가능성이 크지만(특히 제조업 부문이 그렇다), 국가가 극소수의 전략적 부문들에서 생산수단을 소유하고 통제하고 있기 때문에, 그리고(어느 정도까지는) 경제의 생명 줄과도 같은 금융 및 해외무역 부문에 대한 소유와 통제는 국가가 여전히 쥐고 있다. 따라서 여러 부문에 걸친 잉여흐름에 대한 국가통제로 국유부문은 여전히 경제와 사회에서 주도적 지위를 유지할 것이다. 사실 장쩌민 시대에 도식화되고 확고히 자리잡은 시장사회주의 개념부터가 투입물과 산출물의 상당한 비중이 시장에 맡겨지게 됐다. 다만 중국경제에서 핵심적인 자원과 생산수단은 국가소유라는 점이 명시된 것이다. 국유기업은 사회주의적 공공부문을 인격화한 것에 다름 아니다.

이 장의 계급중심적 접근에 따르면 자본주의나 사회주의를 판가름하는 기본 기준은 잉여노동의 계급적 과정이고, 특히 이를 포괄하는 근본적 계급과정과 생산관계의 문제이다. 생산력이라는 요인을 무시할 수는 없겠지만, 이는 근본적 계급과정과 생산관계에 의해 중층결정되고 모순적인 관계를 맺고 있는 실정이다. 이와 달리 중국공산당은 사회주의를 공적 소유권의 개념을 통해서 따지고 있어서 국유기업과 전체 국민경제에 대한 통제권 문제만을 핵심적으로 고려하고 있다. (덩샤오핑과 다른 중국공산당 지도부가 고찰한 대상이며, 이 장에서 다루고 있는 대상이기도 한) 잉여생산경제에서는, 근본적 계급과정이 공산주의적이거나 AC유형의 공동체적 성격을 지니고 있어야 착취가 존재하지 않는 사회주의 사회라는 점이 강조돼야 한다. 이와 같은 관점에서 볼때, 전유 상의 정의는 분배적 정의에 의해 보완되어야 하며 포섭된 계급지불과 사회적 잉여의 분배형태로 점증하는 불평등 문제를 시정할 것이다(DeMartino, 2003; Chakrabarti and Cullenberg, 2003). 소유권 유형, 중국공산당 그리고 국가의 역할, 계획과 시장의 혼합, 그리고 권력양식은 비착취적인 근본적 생산관계를 생성하고 재생산하기 위한(그리고 그 중요성을 부각하기 위한) 존재조건을 마련하기 위해 사용돼야 할 것이다. 예컨대 국유기업들에서 노동자들이 집산적으로 잉여가치를 생산하는 것을 넘어서 그 전유마저도 집산적으로 수행한다고 해보자. 국유기업이라고 해서 무조건 국가자본주의적 착취를 함의하는 것은 아니다. 오히려 소유권과 권력 그리고 계급구조의 특수한 결합된다면, 국유기업 또한 비착취적인 공산주의적 성격의 근본적 계급과정을 추구하는 데에 활용될 수 있다. 이를 위한 대안으로서 새로운 사회적 환경의 조성을 통해 근본적 계급과정이 비착취적이 되면서 해당 기업들이 번영까지 할 수 있도록 만들어야 할 것이다. 그런데 이와는 대조되게도 중국공산당이 이끌고 있는 국가와 그들의 개혁은 전유과정의 문제를 소유권의 문제로 환원하고 있다. 그에 따라서 이들은 근본적 계급과정과 생산관계가 사회주의적 성격을 지닐 수 있도록 하는 것을 배제하고 잇다. 국가적 소유권을 공공부문에만 제한시키고 있는 중국공산당의 계획은 아직까지는 사회주의로의 이행의 조건으로 작용할 수 있을 것이다. 그러나 그러려면 우선 잉여노동의 계급과정이라는 개념의 존재를 받아들여야 한다. 그리고 그에 따라서 계급모순이 근본적 계급과정과 포섭된 계급과정 그리고 비계급적 과정 각각의 내부와 사이에 존재한다는 점역시 인정해야 한다. 근본적 혹은 포섭된 계급과정을 둘러싼 계급투쟁은 목적론적 관점에서 이행의 경로를 추구하는 데에 있어서 핵심 지점이다. 중국사회에서는 이러한 모순과 그 작용들이 분명히 존재하고 있다. 여느 잉여생산경제와도 마찬가지로 말이다. 중국의 눈부신 경제성장과 빈곤 감소를 인정하더라도, 잉여노동의 계급과정을 제대로 인지하지 못한다면, 중층결정되고 모순으로 점철된 계급적/비계급적 관계를 중심으로 중국 고유의 이행과정을 가능케할 사회주의적 이행의 가능성을 엿볼 수 있는 기회도 놓친 것이다.

번역: 김민정(마르크스주의연구자모임(준) 회원)
김종현(마르크스주의연구자모임(준) 회원)

부록 1   시기별 중국의 전략적 산업부문 지정대상 변화

전략산업(2006)	(1) 기계(2) 자동차(3) IT(4) 건설(5) 철강 등 금속
중공업(2006)	(1) 군수(2) 발전 및 송전(3) 석유 및 석유화학(4) 원거리통신(5) 석탄(6) 민간항공(7) 해운
전략적 신흥산업 (2010)	(1) 청정에너지 기술(2) 차세대 IT(3) 생명공학(4)최첨단 제조업 설비(5) 대안 에너지(6) 신소재(7) 친환경 자동차
12차 5개년 계획 상 전략적 산업 (2011년~2015년)	차세대 정보통신 기술, 에너지 절약과 환경보호 기술, 신에너지, 생물학, 최첨단 제조업 설비, 신소재와 신에너지 기반 차량
중국제조2025 (2015 발표)	(1) 친환경 자동차(2) 차세대 IT(3) 생명공학 기술(4) 신소재(5) 항공산업(6) 해양공학과 첨단 조선업(7) 철도(8) 로봇공학 산업 (9) 동력 장비(10) 농기구
2020년 신전략부문	5G 네트워크 응용, 생명공학과 백신개발, 산업로봇 등 최첨단 제조업 설비, 비행기제조와 칩 제조에 필요한 신소재, 신에너지, 녹색기술과 설비; 스마트 차량과 신에너지 차량; 창의적 디지털 산업

출처: Zhang and Freestone(2013: 88); USCC(2016: 100); Tang(2020).

참고문헌

Bettelheim, C. (1975). *The Transition to Socialist Economy*. Translation by Brian Pearce. Atlantic Highlands, N.J.: Humanities Press.

Bettelheim, C. (1978a). Letter of Resignation. In N. G. Burton and C. Bettelheim(Eds.) *China since Mao*. London and New York: Monthly Review Press.

Bettelheim, C. (1978b). The Great Leap Backward. In N. G. Burton and C. Bettelheim(Eds.) *China since Mao*. London and New York: Monthly Review Press.

Bloch, M. (2017). *Feudal Society, Volume* 1: *The Growth of Ties of Dependence*. New Delhi: Aakar.

Boer, R. (2021). *Socialism with Chinese Characteristics*: *A Guide for Foreigners*. Singapore: Springer.

Chakrabarti, A. (2021). Class, History and Value Theory: Marx's Critique of Trinity Formula. *Marxism* 21, Issue: November 2021. pp. 257-285. https://doi.org/10.26587/marx.18.4.202111.010.

Chakrabarti, A., and Cullenberg, S. (2003). *Transition and development in India*. New York: Routledge.

Chan, K. W. and Zhang, L. (1999). The Hukou system and rural-urban migration in China Processes and changes. *The China Quarterly*, 160(Dec, 1999), pp: 818-855.

Chang, T. and Selden, M. (1994). The Origins and Social Consequences of China's Hukou System. *The China Quarterly*, No. 139(Sep., 1994), pp.644-668.

Charusheela, S. (2007). Transition, Telos, and Taxonomy. *Rethinking Marxism*, 19: 1, pp: 8-17.

CPC. (1981, June 27). *Resolution on certain questions in the history of our party since the founding of the People's Republic of China, Adopted by the Sixth Plenary Session of the Eleventh Central Committee of the Communist Party of China on June* 27, Available at, https://www.marxists.org/subject/china/documents/cpc/history/01.htm Accessed on 08.01.2023.

Cullenberg, S. (1992). Socialism's burden: Toward a "thin" definition of social-ism. *Rethinking Marxism*, 5(2), pp.64-83.

Cullenberg, S. (1998). Exploitation, Appropriation, and Exclusion: Locating Capitalist Injustice. *Rethinking Marxism*, 10(2), pp.65-75.

DeMartino, G. (2003). 'Realizing Class Justice', Rethinking Marxism, 15(1).

Deng Xiaoping. (1978)(Sept 16). *Hold High the Banner of Mao Zedong Thought and Adhere to the Principle of Seeking Truth From Facts*. Available at https://dengxiaopingworks.wordpress.com/2013/02/25/hold-high-the-banner-of-mao-zedong-thought-and-adhere-to-the-principle-of-seeking-truth-from-facts/ accessed on 20.01.2023.

Deng Xiaoping. (1979)(March 30). *Uphold the Four Cardinal Principles*. Available at https://dengxiaopingworks.wordpress.com/2013/02/25/uphold-the-four-cardinal-principles/ accessed on 20.01.2023.

Deng Xiaoping. (1980)(April-May). *To Build Socialism We Must First Develop the Productive Forces*. Available at https://dengxiaopingworks.wordpress.com/2013/02/25/to-build-socialism-we-must-first-develop-the-productive-forces/ accessed on 20.01.2023.

Deng Xiaoping. (1984). *Building Socialism with a Specifically Chinese Character*. The People's Daily. Beijing. In https://newlearningonline.com/new-learning/chapter-4/deng-xiaoping-socialism-with-chinese-characteristics accessed on 20.01.2023.

Deng Xiaoping. (1985)(October 23). *There Is No Fundamental Contradiction Between Socialism and a Market Economy*. Available at https://dengxiaopingworks.wordpress.com/2013/03/18/there-is-no-fundamental-contradiction-between-socialism-and-a-market-economy/ accessed on 20.01.2023.

Dirlik, A. (2012). The idea of a 'Chinese model': A critical discussion. *China Information*; 26(3), pp.277-302.

Drèze, J. and Sen, A. (2013). *An Uncertain Glory: India and its Contradictions*. Penguin Books.

Fraad, H., Resnick, S. A. and Wolff, R. D. (1994). *Bringing it All Back Home: Class, Gender and Power in the Modern Household*. London, Boulder, Colorado: Pluto Press.

Gabriel, S. J. (1990). Ancients: A Marxian Theory of Self-Exploitation. *Rethinking Marxism: A Journal of Economics, Culture & Society*, 3(1), pp.85-106.

Gabriel, S. J. (2006). *Chinese Capitalism and the Modernist Vision*. Routledge: New York.

Gabriel, S. J. and Martin, M. F. (1992). China: The Ancient Road to Communism?. *Rethinking Marxism: A Journal of Economics, Culture & Society*, 5(1), pp.56-77.

Gabriel, S., Resnick, S. A. and Wolff, R. D. (2008). State Capitalism versus Communism: What Happened in the USSR and the PRC?. *Critical Sociology* 34(4), pp.539-556.

Gabriel, S., Resnick, S. A. and Wolff, R. D. (2011). What Happened To Chinese Communism: The Transition From State Feudalism To State Capitalism? In V. Pollard 388(ed.), *State Capitalism, Contentious Politics and Large-Scale Social Change*(pp.119-133) Leiden: Brill.

Gan, J. (2009). Privatization in China: Experiences and Lessons. In: Barth, J., Tatom, J., Yago, G. (eds) *China's Emerging Financial Markets*. The Milken Institute Series on Financial Innovation and Economic Growth, vol 8. Springer, Boston, MA. https://doi.org/10.1007/978-0-387-93769-4_19

Gibson-Graham, J. K. (1996). *The End of Capitalism(As We Knew It): A Feminist Critique of Political Economy*. Oxford: Blackwell.

Griffin, K. and Khan, A. R. (1995). The transition to market-guided economies: lessons for Russia and Eastern Europe from the Chinese experience. In B. Magnus and S. Cullenberg(Eds.), *Whither Marxism?: Global crises in international perspective*. New York: Routledge.

Haacke, J. and Preston, P. (2013). *Contemporary China: The Dynamics of Change at the Start of the New Millennium*. Routledge: London and New York.

Hindess, B. and Hirst, P. Q. (1977). *Pre-capitalist Modes of Production*. London, Henley and Boston: Routledge and Kegan Paul.

Huang, Y. (2008). *Capitalism with Chinese Characteristics*: Entrepreneurship and the State. Cambridge University Press: Cambridge.

Kayatekin, S. A. (1996). Sharecropping and Class: A Preliminary Analysis. *Rethinking Marxism*, 9(1), pp.28-57.

Kayatekin, S. A. and Charusheela, S. (2004). Recovering feudal subjectivities. *Rethinking Marxism*, 16(4), pp.377-396.

Lenin, V. I. (1923). *On Cooperation*. Available at the website https://www.marxists.org/archive/lenin/works/1923/jan/06.htm, Retrieved on 26.01.2023.

Lippit, V. (1981). The people's communes and China's new development strategy. *Bulletin of Concerned Asian Scholars*, 13(3), pp.19-30.

Majumdar, S. (2018). Disinterring the Transition Debate in Maoist China. *Arthaniti*, 17(1), pp.83 – 111.

Majumdar, S. and Chakrabarti, A. (2023). Socialist Agricultural Reform through the Lens of Class: Unpacking the Experiments of China (1949-1984). In: *Marxism in East Asia: Past, Present and Future*. Zininzin (forthcoming).

Marx, K. (1990). *Capital. Vol* 3. (Translation Ben Fowkes). London: Penguin Books.

Marx, K. (2022). *Theories of Surplus Value, Part III*. Aakar: New Delhi.

Ngok, K. (2008). The Changes of Chinese Labor Policy and Labor Legislation in the Context of Market Transition. *International Labor and Working-Class History*, No. 73, Spring 2008, pp.45 – 64.

O'Leary, G. and Watson, A. (1982-1983). The Role of the People's Commune in Rural Development in China. *Pacific Affairs*, 55(4), pp.593-612.

Perotti, E. C., Sun, L. and Zou, L. (1998). *State-Owned versus Township and Village Enterprises in China. Comparative Economic Studies*, Vol. XLI(2-3), pp.151-179.

Resnick, S. A. and Wolff, R. D. (1987). *Knowledge and Class: A Marxist Critique of Political Economy*. Chicago and London: University of Chicago Press.

Resnick, S. A. and Wolff, R. D. (1988). Communism: Between Class and Classless. *Rethinking Marxism*. 1(1), pp.14-42.

Resnick, S. A. and Wolff, R. D. (2002). *Class Theory and History: Capitalism and Communism in the USSR*. New York: Routledge.

Resnick, S. A. and Wolff, R. D. (Eds.)(2006). *New Departures in Marxian Theory*. London and New York: Routledge.

Sheehan, J. (2011). Labor Representation and Organization Under State Capitalism In China. In V. Pollard(ed.), *State Capitalism, Contentious Politics and Large-Scale Social Change*. Brill: Leiden

Tang, F. (2020, November 3). Xi Jinping calls for China's state-owned enterprises to be 'stronger and bigger', despite US, EU opposition. *South China Morning Post*. (Available at the link https://www.scmp.com/economy/china-economy/article/3108288/xi-jinpingcalls-chinas-state-owned-enterprises-be-stronger) accessed on 08.01.2023.

Townsend, J. R. (1963). Democratic Management in the Rural Communes. *The China Quarterly*, No. 16(Oct. - Dec., 1963), pp.137-150.

USCC. (2016). 2016 *Annual Report to Congress. U.S.-China Economic and Security Review Commission.* Available at https://www.uscc.gov/annual-report/2016-annualreport-congress , accessed on 08.01.2023.

Wang, G. C. (1975)(ed.). Chapter Thirteen: The Socialist System of Public Ownership Is the Basis of Socialist Production Relations. *Chinese Economic Studies*, 9(2-3), pp.159-190.

Weiner, R. (2003). Power Hitters Strike Out: New Perspective on Baseball and Slavery. *Rethinking Marxism: A Journal of Economics, Culture and Society*. 15(1), pp: 33-48.

Wolff, R. (2002). "Efficiency": Whose Efficiency?.*Post-autistic economics review*, 16(3).

Wolff, R. D. (2012). *Democracy at Work: A Cure for Capitalism*. New York: Haymarket.

Xi Jinping. (2017). *Secure a Decisive Victory in Building a Moderately Prosperous Society in All Respects and Strive for the Great Success of Socialism with Chinese Characteristics for a New Era*. Available at, http://www.xinhuanet.com/english/download/Xi Jinping's report at19th CPC National Congress.pdf, Retrieved on 08.01.2023.

Xi Jinping. (2020). Opening Up New Frontiers for Marxist Political Economy in Contemporary China. *Qiushi Journal*, Chinese edition, No. 16, 2020, Available at, http://en.qstheory.cn/2020-11/08/c_560906.htm

Zhang, D. & Freestone, O. (2013, December). *China's Unfinished State-owned Enterprise Reforms*. [Economic Roundup], The Treasury, Australian Government, issue 2, pp: 79-102.

제3장

동아시아 자본주의론의 평가와 과제[1]

정성진(경상국립대학교 경제학부 연구석좌교수)

1. 머리말

20세기 이후 동아시아는 제국주의의 침략과 저항, 자본주의와 사회주의의 대결, '전쟁과 혁명의 시대'의 최전선에서 일본, 한국, 중국의 고도성장과 함께 오랫동안 '경제기적'의 대명사였다. 하지만, 21세기 들어서 동아시아에서도 경제위기와 사회적 양극화를 핵심으로 하는 "자본주의의 절대적 일반적 법칙"(마르크스, 2015: 878)이 예외없이 작동하고 '북핵 위기'와 중국의 대만 침공 위협 등 지정학적 위기가 사상유례 없이 고조되면서 '극단의 시대'로 회귀하는 조짐조차 보이고 있다.[2] 이에 따라 동아

---

1 이 장은 정성진(2022)을 수정 보완한 것이다.

2 이 장에서 동아시아는 통상 한, 중, 일 3개국에 북한과 대만을 추가한 동북아시아 5개국을 가리킨다.

시아 자본주의에 대한 마르크스주의적 분석과 대안 연구도 부활하고 있다.[3] 물론 현재 동아시아 자본주의 연구를 지배하고 있는 것은 주류경제학의 시장주의 또는 제도주의의 발전국가론(Developmental State)이며, 마르크스주의의 존재감은 극히 미약하다. 하지만 이 장에서는 마르크스주의가 옛 소련 붕괴 전까지만 해도 동아시아 자본주의론의 주요 패러다임이었으며, 21세기 오늘날에도 동아시아 자본주의의 현실을 분석하고 대안을 모색하는 데서 새롭고 유용한 시각을 제공해 줄 수 있고 주장할 것이다. 즉 옛 소련 붕괴 이후 거의 망각되고 주변화된 동아시아 자본주의에 대한 마르크스주의적 접근을 재발견하고 그 기여와 한계 및 가능성을 검토하는 것이 이 장의 과제이다. 먼저 20세기 이후 동아시아 자본주의론의 진화과정을 국가자본주의론, 발전국가론, 포스트 발전국가론, 신국가자본주의론의 순서로 개관한다.[4] 그 다음 기존의 동아시아 자본주의론의 공통된 문제점으로서 '방법론적 민족주의(methodological nationalism)', 엘리트 발전론, 발전주의, 중국 모델론을 지적하고, 21세기 동아시아의 대안으로서 노동중심 접근과 포스트 발전의 관점에 기초한 포스트자본주의를 제안할 것이다. 이를 통해 정성진(2005), 김창근(2012), 장대업(2018), Chang(2015), Song(2020), Selwyn(2022) 등에서 시도된 마르크스주의적 동아시아 자본주의 연구방법론을 더 구체화할 것이다.

---

3 2021년 이후 경상국립대 SSK 연구단이 수행하고 있는 '포스트자본주의와 마르크스주의의 혁신: 글로벌 맥락에서 동아시아의 미래' 연구는 그 한 예이며, 그 성과 일부는 정성진 엮음(2023a), 정성진 엮음(2023b)로 출판되었다.

4 국가자본주의론의 관점에서 한국을 중심으로 한 동아시아에서 자본주의의 발전을 개관한 기존 연구들로는 尾崎彦朔 편(1984), 本多健吉·조용범(1985), 양우진(1994), 坂田幹男(2015), Miller ed.(2023) 등이 있다.

2. 국가자본주의: 1945−1961

마르크스주의는 2차 세계대전 이전 동아시아 정치경제 연구의 주요 방법론이었다. 실제로 2차 세계대전 이전 동아시아 정치경제 연구에서 마르크스주의적 연구는 양적으로도 압도적으로 우세했으며 질적으로도 높은 수준의 것들이었다. 중국 사회성격 논쟁, 일본자본주의 논쟁, 식민지 반봉건사회론, 관료자본주의론, 군사적 봉건적 제국주의론 등은 그 대표적 성과들이다.[5] 하지만 이 연구들은 당시 스탈린주의 코민테른[6]에 특징적인 역사발전 5단계설, 2단계 혁명론, 경제결정론, 파국론, 일국사회주의론 혹은 방법론적 민족주의의 문제설정에 갇혀 있었다.[7]

2차 세계대전 이후에도 마르크스주의는 동아시아 사회 연구를 주도한 흐름의 하나였다. 예컨대 1950-60년대 동아시아 역사 연구의 도달점인 아시아 사회 정체론과 내재적 발전론 간의 논쟁, 자본주의 맹아 논쟁은 모두 마르크스주의의 방법론적 지반 위에서 이루어진 연구들이었다(田中正俊, 1973). 하지만 이 연구들 역시 상당한 학술적 성취에도 불구하

---

5 2차 세계대전 이전 일본자본주의 논쟁에 대해서는 Aoki(2021), 長岡新吉(1984), 호스톤(1991), 고야마 히로타케(2022) 등을, 중국 사회성격 논쟁에 대해서는 陳伯達(1953), 王亞南(1955), 백영서·김대환 편역(1988), 편집부 엮음(1988), 許滌新 외(1993) 등을 참조할 수 있다.

6 초기 코민테른의 식민지 종속국 혁명론에 대한 개관으로는 松元幸子(1969), 와이너(2009)를 참조할 수 있다.

7 방법론적 민족주의는 사회를 민족국가와 동일시하고 민족국가를 근대사회의 자연적 필연적 형태, 근대의 조직 원리로 간주하며 민족국가를 분석단위로 설정하여 국가 경제발전의 결정요인으로 국내적 요인을 우선한다. 방법론적 민족주의에 대한 비판적 검토로는 Gore(1996), Chernilo(2006), Pradella(2014) 등을 참조할 수 있다.

고 본질적으로는 당시 중국, 북한의 당·국가 체제를 정당화하려는 스탈린주의 지배이데올로기로 기능했다. 실제로 이 시기 상당수 동아시아 마르크스주의 역사학자들은 제국주의의 침략 이전 동아시아에서 자본주의 맹아, 혹은 "엄밀한 의미의 매뉴팩처 시대"(마르크스, 2015: 458)를 검출함으로써, 중국과 북한에서 이른바 '사회주의' 체제의 성립을 역사적으로 정당화하려 했다.

한편, 2차 세계대전 이후 동아시아는 미국을 중심으로 한 '자유 진영'과 소련을 중심으로 한 '공산 진영' 간의 냉전의 최전선이었는데, 이는 동아시아 정치경제 연구에서는 '자유 진영'의 근대화론과 '공산 진영'의 국가자본주의론 혹은 신식민지주의론 간의 대결로 나타났다. 여기에서 국가자본주의는 소련이 당시 서방의 신식민주의에 맞서 제3세계 나라들에게 제시했던 대안으로서, '민족민주 국가'와 국유 부문을 중심으로 '비자본주의적 발전의 길'을 지향하는 것으로 상정되었다.[8] 이 때 국가자본주의는 국가에 의해 지도되는 자본주의라는 의미의 '국가·자본주의'가 아니라, 국유 부문을 핵심으로 하는 자본주의로서 '국가자본·주의'를 뜻한다(坂田幹男, 2015). 로스토(W.Rostow)를 비롯한 '자유 진영' 논자들은 자본주의 시장경제를 채택한 동아시아 나라들에서 경제성장과 '근대화'가 진행되고 있다고 주장한 반면, '공산 진영' 논자들은 당시 일본, 남한, 대만 등은 미국 제국주의의 신식민지라고 규정했다. 민족해방(NL)을 우선하는가, 인민민주주의 혁명(PD)을 우선하는가에 따라 차이

8　'비자본주의적 발전의 길'로서의 국가자본주의론은 1917년 혁명 직후 레닌의 국가자본주의론으로 소급될 수 있는데, 레닌에 따르면 당시 러시아 사회는 '多우크라드' 이행기 사회로서 그 중 국가자본주의 우크라드, 즉 국유기업 부문은 사회주의로의 이행의 중심축이었다(Lenin, 1977).

가 있긴 했지만 말이다.

1960년대 소련공산당은 제3세계 비동맹 '민족민주 국가'들의 국가자본주의가 '비자본주의적 발전의 길'을 걸을 것으로 전망했다.[9] 1960년대 소련공산당은 2차 세계대전 이후 식민지 체제가 해체되면서 정치적 독립을 획득한 제3세계 나라들 중 나세르(G. Nasser)의 이집트, 수카르노(Sukarno)의 인도네시아와 같은 일부 '진보적' 체제들을 노동자와 농민, 민족 부르주아지의 지지에 기초한 반제 '민족민주 국가'라고 추켜세웠다. 이 '민족민주 국가'들이 채택했던 '비자본주의적 발전의 길' 지향의 국가자본주의, 또는 반제국주의 민족해방혁명을 통해 수립된 중국, 북한의 자력갱생 '사회주의' 체제는 당시 좌파의 동경의 대상이었다. 예컨대 1965년 로빈슨(Joan Robinson)이 "한국의 기적(Korean Miracle)"이라고 말했을 때, 'Korea'는 남한이 아니라 북한이었다(Robinson, 1965). 마오쩌둥의 중국, 김일성의 북한은 1970-80년대까지도 동아시아 좌파의 대안이었다.[10] 하지만 1970년대 들어 '비자본주의적 발전의 길'로 나아갈 것으로 기대되었던 제3세계의 일부 '민족민주 국가'들이 비동맹 노선에서 이탈하여 친미·반소 노선으로 선회했다. 또 이들이 추구했던 수입대체공업화에 기초한 자립적 국민경제, 즉 '국가자본·주의'는 고비용 경제로 귀결되어 경제적으로 좌절했다(坂田幹男, 2015). 이에 대해 당시 소련공산당은 '국가자본주의의 관료자본주의화' 혹은 '신식민지로의 변질'이라고 비판했다. 이와 같은 국가자본주의의 관료자본주의 혹은 신식민지로

---

9 소련공산당의 제3세계 국가자본주의론에 관해서는 Carlisle(1964), Petras(1976), Clarkson(1978) 등을 참조할 수 있다.

10 1970-80년대 한국에서 마오주의의 영향에 대해서는 리영희 편역(1977)을 참조할 수 있다.

의 변질론의 한국적 판본이 다름 아닌 1970-80년대 민족경제론(박현채, 1978) 혹은 신식민지 국가독점자본주의론과 이를 중심으로 전개되었던 1980년대 한국사회구성체 논쟁이다.[11]

1970-80년대 들어 동아시아 좌파에 새롭게 유행했던 자본주의 연구방법론은 종속이론이다. 종속이론에 따르면 동아시아를 비롯한 자본주의 세계체제의 주변부 국가들은 자본주의 세계체제와의 혁명적 단절(de-linking) 없이는 자본주의 체계체제의 주변부적 종속적 위치와 저발전의 악순환에서 벗어나 자기중심적 발전으로 나아갈 수 없다(아민, 1985). 종속이론은 트로츠키의 연속혁명론을 지지한다는 점에서 스탈린주의 코민테른과 소련공산당의 신식민지론(여기에는 신식민지 국가독점자본주의론도 포함된다)의 2단계혁명론과 대립하는 듯하지만, 실은 스탈린주의에 고질적인 경제결정론과 파국론, 방법론적 민족주의를 공유한다는 점에서는 공통적이다.[12] 게다가 신식민지론과 종속이론은 제3세계 국가자본주의의 형해화(形骸化)와 신식민지로의 변질의 측면을 과장한 나머지 동아시아 일부 국가들에서 신흥공업국(NICs)의 출현을 예상은 커녕 인지조차 하지 못했다. 1980년대 들어서까지도 신식민지론과 종속이론은 한국과 대만이 신식민지적 종속, 저발전과 파행, 세계자본주의의 주변부적 지위에서 벗어나지 못할 것이라고 단언했지만,[13] 이 동아시아 국가들이

---

11 박현채의 민족경제론과 신식민지 국가독점자본주의론, 1980년대 한국사회구성체 논쟁에 대한 검토로는 정성진(1985; 2005), 양우진(1991), 류동민(2002), 서동진(2017), Baek(2017) 등을 참조할 수 있다.

12 라틴아메리카에서 종속이론과 트로츠키주의의 관계에 대한 검토로는 Chilcote(2010)를 참조할 수 있다.

13 예컨대 隅谷三喜男(1983), 中川信義(1984), 劉進慶(1975) 등.

1980년대 들어 중진자본주의로 진입하자,[14] 이미 1991년 소련 붕괴 전에 패러다임 위기에 직면했다. 사실 신식민지론과 종속이론은 부르주아 근대화론의 거울 이미지로서 일종의 '근대화 마르크스주의(Modernisation Marxism)'이다(Selwyn, 2016a: 790). 부르주아 근대화론이 세계경제로의 통합을 선(善)으로 간주하고 시장과 기술의 확산이 발전을 낳는다고 주장했다면, 이들은 그 반대로 보았을 뿐이다.[15]

3. 발전국가: 1961-1997

1980년대 동아시아에서 신흥공업국, 혹은 중진자본주의의 출현은 국가 자본주의론(신식민지론), 종속이론 등 당시 좌파 동아시아 사회론의 파산과 근대화론과 자유시장주의 등 신고전파 주류경제학의 타당성을 입증하는 사태로 여겨졌다. 그러나 1980년대말 Johnson(1982), Amsden(1989), Wade(1990), Evans(1995) 등 발전국가 논자들은 동아시아의 경제기적이 자유시장이 아니라 국가, 구체적으로 발전국가 덕분임을 일본, 한국, 대만 경제에 관한 상세한 실증 연구를 통해 입증했다. 발전국가론에 따르면 동아시아 자본주의의 고도성장은 수출지향 공업화 정책

---

14   동아시아 신흥공업국론 혹은 중진자본주의론에 대해서는 안병직(1989), 中村哲(1991)을 참조할 수 있다.

15   신식민지론과 종속이론이 문제설정으로서 파산했다고 해서 글로벌 남부의 수탈과 정체, 주변화, 글로벌 양극화의 현실을 부정해서는 안된다. 이는 신식민지론과 종속이론이 아니라 마르크스의 국제가치론과 트로츠키의 불균등결합발전론의 적용을 통해 적절하게 이론화될 수 있다(정성진, 2015).

에 의거한 추격 공업화의 성공 사례이지, 신고전파 주류경제학이 금과옥조처럼 중시하는 시장기구의 자유로운 작동의 결과가 아니었다. 경제기적으로 칭송된 동아시아의 고도성장은 수출지향 공업화를 개발전략으로 채택한 국가 정책의 산물이었다. 동아시아에서 국가의 경제 개입은 세계시장에서 자유경쟁 원리에 대한 과감한 도전, 국가의 국내시장 보호와 규제 등에서 보듯이 광범위하게 이루어졌는데, 이는 유연한 '선택적 개입(selective interventions)'(World Bank, 1993: 88)의 차원을 넘어선 것이었다. "정부 지원 없이 발전도상국들이 공업화를 할 수 없다는 것은 명백했다"(Amsden, 2008: 1094). 동아시아에서 국가의 역할은 "산업발전에서 기본적인 선도자"이며, 산업에 대한 국가의 지원은 "상대 가격 틀리게 하기(getting relative prices wrong)"(Amsden, 1989)[16]에서 보듯이, "유치산업 보호론이 의미하는 것보다 훨씬 강력했다"(Amsden, 1990: 12).

발전국가는 흔히 선진국 경제를 추격하기 위한 정치경제적 사회적 전략을 계획하고 지휘하고 운영하는 국가(Jessop, 2016: 28), 발전에 대한 엘리트의 헌신과 단기적인 정치적 압력이 제거된 효율적 관료제와 사회적 압력으로부터 절연되면서도 사회와 '연계된 자율성(embedded autonomy)'(Evans, 1995)을 누릴 수 있는 정치구조가 존재하는 국가로 묘사된다. 발전국가는 발전목표를 갖고, 이를 달성하기 위해 경제에 개입하여 산업정책을 통해 시장을 지도하며(Hayashi, 2017: 78), 사적 엘리트의 권력에 맞서 '기업을 규율'할 수 있는 능력을 보유한다(Amsden, 1992: 71). 발전국가에서 금융자본은 산업자본의 필요에 종속되며, 은행기반 시스템이 지배하고, 주식시장의 역할은 부수적이다. 발전국가에서 은행은 국가의

---

16 "상대 가격 틀리게 하기"란 기업이 성과를 개선할 수 있도록 정부가 수출보조금, 보호관세 등을 통해 가격에 영향을 미치는 것을 말한다.

지시와 정책금융에 종속되며, 주요 기업과 산업에 저금리로 산업 자금을 공급한다.

소련공산당의 국가자본주의론이 2차 세계대전 이후 제3세계의 비자본주의적 발전을 도모했던 것과 달리, 발전국가론은 일부 발전도상국들에서 자본주의 발전의 성공의 메커니즘을 구명하려고 시도했다. 하지만 동아시아의 발전국가는 일본, 한국, 대만 등의 국가가 추진했던 국가주도형 발전으로서 국가자본주의적 발전의 제3의 길로 간주될 수 있다. 즉 동아시아 발전국가는 비자본주의적 발전의 길로서의 국가자본주의와 대립적이지만, 관료자본주의 혹은 신식민지로 변질, 형해화된 국가자본주의와도 구별되는 새로운 국가주도 추격형 자본주의적 공업화 모델이라고 할 수 있다. 동아시아 발전국가는 "국가에 의한 자본축적의 지도"를 본질적 기능으로 한다는 점에서 국유 섹터의 존재와 그 역할에 초점을 맞추거나 원시적 축적 과정을 중시한 이전의 국가자본주의와는 구별된다. 즉 발전국가는 방점이 국가자본이 아니라 국가에 두어졌다는 점에서 '국가자본·주의'가 아닌, '국가·자본주의'라고 할 수 있다(坂田幹男, 2015).

발전국가론은 주로 일본, 한국, 대만 등 동아시아 자본주의를 소재로 성립했지만, 발전국가론과 유사한 문제의식은 1970년대 라틴아메리카의 종속적 발전론, 혹은 신발전주의(neodevelopmentralism)에서도 발견된다. 카르도조(F. Cardoso) 등의 '부르주아적 종속이론', 즉 종속적 발전론(Cardoso and Faletto, 1979) 혹은 신발전주의는 종속적 조건에서도 민족부르주아지와 국제자본의 동맹을 통해 발전이 가능하다고 주장했는데, 이는 라틴아메리카에서 저발전과 노동자 대중의 초과 착취는 사회주의 혁명을 통해서만 해결할 수 있다고 주장했던 마리니(R.Marini, 2022) 등의 '마르크스주의 종속이론'에 대한 안티테제였다(Antunes de Oliveira, 2021). 발전국가론은 동아시아 발전국가가 1997년 위기를 맞이할 때까지 동아시아 자본주의론에서 다수설이 되었으며, 신고전파 주류경제학에도 부분적으로 수용되었다. 예컨대 1993년 세계은행은 기존의 시장근본주의적 입장에서 후퇴하여 시장경제의 발전을 위해서는 이른바 '시장 합치적(market conforming)' 혹은 '선택적' 국가개입이 유효할 수 있음을 인정했다(World Bank, 1993: 21, 312).[17]

하지만 동아시아에서 발전국가는 1997년 동아시아 위기 전부터 이미 잘 작동하지 않았다. 크루그만(Krugman, 1994)에 따르면 동아시아 경제성장 모델은 본질적으로 물량투입 증대에 기초한 스탈린주의 성장 모델이며 1990년대 초 그 수명을 다했다. 신고전파 주류 경제학자들이 보기에는 발전국가의 성공 요인으로 칭송되었던 발전국가의 국내 정치경제 제도들은 오히려 1997년 동아시아 위기의 원인이었다. 예컨대 동아시아 발전국가는 실제로는 '과잉-연계'되어 기업의 이해관계에 의해 포획되어 있던 '정실자본주의(crony capitalism)'였고, 1997년 위기는 그 결과였다는 것이다. 반면, 발전국가 논자들은 동아시아 발전국가는 1997년 위기 이전 거의 해체되었기 때문에,[18] 위기의 원인을 발전국가에서 찾을 수는 없다고 주장했다. 이들에 따르면 1997년 위기는 오히려 그 전에 진행된 발전국가의 해체의 결과였다. 예컨대 한국의 경우 탈냉전 이후 미국의 개방 압력에 따른 발전국가의 해체(김영삼 정부의 과소규제, 산업정책 실종)로부터 야기된 재벌의 과잉 중복투자가 1997년 위기의 배경

---

17 대표적 주류 경제사학자인 이영훈도 현대 한국경제를 "국가주의 시장경제"라고 규정한다(이영훈, 2016: 589-600).

18 한국에서는 1997년 위기 전인 1987년 민주화 이후 국가자본주의적 축적체제가 해체되면서 구조적 위기가 시작되었으며, 신자유주의적 축적체제로의 전환은 이에 대한 지배계급의 대응이었다(양우진, 1994; Jeong, 1997, 지주형, 2011).

이 되었다는 것이다(Johnson, 1998, Chang, 2006). 즉 동아시아 발전국가는 1997년 위기 이전에 이미 외부적으로는 세계화에 의해 침식되고 있었으며 내부적으로도 약화, 해체되고 있었다는 것이다. 혹은 발전국가는 일정한 단계를 넘어서자 자신의 성공의 결과로서 자본과 노동, 시민사회가 성장하면서 약화되었다고도 주장된다. 즉 발전국가의 성공이 역설적으로 그 위기와 해체를 결과시켰다는 것이다(Fine, 2013: 9). 실제로 한국의 경우 발전국가의 성공에 따라 자본축적이 진전되면서 재벌을 중심으로 한 자본가계급의 국가에 대한 의존이 약화되었으며, 자본가계급은 박정희 정권과 같은 개발독재를 필요로 하지 않게 되었다(김창근, 2012).

발전국가가 1997년 위기 전에 이미 해체되었는지 혹은 1997년 위기 이후 해체되었는지의 쟁점과 상관없이 1997년 위기 이후 발전국가의 위기와 해체가 가속되었다는 것은 부인될 수 없다. 무엇보다 1997년 위기 이후 가속화된 세계화는 발전국가의 존립 근거를 허물기 시작했다(Pirie, 2018). 세계화, 특히 1990년대 이후 글로벌 가치사슬(Global Value Chain, GVC)의 전개는 국가가 발전 정책을 자율적으로 수행할 수 있는 능력을 현저하게 제약했다. GVC 시대에는 이전에는 국가에 의해 지도되었던 기업들이 국가로부터 스스로 분리하여 GVC 선도 기업의 지도 하에 GVC에 통합되었다. 그리하여 GVC 시대에 경제성장의 첩경은 GVC에 통합되어 선도 기업들의 사적 거버넌스를 수용하는 것이 되었다.

발전국가론은 제3세계가 '자유 진영'의 시장경제를 채택하기만 하면 자동적으로 공업화하여 선진국이 될 수 있다는 부르주아 근대화론의 낙관주의와 제3세계가 자본주의 세계체제에 머물러 있는 한 저발전의 굴레에서 벗어날 수 없다는 옛 소련공산당의 신식민지론과 종속이론의 비관주의를 동시에 기각한 것으로서 글로벌 자본주의의 불균등결합 발전의 동학을 이해하는 데 중요하게 기여했다.[19] 하지만 발전국가론은 마르크스주의적 관점에서 다음과 같은 비판될 수 있다. 첫째, 발전국가론은 자본주의 발전의 모순과 적대를 과소평가한다(Jeong, 2009; 정성진, 2010; Bowles and Veltmeyer, 2021). 발전국가론에는 노동의 관점이 결여되어 있다. 발전국가론에서 노동하는 보통 사람들은 자본주의 발전의 낙수효과의 부스러기가 떨어질 때까지 힘들게 일하는 것 외에는 어떤 역할도 부여받지 못한다(Chang, 2015: 184-185). 발전국가론은 국가-자본 관계, 국가에 의한 자본 규율을 강조하는 반면, 자본-노동 관계, 노동-국가 관계, 국가의 노동의 규율 문제는 주변화한다(Fishwick, 2019: 657). 이 점에서 발전국가론은 "주체=엘리트/ 객체=하위계급"의 관념에 기초한 엘리트 발전론이다(Selwyn, 2016a: 790). 발전국가론은 신자유주의 시장주의와 마찬가지로 노동자를 투자 증대를 위한 경제 잉여를 낳을 목적으로 관리 규율되고 착취되는 노동력 담지자로만 간주한다. 실제로 발전국가는 친자본 반노동적이며 '계급적 자율성' 혹은 '상대적 자율성'을 갖지 않는다(김창근, 2012), 발전국가는 세계자본주의의 중심부와 주변부의 혹사 공장에서 착취되는 노동을 연계하는 냉전 자본주의 체제의 내적 계기일 뿐이다(장대업, 2018: 222).

둘째, 발전국가론은 기존의 국가자본주의론 혹은 종속이론과 마찬가지로 방법론적 민족주의를 공유한다. 이 때문에 발전국가론은 이른바

---

19 암스덴은 다음과 같이 종속이론을 비판했다: 종속이론은 "남부에서 발생하는 사태들은 무엇이든 '세계체제'의 결과로 환원"하며 "어떤 발전도상국들은 그들의 규모와 제조 노우하우 및 인간적 능력에 기인하여 체제를 극복할 수 있다"는 사실을 무시하며, "제3세계가 성장의 주체로 행위할 수 있는 가능성을 기각한다"(Amsden, 2003: 37).

"민족적인 것"은 자본주의에서 "글로벌한 것"이 존재하는 형태이며, 민족적 발전이란 글로벌 체제로서 자본주의에서 추격 발전이 취하는 형태임을 보지 못한다(Song, 2019: 1568). 발전국가론은 동아시아 발전국가의 왜곡되고 굴절된 세계사적 국제적 지정학적 맥락을 과소평가하며, 동아시아의 발전을 세계자본주의의 불가분의 일부로 보지 않고 동아시아 발전이 야기하는 자본주의 사회관계의 모순들을 문제 삼지 않으며, 동아시아 발전의 독특한 내적 특성을 특권화하는 "동아시아 발전의 오리엔탈리즘적 이론"이다(장대업, 2018: 223). 실제로 전후 동아시아 발전에서는 국제적 관계, 특히 미국의 반공 전략과 한국전쟁, 베트남 전쟁이 핵심적이었다(박근호, 2017; Stubbs, 2017). 동아시아의 고도성장은 지정학적 과정과 그것이 경제 동학에 가한 효과(베트남 전쟁에서 미국의 군비지출 등) 덕분이었다. 1951-1965년 미국의 대만으로의 재정 이전은 매년 약 6억 달러였는데, 이는 인구 1인당 재정이전으로는 당시 세계 최고 수준이었다(Wade, 2018: 530). 실제로 동아시아의 기적은 "동아시아의 대량 살육"에 기초했다. 즉 자본주의 지정학이 동아시아의 계급관계와 사회관계를 주조했다. 발전국가의 본질은 "권위주의적 반공 발전주의"였다(Glassmann and Choi, 2014; Glassmann, 2018: 3-4).

셋째, 발전국가론은 국가를 계급이해로부터 중립적이며 자율적인 주체로 간주하는 국가물신주의로서, 발전국가 자체가 자본주의 국가라는 사실에 맹목한다(Song, 2019: 1564). "발전국가론은 '영원한 자본주의'의 이론으로서 자본주의를 주어진 것으로서 영원화하고 자연화하는 것을 의도하는 부르주아 사회 이론"이다(Chang, 2015: 184-185). 발전국가론은 신자유주의의 거울 이미지로서 자본주의 발전의 특수한 형태일 뿐이며, 신자유주의에 대한 대안을 제시하지 못했으며(장대업, 2018: 227), 진정한 해방적 발전에 대한 걸림돌이다(Bowles, 2020: 1421).

4. 포스트 발전국가: 1997—2008

1997년 위기 이후 동아시아에서 발전국가는 가속적으로 약화되었다. 1997년 위기 이후 IMF는 동아시아 발전국가들에 신자유주의 구조조정을 강제했고, 그 결과 시장개방, 외국인투자에 대한 규제 완화, 기업 활동 자유화가 급속도로 진행되었으며, 발전국가들의 세계시장 통합이 가속화되었다. 이로부터 흔히 1997년 위기 이후 동아시아의 발전국가는 포스트 발전국가(post-developmental states)로 이행했다고 주장된다. 1997년 위기 이후 한국과 대만에서 성장 체제가 변화했으며, 기업 대출로부터 가계 대출로의 전환, 산업정책의 후퇴, 자본 배분과 자본-노동 관계의 시장화가 진행되면서 발전국가는 포스트 발전국가로 전환했으며, 신자유주의의 주요 요소들이 정착했다는 것이다(Pirie, 2018: 133; Hamilton-Hart and Yeung, 2021: 18).[20] 포스트 발전국가론은 기존의 발전국가는 해체되었으며, GVC 통합 혹은 신자유주의 규제국가(regulatory state)로의 전환이 대세가 되었다고 주장한다. 이들에 따르면 포스트 발전국가 개념은 "신자유주의 개혁이 발전국가의 정치적 및 경제적 유산과 상호작용하고 그것에 의해 주조되는 방식을 고찰하기 위한 유용한 프리즘을 제공"한다(Pirie, 2018: 141). 반면, 상당수 발전국가 논자들은 기존의 발전국가가 민주적 발전국가, 복지 발전국가, 생태 발전국가 등으로 진화하고

---

20 이와 관련하여 '자본주의의 다양성'(Varieties of Capitalism) 논자들 중 일부는 21세기 이후 동아시아에서는 경제성장이 둔화되고 불평등이 증대하면서, 한국과 일본의 경우 영미식 자유주의 시장경제(liberal market economies)로 수렴하고, 대만은 조정적 시장경제(coordinated market economies) 로 수렴하면서, 동아시아 자본주의 모델은 소멸했다고 주장한다(Lee and Shin, 2018).

있다는 발전국가 지속론 혹은 진화론으로 맞서고 있다(Kim, 2022).

포스트 발전국가론은 세계화와 GVC의 전개가 발전국가의 포스트 발전국가로의 전환을 가속한다고 주장한다. GVC 시대의 도래는 어떻게 가치와 부를 창출하고 포착할 것인가라는 측면에서 경제발전 방식과 국가 발전전략에 대해 사고의 전환을 촉구했다. 발전국가의 산업정책이 승자를 선발하고 대규모 기업집단을 육성하여 단일한 국가 공급망을 건설하는 것이었다면, GVC 시대에서 국가는 최종 재화를 조립하거나 특화된 투입재를 제작하는 공급사슬에 참여하는 방식으로 산업화를 지원한다(Carroll and Javris, 2017: 27). 1980년대 이후 동아시아 주요 기업들은 발전국가로부터 '탈연계(disembedding)'되어 GVC에 '재연계(re-embedding)'되었다(Yeung, 2014: 84-5, 93). GVC 시대에 산업의 미래를 좌우하는 것은 국내 기업의 국가적 축적전략과의 연계가 아니라 국내 기업의 GVC와의 연계이다. 발전국가에 특징적이었던 국가적 발전전략은 사실상 철회되고, 발전정책의 역할은 외부에서 통제되는 GVC의 틀 안에서 상방 이동하는 것으로 한정되었다. 동아시아에서 국내 기업은 GVC의 글로벌 주도기업과 "전략적으로 결합(coupling)"한 반면, 국내 정치경제 구조로부터는 "분리(decopuling)"되었으며, 그 결과 발전국가는 약화되었다(Yeung, 2014: 72). 1990년대 이후 동아시아 국내기업들이 글로벌 기업으로 성장하면서 발전국가의 통제력과 국가 경제발전의 견인차로서의 역할이 감소했다. 앞서 언급했듯이 발전국가는 자신의 성공의 희생물이 되었다. 공업화에서 후발주자로서의 성공이 선도 기업들의 국내 발전국가로부터의 분리 및 GVC와의 재연계라는 결과를 낳았다(Yeung, 2014: 86).

GVC의 전개는 발전국가가 자신이 직면한 위기를 돌파할 수 있는 새로운 환경을 제공했다. 1990년대 이후 미국을 비롯한 주요 선진국의 생산구조가 "개방 생산구조(open production architecture)"로 전환하면서

GVC, 즉 생산의 세계화가 촉진되었고, 동아시아 발전국가들은 GVC에 적극 참여함으로써 축적위기를 돌파하려 했다(Yokogawa, 2020: 215). 자본재 중간재 공급국으로서 일본, NICs, 최종재 생산 수출국으로서 ASE-AN, 중국, 최종재 시장으로서 미국, EU, 일본이라는 1990년대의 동아시아 국제분업구조는, 2000년대 이후 중국이 GVC와 개방 생산구조를 활용하면서 재편되었다. 이전의 안행(雁行) 모델(flying geeze thesis)(Akamatsu, 1962)에 따른 일본 주도의 태평양 삼각무역 체제는 중국 중심의 아시아 생산네트워크로 대체되었다(Yokogawa, 2020: 220, 224). 21세기 들어 중국은 글로벌 남부의 원자재를 결합하여 아시아와 기타 발전도상국들로부터 원자재, 기계, 부품들을 결합해 최종 소비재로 만들어서 미국과 유럽에 수출하는 생산네트워크의 중심이 되었다(홍호펑, 2021: 192).

그런데 GVC 통합 전략은 2008년 글로벌 경제위기 이후 특히 2020년 코로나 팬데믹 이후 탈세계화(deglobalization)와 해외이전 제조업의 국내 귀환(reshoring)이 가속화되면서 적실성이 감소하고 있다. 또 GVC 통합은 글로벌 기업의 축적 전략일뿐 글로벌 남부 발전도상국들의 대안적 발전 전략은 아닌 것으로 판명되었다. 제국주의 혹은 아류제국주의로서 GVC의 최상단 부분을 점유하고 있는 동아시아 4개국과 달리(Budd, 2021), 생계비에도 미달하는 저임금으로 초과착취 당하고 있는 글로벌 남부의 노동자들에게 GVC 통합이란 "글로벌 빈곤 사슬(global poverty chain)"에의 결박일뿐이다(Selwyn, 2019).

포스트 발전국가 논자들은 21세기 이후 동아시아에서 발전국가가 규제국가로 전환했다고 주장한다(Jayasuriya, 2005: 382). 이들은 1997년 위기 이후 한국의 신자유주의 구조조정은 규제 완화 혹은 규제 해체가 아니라 고부채 금융구조를 개선하고 노동시장의 유연성을 촉진하는 재규제 과정이었다고 주장한다(Mathews, 1998). 규제국가는 국가의 후퇴가 아니라 국가의 개입 방식의 변화일 뿐이라는 것이다. 예컨대 규제국가는 노사관계에 직접 개입하는 대신 시장을 통해 규율을 부과하며, 적극적 조정과 대비되는 소극적 조정과 이를 제도화하는 절차화, 자기규제, 법률주의, 규제기관의 독립적 의사결정에 역점을 둔다. 규제국가는 규제기관들에게 제도적 자율성을 제공함으로써 규제가 더 이상 정치적 협상의 대상이 되지 않게 하여 시장 질서의 신뢰성을 회복하려 한다. 규제국가는 중앙은행과 같은 새로운 독립적 기구의 설립, 재량적 지배로부터 규범에 기초한 지배로의 전환 등을 강조한다(Jayasuriya, 2005: 384). 그런데 규제국가 논자들이 자본주의에서 국가를 보편적인 계급중립적 실체로 간주하는 것(Hundt, 2005)은 타당하지 않다. 규제국가는 발전국가와 마찬가지로 본질적으로 자본가계급 일반의 이익을 대변하는 자본주의 국가임에 유의해야 한다. 즉 "규제국가의 계급적 내용"은 "자본이 금지된 것을 제외한 모든 것을 할 수 있게 허용하고, 자본에게 금지되지 않은 것을 정치가 금지하지 못하게 하는 것"으로서 "자본에게 거의 무제한의 자유를 제공"한다(김창근, 2012: 239-240).

포스트 발전국가론에 맞서 발전국가 지속론은 1997년 위기 이후에도 동아시아에서 발전국가는 지속되고 있으며 계속 진화하고 있다고 주장한다. 발전국가 지속론은 한국과 대만에서 글로벌 통합이 심화되고, 국민적 기업의 성숙, 민주화가 진전되었지만, 그럼에도 불구하고 발전국가는 해체되지 않고 "재구성"되었으며, "발전의 의지와 발전의 제도 및 정책수단의 재정렬과 발전 동맹의 재구성, R&D 및 해외직접투자 영역에서 기업의 전략을 통한 국가-기업의 공생관계"가 유지되고 있다고 주장한다(임혜란, 2018; 임혜란·이영섭, 2020; 윤상우, 2020; Chu, 2021). 발전국가 지속론은 신자유주의 세계화가 발전국가의 잠재력을 약화시키지 않았으며, 신자유주의 세계화의 조건에서 발전국가는 시대착오적인 것이 되었기는커녕, 신자유주의 세계화로부터 보호받기 위해서뿐만 아니라 그것에 통합되기 위해서도 필요하다고 주장한다(Chu, 2021: 72-3). 발전국가 지속론은 추격형 공업화가 완료된 후에도 발전국가의 유효 기간이 만료되는 것은 아니며, 사양산업 구조조정, 전략산업 육성, 성숙 산업의 기술혁신, 첨단기술 산업 유치 촉진 등을 위해 발전국가는 여전히 필요하다고 주장한다. 발전국가 지속론에 따르면, 1997년 위기 이후 김대중 정부의 중소 하이테크 기업 지원과 외국인직접투자 관리, 노무현 정부의 한미FTA 추진, 이명박 정부의 녹색성장 등은 발전국가가 존속하고 있다는 증거들이며, 과학 기반 산업에서 한국의 국가가 발전국가 정책을 포기했다는 증거는 없다(Thurbon, 2014: 73). 물론 이전의 발전국가가 경제에 직접 개입하거나 통제했던 것과 달리 포스트 발전국가는 자신의 역할을 특정한 전략 산업들을 지원하고 촉진하는 데 한정한다. 하지만 포스트 발전국가는 산업정책에서 규제권과 예산 편성권을 유지하고 있으며, 문재인 정부의 '제4차산업혁명위원회'에서 보듯이, 주요 산업에 전략적으로 개입한다. 발전국가가 산업화에서 후발주자의 추격 전략이었다면 포스트 발전국가는 선두주자로서 새로운 시대를 선도한다는 것이다(Alami et al. 2021a: 1012).

발전국가 지속론은 21세기 들어 동아시아 발전국가가 변모한 것은 사실이지만 신자유주의 국가로까지 변질된 것은 아니며, 동아시아에서 국가는 신자유주의의 한계를 넘어서는 "시장 조타수(market-steering)" 역할과 "사회적 임무(societal mission)"를 담당하고 있다고 주장한다(Wade, 2018). 동아시아에서 발전국가는 쇠퇴, 소멸하고 신자유주의 국가로 대체되었거나 신자유주의 국가 혹은 포스트 발전국가로 전환한 것이 아니라, "'발전국가 1.0'으로부터 '발전국가 2.0'으로 전환"했을 뿐이라는 것이다(Wade, 2018: 537).

발전국가 지속론은 국가개입과 발전의 양상이 존재하는 모든 상황에 발전국가 개념을 적용한다(Fine, 2013). 하지만 발전국가는 전통적 발전국가론처럼 후발주자의 추격형 공업화에서 국가의 발전적 역할에 한정하는 것이 적절하다. 경제성장에 효과적으로 개입하는 국가를 모두 발전국가로 분류하는 것은 발전국가 변호론일 뿐이며 분석적으로 의미가 없다. 발전국가라는 범주는 정부의 경제정책이 R&D 지원을 훨씬 넘는 조치들을 통해 상당 범위의 주요 산업들에서 독립적인 수출 역량을 개발하기 위한 시도에 체계적으로 집중된 경우에 대해서만 적용하는 것이 적절할 것이다. 즉 발전국가 개념은 한국, 일본, 대만이 그들의 산업화의 핵심 단계들에서 추구했던 중심적 정책들, 특히 산업정책의 맥락에서 정의되는 것이 적절하다(Fine and Mohamed, 2022). 동아시아 발전국가는 주요 글로벌 산업에서 국제경쟁력이 있는 기업을 개발하기 위해 전반적 경제전략에서 국가권력을 의식적으로 사용했는데, 이런 의미의 발전국가를 기술진입 장벽, 초민족기업, GVC의 성장 등 구조적 변화 조건에서 재현하기는 쉽지 않다. 세계화 이후 발전국가를 위한 정책 공간이 현격하게 축소되었으며, 특히 WTO 체제는 국가들이 일관된 전략적 정책을 추진하기 위해서 기술에 접근하고 시장 접근을 조절할 수 있는 역량을 제한했다(Pirie, 2013: 158-9, 163). 예컨대 과거 일본과 한국의 자동차 산업화 경험을 오늘날 발전도상국에서 효과적으로 재현하는 것은 불가능하다. 동아시아의 특수역사적 조건에서 성립한 발전국가를 WTO 체제, 글로벌 기업과 GVC의 대두 등 21세기 새로운 조건에서 다른 발전도상국들에서 재현하기는 어려울 것이다.[21]

---

21 "오늘날 발전도상국들이 주요 글로벌 산업에서 진정으로 자율적인 토착 능력을 구축할 수 있다는 생각은 돈키호테적 발상이다"(Pirie, 2013: 163).

5. 국가자본주의의 귀환: 2008–

2008년 글로벌 경제위기 이후 신자유주의와 시장근본주의, 세계화가 퇴조하고(탈세계화) 국가주의가 재부상하고 있다. 2000년대 초 이후 중국, 러시아 및 글로벌 남부의 대규모 신흥경제에서 다양한 형태의 국가주도 발전이 이루어졌고, 2008년 글로벌 경제위기 이후 서방에서 구제금융, 양적 완화 등 광범위한 국가개입이 진행되었다. 산업정책과 신중상주의, 경제적 민족주의, 국가개발계획이 부활했으며, 국부펀드(Sovereign Wealth Funds, SWF), 국유기업(State-Owned Enterprise, SOE)과 같은 다양한 유형의 '국가-자본 하이브리드'가 대두했다(Alami et al, 2021b). 지역국가 개발은행이 부활하고, 국가자산관리 기구, '국가대표 기업'(national champions)에 대한 다양한 형태의 국가 지원, 신용 보조 등이 확대되고 있다(Alami and Dixon, 2020b: 3). 신국가자본주의(new state capitalism)라고 불리는 이 추세는 2020년 코로나 팬데믹 이후 더욱 가속되고 있다. 신국가자본주의에서 국가는 경제와 사회를 조직하고 자본축적을 감독 관리하는 데서, 또 자본을 직접 소유 통제하는 데서 특히 강력한 역할을 수행한다. "국가자본주의는 가장 초보적 수준에서는 국가자본과 국가주의의 총합, 역동적 결합으로 구성"된다(Sperber, 2019: 101, 113).

21세기 들어 국가자본주의가 "새로운 시대정신"으로 귀환했다. "우리는 모두 국가주의자가 되었다", "국가자본주의 뉴노멀" 등이 운위되는 데서 보듯이, 국가가 다시 경제적 의제의 중심 무대로 복귀했다는 것이다. 국가자본주의의 귀환, 즉 신국가자본주의가 대두하게 된 주된 계기는 2008년 글로벌 경제위기와 2020년 코로나 팬데믹 위기 국면에서 드러난 자유시장과 신자유주의의 실패이다(van Apeldoorn and de Graaff, 2021). 신자유주의 세계화와 영미식 자본주의는 2008년 글로벌 경제위기 이후 위기의 주범으로 간주되면서 정당성의 위기에 직면했다. 신자유주의 발전 처방은 실패한 것으로 판명되었다. 2008년 글로벌 경제위기와 2020년 코로나 팬데믹 위기 국면에서 중국과 같은 非신자유주의 국가들이 신자유주의 규제 국가들에 비해 위기 대처에서 훨씬 효율적이었다(Desai, 2020). 신국가자본주의가 '뉴노멀'로 정착되면서 OECD, IMF, 세계은행 등 신자유주의 세계화의 첨병들조차도 발전에서 국가의 더 큰 역할, 자본의 촉진자, 감독자 및 소유자로서 국가의 역할과 '국가-자본 하이브리드'의 필요성을 제한적으로나마 인정하고 있다(Alami et al, 2021b: 1313). 물론 자유시장과 시장 조절의 중심성을 여전히 옹호하고 있지만 말이다.

　21세기 신국가자본주의, 즉 "국가자본주의 3.0"(Alami, 2021: 168)에서는 옛 국가자본주의의 '병폐들', 예컨대 "관료적이고 경직적인 사회조직 시스템과 중앙계획, 거대하고 비효율적이며 부실하게 운영되는 국유기업, 자원의 오배분과 사적 시장의 원활한 기능의 저해, 자신의 이익을 추구하는 정치가들의 통제" 등은 과거지사가 되었다고 주장된다(Alami and Dixon, 2020b: 5). 신국가자본주의에서 SOE와 SWF의 해외직접투자가 급증하고, 국가자본주의의 초민족화가 급진전되면서, 국가자본주의 자신이 자본을 글로벌화하는 주된 추진 주체가 되었다(Alami and Dixon, 2020a: 79). "경직적이며 비효율적인 옛 국가자본주의와는 대조적으로 신국가자본주의는 매우 현대적이며 놀라울 정도로 역동적이며 창조적"이다(Alami and Dixon, 2020b: 6). 신국가자본주의는 시장의 부정이 아니라 자본주의에서 지배적인 정치경제적 논리인 시장 논리와 국가 논리의 결합(coupling)의 최신의 국면이다(Alami et al. 2021a: 1001).

　신국가자본주의 논자 쿨란치크(J. Kurlantzick)는 "500대 대기업의 매출액의 1/3 이상에 대해 정부가 소유권을 갖고 있거나 상당한 영향력을 행사하고 있는 나라" 등 22개국을 국가자본주의로 분류한다(Kurlantzick, 2016: 9). 신국가자본주의에 브라질, 러시아, 인도, 싱가포르, 터키, 사우디아라비아, 노르웨이, 카자흐스탄, 베트남, 우즈베키스탄 등은 포함되는 반면, 한국은 제외된다. 이 점에서 알 수 있듯이 신국가자본주의론에서는 SOE의 역할이 특권화되는 반면, 동아시아 발전국가에서 핵심적인 산업정책은 주변화된다. 자유주의적 신국가자본주의론은 신국가자본주의의 전형을 한국, 일본, 대만이 아니라 중국과 러시아에서 찾는다. 자유주의적 신국가자본주의 논자들이 가장 문제시하는 것은 권위주의적 국가자본주의인 중국과 러시아가 가스프롬(Gazprom), 중국해양석유총공사(CNOOC) 등과 같은 SOE를 무기로 서방을 위협하면서 이들과 서방의 자유주의적 자본주의 간에 글로벌 경쟁, 지정학적 경쟁이 격화되는 상황이다(Bremmer, 2010; Kurlantzick, 2016).

신국가자본주의론은 국가자본주의를 신자유주의 세계화에 대치시킨다. 또 신국가자본주의론은 국가자본주의라는 마르크스주의적 용어를 전면에 내세움으로써 자신의 의도와 달리 마르크스주의에 고유한 총체적 거시적 접근의 타당성을 환기했다. 하지만 자유주의적 신국가자본주의론은 마르크스주의적 관점과 무관할 뿐만 아니라 대립적이다(Jeong, 2018). 신국가자본주의론은 발전국가론은 물론 이전의 다양한 국가자본주의론도 거의 참조하지 않는다(Sperber, 2019). 신국가자본주의론은 기존의 국가자본주의론과 달리 국가 분석을 사회계급 권력 분석과 분리한다(Carroll and Javris, 2022). 기존의 발전국가론이 신고전파 주류 경제학의 자유시장주의를 대체하는 패러다임으로 제시되었다면, 신국가자본주의 논자들은 중국 등의 권위주의적 국가주의에 대한 대안으로 노르웨이 등의 '자유주의적 국가자본주의'를 대치시킨다. 이들은 국가자본주의를 동방에 입지한 비자유주의적이고 불투명하고 타락하고 위협적인 자본주의로 묘사하고, 이를 서방의 순수한 자유민주주의적 자유시장 자본주의와 대비하면서 서유럽 외부의 자본주의를 '타자화'하는데, 이는 편파적이며 정치적으로 위험하다(Alami and Dixon, 2020a: 88). 서방의 자유주의적 자본주의와 권위주의적 국가자본주의 국가들 간의 대결의 뿌리는 제국주의적 이윤 추구에 의해 추동되는 동일한 국가자본주의 체제들 간의 격화되고 있는 경제적 및 지정학적 경쟁이기 때문이다. 이 점에서 자유주의적 신국가자본주의론은 오늘날 동아시아에서 격화되고 있는 자본주의의 모순과 위기에 대한 해법을 제시하긴커녕 이를 더 부추기고 심화시키는 이데올로기로 봉사하고 있다고 할 수 있다. 오늘날 동아시아 자본주의의 모순과 위기를 해명하고 근본적 대안을 기획하기 위해서는 신국가자본주의론이 환기한 고전 마르크스주의 시각의 국가자본주의론[22]을 업데이트하여 동아시아의 새로운 조건에 적용할 필요가 있다. Miller ed.(2023), 정성진(2023) 등은 그러한 시도의 예들이다.

6. 포스트자본주의 대안의 모색

이상에서 보듯이 20세기 이후 동아시아 자본주의론은 국가자본주의론에서 발전국가론, 포스트 발전국가론, 신국가자본주의론으로 진화해 왔다. 마르크스주의는 이와 같은 동아시아 자본주의론의 진화과정의 초기에 지배적 연구방법론이었지만, 발전국가론 이후에는 주변화되었다가 21세기 들어 다시 비판적 대안으로 부상했다. 그런데 기존의 동아시아 자본

---

[22] 고전 마르크스주의 시각의 국가자본주의론으로는 부하린(2018), 클리프(2011) 등을 참고할 수 있다.

주의론, 즉 국가자본주의론, 발전국가론, 포스트 발전국가론, 신국가자본주의론은 모두 자본주의 발전론의 상이한 형태들이며, 포스트자본주의 대안과 무관하다. 이는 기존의 동아시아 자본주의론들이 모두 엘리트 발전론, 발전주의, 중국 모델론을 공유한다는 데서 확인된다.

우선 기존의 동아시아 자본주의론은 엘리트 발전론으로서 '노동의 정치경제학'을 억압하는 '자본의 정치경제학'(마르크스, 1993: 10)으로서 자본주의의 지속에 봉사한다. 엘리트 발전론은 자본축적을 가난한 사람들의 발전을 위한 기초로 간주하며, 엘리트, 특히 기업과 국가를 자본축적의 주도자로 설정한다. 가난한 사람들의 수많은 행동, 운동, 투쟁은 발전에 대한 장애물로 여겨지며, 그 결과 가난한 사람들을 억압하고 착취하는 것이 정당화된다(Selwyn, 2022). 엘리트 발전론은 발전의 객체인 노동계급과 가난한 사람들이 자신을 발전의 주체로 설정할 수 있을지, 새롭고 긍정적인 인간적 발전의 동학을 낳을 수 있을지의 문제를 제기하는 것 자체를 배제한다. 실제로 기존의 동아시아 자본주의론은 모두 근대화, 추격 성장을 위해 노동계급에게 '천리마(千里馬)'가 될 것을 강요하며 초과 착취를 정당화하는 엘리트 발전론이다.

또 기존의 동아시아 자본주의론이 공유하는 발전주의 자체가 문제시되어야 한다. 발전주의는 발전은 그 자체로 선(善)이며 어떤 비용을 치르고라도 추구되어야 한다고 전제한다(Munck, 2021). 또 발전주의는 발전에 내재한 자본주의적 모순은 물론 민족적 발전이 그 본성에서 글로벌 자본주의의 계급적 성격의 표현이라는 사실을 은폐할 뿐만 아니라, 발전이 불편부당하며 자율적 국가가 주도하는 계급중립적 민족적 형태를 취한다는 관념을 조장한다(Song, 2019).

기존의 동아시아 자본주의론이 명시적 암묵적으로 전제해 온 '중국 모델' 역시 포스트자본주의 대안과 아무런 공통점도 없다.[23] '중국 모델' 의 현실은 '사회주의적 시장경제', "비자본주의적 시장경제"(아리기, 2009) 가 아니라, 당·국가 일당 독재체제, 중국공산당이 국가경제발전 경로 를 감독 지도하고 전략적 부문에서 '국가대표 기업'을 장려하는 권위주 의적 국가자본주의 착취체제, 제국주의적 지배체제이다(Budd, 2021; 백승 욱, 2022; 정성진, 2023).[24] 오늘날 중국은 21세기 글로벌 자본주의 모순의 최중심이지, 결코 그 대안이 아니다. 21세기 중국을 비롯한 동아시아 나 라들에서는 마르크스가 『자본론』에서 정식화한 "자본주의적 축적의 절 대적 일반적 법칙"(마르크스, 2015: 878)이 관철되고 있다(Qi, 2017; Jeong & Jeong, 2020; Pauls, 2022). 20세기 동아시아에 특징적이었던 위계적 국가 체제(일본=제국주의 중심/ 한국·중국·대만=(반)주변부)가 21세기 들어서 제

23　중국은 국가자본주의론, 신국가자본주의론의 모델일 뿐만 아니라, 발전국가론, 포스트 발전국가론의 모델이기도 하다(윤상우, 2018). Weber(2023)에 따르면 중국 에서 국가자본주의 대안은 일찍이 청말 개혁가인 량치차오(梁啓超)가 주장했으며, 마오쩌둥도 1950년대 초까지는 국가자본주의를 통한 생산력 발전을 추구했다. 또 Beeson(2017: 176-7)에 따르면, 중국에서 중앙계획과 사회주의 경제의 역사는 중 국에서 모종의 발전국가가 꽤 오래 전부터 존재했음을 보여주며, 21세기 중국은 영 미형 신자유주의의 '자유방임' '작은' 국가 모델보다는 개입주의적 발전국가 모델에 더 가까우며, 오늘날 중국의 부상은 발전국가의 시대가 종언을 고하지 않았음을 보 여준다.

24　하지만 Li(2021)는 오늘날 중국은 그 동안 세계체제의 위계적 구조에서 상향 이동에도 불구하고 레닌적 의미의 제국주의보다는 세계체제의 반주변부(semi-pe-riphery)로 분류하는 것이 적절하며, 중국이 미국을 대체하는 새로운 패권 국가로 부 상할 것 같지는 않다고 주장한다. 이에 대한 필자의 비판으로는 정성진(2023)을 참 조할 수 있다.

국주의간 경쟁 체제로 전화되면서 지정학적 갈등이 고조되고 있다.[25]

　21세기 동아시아가 포스트자본주의로 나아가기 위해서는 기존의 동아시아 자본주의론에 고질적인 '자본의 정치경제학'과 엘리트 발전론, 발전주의를 넘어서 '노동의 정치경제학', 노동 중심적 발전, 포스트 발전을 모색해야 한다(Selwyn, 2016b). 노동 중심적 발전에서 노동계급은 주요한 행위자가 되며 노동계급의 집합행동은 노동계급과 그들의 공동체의 삶에 직접적인 물질적 개선과 새로운 집합적 자원을 낳는다. 노동계급 조직에 대해 중요한 과제는 제도화된 성취를 유지 방어하면서 이들을 확장 심화하는 새로운 전략을 개발하는 것이다. 노동 중심 발전과정은 친노동적 발전(국가 행위자가 노동자들에게 혜택을 주는 정책을 입안 집행), 노동 추동적(labour-driven) 발전(노동자의 집합행동으로 국가와 자본을 압박하여 노동에 양보하게 함), 노동 주도적(labour-led) 발전(노동자들의 집합행동이 노동자와 그들의 공동체에 가져다주는 이득)으로 구성된다(Selwyn, 2022). 또 노동 중심 발전의 사례로는 포스트 발전 모델['좋은 삶(Buen Vivir)'], 협동조합과 노동자 자주관리 및 사회적 연대의 문화에 기초한 공동체 기반 지역발전 모델, 베네수엘라의 21세기 사회주의(Bowles and Veltmeyer, 2021) 등이 있다. 특히 동아시아의 자본주의 지배의 새로운 형태로부터 비롯된 평범한 노동계급의 지속적인 투쟁과 그것이 제기하는 대안들이 중요하다(장대업, 2018). 노동 중심 발전론은 불균등결합발전, 노동자 국제주의, 포스트 발전 및 탈성장 공산주의(사이토 고헤이, 2021) 전망과 결합할 경우 포스트자본주의 대안으로 구체화될 수 있다(정성진, 2020). 특히 동아시아 4개국이 글로벌 자본주의 중심부로 진입하고 글로벌 생태위기의 진앙이

25　21세기 동아시아에서 제국주의와 지정학적 갈등에 대한 논의로는 김영익·김하영 외(2019), Solingen, ed(2021), Iwashita et al eds(2023) 등을 참조할 수 있다.

되고 있음을 고려할 때, 기존의 발전주의에서 포스트 발전, 탈성장 공산주의로의 문제설정의 전환이 시급하다.

참고문헌

고야마 히로타케. 2022. 『일본 자본주의 논쟁사』. 김동윤 옮김. 어문학사.

김영익 · 김하영 외. 2019. 『제국주의론으로 본 동아시아와 한반도』. 책갈피.

김창근. 2012. 「신자유주의 세계화에 대한 민족주의적 대안: 한국의 발전국가 이론 및 발전국가 재생론 비판」. 정성진 외. 『한국의 대안세계화운동 이념』. 한울: 146-267.

류동민. 2002. 「민족경제론의 형성과정에 관한 연구」. 『경제와 사회』 56: 217-241.

리영희 편역. 1977. 『8억인과의 대화』. 창작과 비평사.

마르크스, 칼. 1993. 「국제노동자협회 발기문」. 『칼 맑스 프리드리히 엥겔스 저작선집』 3. 최인호 옮김. 박종철출판사.

마르크스, 칼. 2015. 『자본론』. 김수행 옮김. 비봉출판사.

尾崎彦朔 편. 1984. 『제3세계와 국가자본주의』. 조용범 옮김. 전예원.

박근호. 2017. 『박정희 경제 신화 해부: 정책 없는 고도성장』. 김성칠 옮김. 회화나무.

박현채. 1978. 『민족경제론』. 한길사.

백승욱. 2022. 「중국공산당 역사결의를 통해 본 시진핑 체제의 성격」. 『마르크스주의 연구』 19(2): 10-33.

백영서 · 김대환 편역. 1988. 『중국사회성격논쟁』. 창작과 비평사.

本多健吉 · 조용범. 1985. 『제3세계 국가자본주의론』. 한울.

부하린, 니콜라이. 2018. 『세계경제와 제국주의』. 최미진 옮김. 책갈피.

사이토 고헤이. 2021. 『지속불가능한 자본주의』. 김영현 옮김. 다다서재.

서동진. 2017. 「사회성격 논쟁과 마르크스주의: 역사적 사회과학과 박현채」. 『사이間 SAI』 23: 39-70.

아리기, 조반니. 2009. 『베이징의 애덤 스미스 - 21세기의 계보』. 강진아 옮김. 길.

아민, 사미르. 1985. 『주변부 자본주의론』. 정성진 · 이재희 옮김. 돌베개.

안병직. 1989. 「중진자본주의로서의 한국경제」. 『사상문예운동』 2: 8-29.

양우진. 1991. 「한국사회 인식에서의 몇가지 이론적 조류에 관하여」. 양우진 · 홍장표 외: 385-411.

양우진. 1994. 「현대 한국자본주의 발전과정 연구」. 서울대학교 경제학박사학위논문.

양우진 · 홍장표 외. 1991. 『한국 자본주의 분석』. 일빛.

와이너, 미셸. 2009. 「동아시아에서 국제 공산주의 운동이 일어나다: 동아시아의 코민테른, 1919-1939」. 케빈 맥더모트 제레미 애그뉴. 『코민테른: 레닌에서 스탈린까지, 국제 공산주의 운동의 역사』. 서해문집: 243-287.

隅谷三喜南. 1983. 『한국의 경제』. 편집부 옮김. 한울.

윤상우. 2018. 「중국 발전모델의 진화와 변동: 발전국가를 넘어 국가자본주의로?」. 『아시아리뷰』 7(2): 33-61.

윤상우. 2020. 「포스트 발전국가로의 전환: 한국·일본·대만의 경험」. 『아시아리뷰』 9(2): 159-189.

이영훈. 2016. 『한국경제사 II: 근대의 이식과 전통의 탈바꿈』. 일조각.

임혜란. 2018. 『동아시아 발전국가모델의 재구성』. 서울대학교 출판문화원.

임혜란·이영섭. 2020. 『국제정치경제와 동아시아』. 율곡출판사.

장대업. 2018. 「한국 혹은 동아시아 자본주의에 대한 몇 가지 외부적 시각에 관하여」. 『마르크스주의 연구』 15(1): 202-247.

정성진. 1985. 「민족경제론의 제문제」. 『산업사회연구』 1: 195-224.

정성진. 2005. 『마르크스와 한국경제』. 책갈피.

정성진. 2010. 「신자유주의에 대한 개혁주의적 대안의 문제들」. 『마르크스 21』 5: 179-196.

정성진. 2015. 『마르크스와 세계경제』. 책갈피.

정성진. 2020. 『21세기 마르크스 경제학』. 산지니.

정성진. 2022. 「동아시아 자본주의론의 진화와 마르크스주의의 기여」. 『마르크스주의 연구』 19(3): 66-94.

정성진. 2023. 「'중국 특색 사회주의': 마르크스적 비판」. 정성진 엮음. 『동아시아 마르크스주의: 과거, 현재, 미래』. 진인진.

정성진 엮음. 2023a. 『동아시아 자본주의: 마르크스주의적 접근』. 진인진.

정성진 엮음. 2023b. 『동아시아 마르크스주의: 과거, 현재, 미래』. 진인진.

中川信義. 1984. 「한국의 국가자본주의적 발전구조: 재생산구조와 무역구조」. 尾崎彦朔 편: 147-197.

中村哲. 1991. 『世界資本主義와 移行의 理論』. 안병직 옮김. 비봉출판사.

지주형. 2011. 『한국 신자유주의의 기원과 형성』. 책세상.

클리프, 토니. 2011. 『소련은 과연 사회주의였는가』. 정성진 옮김. 책갈피.

편집부 엮음. 1988. 『동아시아 사회성격 논쟁』. 온누리.

許滌新 외. 1993. 『중국 자본주의 논쟁사』. 김세은 외 편역. 고려원.

호스톤, G. 1991. 『일본 자본주의 논쟁사』. 김영호·류장수 옮김. 지식산업사.

홍호평. 2021. 『차이나 붐』. 하남석 옮김. 글항아리.

松元幸子. 1969. 「初期コミンテルンにおける民族解放理論の形成: コミンテルン第2
回大會におけるレーニン·ロイ論爭を中心に」. 『歷史學硏究』355: 1-53.

王亞南. 1955. 『半植民地經濟論(上)』. 中國經濟硏究會 譯. 靑木書店.

劉進慶. 1975. 『戰後台湾経済分析: 一九四五年から一九六五年まで』. 東京大学出版会.

長岡新吉. 1984. 『日本資本主義論爭の群像』. ミネルヴァ書房.

田中正俊, 1973. 『中國近代經濟史硏究序說』. 東京大學出版會.

陳伯達. 1953. 『中國四大家族』. 大阪市立大學中國研究會 譯. 創元社.

坂田幹男. 2015. 『グローバリズムと国家資本主義』. 御茶の水書房.

Akamatsu, K. 1962. "A Historical Pattern of Economic Growth in Developing
Countries". *The Developing Economies* 1(1): 3-25.

Alami, I. 2021. "State theory in the age of state capitalism 3.0?" *Science & Society.* 85(2): 162–170.

Alami, I. and Dixon, A. 2020a. "State capitalism(s) redux? Theories, tensions,
controversies." *Competition & Change* 24(1): 70–94.

Alami, I. and Dixon, A. 2020b. "The strange geographies of the "new" state
capitalism". *Political Geography* 82: https://doi.org/10.1016/j.polgeo.2020.102237

Alam, I. et al. 2021a. "Geopolitics and the 'new' state capitalism". *Geopolitics*
27(3): 995-1023.

Alami, I. et al. 2021b. "State capitalism and the New global D/development regime". *Antipode* 53(5): 1294–1318.

Amsden, A. 1989. *Asia's Next Giant: South Korea and Late Industrialization.*
Oxford University Press.

Amsden, A. 1990. "Third World Industrializations: 'Global Fordism' or a New

Model?". *New Left Review* 182: 5-31.

Amsden, A. 1992. "A Theory of Government Intervention in Late Industrialization". Putterman, L. and Rueschemeyer, D. eds: 53-84.

Amsden, A. 2003. "Comment: Good-bye Dependency Theory, Hello Dependency Theory". *Studies of Comparative International Development* 38(1): 32-38.

Amsden, A. 2008. "Reflections: Alice Amsden. Interviewed by Rolph van der Hoeven". *Development and Change* 39(6): 1091-99.

Antunes de Oliveira, F. 2021. "Bourgeois Dependency Theory and the Forgotten Roots of Neodevelopmentalism". *Latin American Perspectives* 49(1): 36-56.

Aoki, H. 2021. "Marxism and the Debate on the Transition to Capitalism in Pre-war Japan". *Critical Sociology* 47(1): 17 - 36.

Baek, S. 2017. "The Formation and the limits of the People's Democracy: A critical history of contemporary South Korean Marxism". Liu, J. and Murthy, V. eds: 175-192.

Beeson, M. 2017. "What does China's Rise Mean for the Developmental Paradigm". Carroll, T. and Javris, D. eds: 174-197.

Bowles, P. 2020. "The developmental state and the study of globalizations". *Globalizations* 17(8): 1421-1438.

Bowles, P. and Veltmeyer, H. 2021. "Development Alternatives: Old Challenges and New Hybridities in China and Latin America". Fishwick, A. and Kiersey, N. eds: 86-107.

Bremmer, I. 2010. *The End of the Free Market: Who Wins the War between States and Corporations?* . Penguin.

Budd, A. 2021. "China and imperialism in the 21st century". *International Socialism Journal* 170: 123-150.

Cardoso, F. and Faletto, E. 1979. *Dependency and Development in Latin America*. University of California Press.

Carlisle, D. 1964. "The Changing Soviet Perception of the Development Process in the Afro-Asian World". *Midwest Journal of Political Science* 8(4): 385-407.

Carroll, T. and Javris, D. 2017. "Disembedding Autonomy: Asia after the Developmental State." Carroll, T. and Javris, D. eds: 3-48.

Carroll, T. and Javris, D. 2022. "Understanding the State in relation to Late Capitalism: A Response to 'New' State Capitalism Contributions". *Antipode* 54(6). https://doi.org/10.1111/anti.12846

Carroll, T. and Javris, D. eds. 2017. *Asia after the Developmental State: Disembedding Autonomy*. Cambridge University Press.

Chang, H. 2006. "Industrial Policy in East Asia: Lesson for Europe". *EIB Papers*. 11(2): 106-132.

Chang, D. 2015. "The Rise of East Asia: A Slippery Floor for the Left". Pradella, L. and Marois, T. eds: 180-191.

Chernilo, D. 2006. "Social Theory's Methodological Nationalism: Myth and Reality". *European Journal of Social Theory* 9(1): 5-22.

Chilcote, R. 2010. "Trotsky and Latin American development theory". Veltmeyer, H. ed: 41-65.

Cope, Z. and Ness, I. 2022. *The Oxford Handbook of Economic Imperialism*. Oxford University Press.

Chu, Y. 2021. "Democratization, globalization, and institutional adaptation: the developmental states of South Korea and Taiwan". *Review of International Political Economy* 28(1): 59-80.

Chu, Y. ed. 2016. *The Asian Developmental State: Reexaminations and New Departures*. Palgrave.

Clarkson, S. 1978. *The Soviet Theory of Development: India and the Third World in Marxist-Leninist Scholarship*. University of Toronto Press.

Desai, R. 2020. "The US vs China: Economic models in the pandemic stress test". *The Japanese Political Economy* 46(2-3): 102-126.

Evans, P. 1995. *Embedded Autonomy: State and Industrial Transformations.* Princeton University Press.

Fine, B. 2013. "Beyond the Developmental State: An Introduction". Fine, B. et al eds: 1-32.

Fine, B. and Mohamed, S. 2022. "Locating Industrial Policy in Developmental Transformation: Lessons from the Past, Prospects for the Future". SOAS Department of Economics Working Paper 247: 1-39.

Fine, B. et al eds. 2013. *Beyond the Developmental State: Industrial Policy into the Twenty-first Century.* Pluto Press.

Fishwick, A. 2019. "Labour Control and Developmental State Theory: A New Perspective on Import-substitution Industrialization in Latin America". *Development and Change* 50(3): 655-678.

Fishwick, A. and Kiersey, N. eds. 2021. *Postcapitalist Futures: Political Economy Beyond Crisis and Hope.* Pluto Press.

Glassman, J. 2018. *Drums of War, Drum of Development: The Formation of a Pacific Ruling Class and Industrial Transformation in East and Southeast Asia, 1945-1980.* Brill.

Glassman, J. and Choi, Y. 2014. "The chaebol and the US military-industrial complex: Cold War geopolitical economy and South Korean industrialization". *Environment and Planning A* 46(5): 1160-1180.

Gore, C. 1996. "Methodological Nationalism and the misunderstanding of East Asian industrialization". *European Journal of Development Research* 8(1): 77-122.

Hamilton-Hart, N. and Yeung, H. 2021. "Institutions under pressure: East Asian states, global markets and national firms". *Review of International Political Economy* 28(1): 11-35.

Hayashi, S. 2017. "The Evolving Idea of the Developmental State". Carroll, T. and Javris, D. eds: 72-92.

Hundt, D. 2005. "A Legitimate Paradox: Neoliberal Reform and the Return of the State in Korea". *Journal of Development Studies* 41(2): 242-260.

Iwashita, A. et. al. eds. 2023. *Geopolitics in Northeast Asia*. Routledge.

Jayasuriya, K. 2005. "Beyond Institutional Fetishism: From Developmental to the Regulatory State". *New Political Economy* 10(3): 381-387.

Jeong, G. and Jeong, S. 2020. "Trends of Marxian Ratios in South Korea, 1980 – 2014". *Journal of Contemporary Asia* 50(2): 260-283.

Jeong, S. 1997. "The Social Structure of Accumulation in South Korea: Upgrading or Crumbling?" *Review of Radical Political Economics* 29(4): 92-112.

Jeong, S. 2009. "The Korean Developmental State: From Dirigisme to Neoliberalism". *Historical Materialism* 17(3): 244-257.

Jeong, S. 2018. "Book Review: State Capitalism: How the Return of Statism Is Transforming the World". *Journal of Contemporary Central and Eastern Europe* 26(2-3): 312 – 313.

Jessop, B. 2016. "The Developmental State in an Era of Finance-Dominated Accumulation". Chu, Y. ed: 27-55.

Johnson, C. 1982. *MITI and the Japanese Miracle*. Stanford University Press.

Johnson, C. 1998. "Economic Crisis in East Asia: The Clash of Capitalism". *Cambridge Journal of Economics* 22(6): 653 – 661.

Kim, T. 2022. "History of the Developmental State: The Case of Southj Korea". Lim, S. and Alsford, N. eds: 85-97.

Kurlantzick, J. 2016. *State Capitalism: How the Return of Statism is Transforming the World*. Oxford University Press.

Krugman, P. 1994. "The Myth of Asia's Miracle". *Foreign Affairs* 73(6): 62-78.

Lee, K. and Shin, H. 2018. "Varieties of capitalism and East Asia: Long-term evolution, structural change, and the end of East Asian capitalism". *Structural Change and Economic Dynamics*. 56(1): 431-437.

Lenin, V. 1977. "'Left-Wing' Childishness and the Petty-Bourgeois Mentality"(1918). *Collected Works* 27. Progress Publishers: 323-354.

Li, M. 2022. "The Capitalist World System and Economic Imperialism in East Asia". Cope, Z. and Ness, I. eds: 455-473.

Lim, K. 2018. "Strategic coupling, state capitalism, and the shifting dynamics of global production networks". *Geography Compass*. 12(11): e12406.

Lim, S. and Alsford, N. eds. 2022. *Routledge Handbook of Contemporary South Korea*. Routledge.

Liu, J. and Murthy, V. eds. 2017. *East-Asian Marxisms and Their Trajectories*. Routledge.

Marini, R. 2022. *The Dialectics of Dependency*. Monthly Review Press.

Mathews, J. 1998. "Fashioning a New Korean Model out of the Crisis". *Asian Perspective* 23(2): 747-759.

Miller, O. ed. 2023. *State Capitalism and Development in East Asia since 1945*. Brill.

Munck, R. 2021. *Rethinking Development*. Springer.

Pauls, R. 2022. "Chinese Accumulation, Contradictions and Crisis in China, 1995-2015". *Journal of Contemporary Asia* 52(2): 267-295.

Petras, J. 1976. "State Capitalism and the Third World". *Journal of Contemporary Asia* 6(4): 432-443.

Pirie, I. 2012. "The New Korean Political Economy: Beyond the Models of Capitalism Debate". *Pacific Review* 25(3): 365-86.

Pirie, I. 2013. "Globalisation and the Decline of the Developmental State". Fine, B. et al eds: 146-168.

Pirie, I. 2016. "South Korea after the Developmental State". Chu, Y. ed: 139-158.

Pirie, I. 2018. "Korea and Taiwan: The Crisis of Investment-Led Growth and the End of the Developmental State". *Journal of Contemporary Asia* 48(1): 133-158.

Pradella, L. 2014. "New Developmentalism and the Origins of Methodological Nationalism". *Competition and Change* 18(2): 180-93.

Pradella, L. and Marois, T. eds. 2015. *Polarising Development: Alternatives to Neoliberalism and the Crisis*. Pluto Press.

Pröbsting, M. 2021. "South Korea's Transformation into an Imperialist Power". *International Critical Thoughts* 11(2): 210-231.

Putterman, L. and Rueschemeyer, D. eds. 1992. *State and Market in Development: Synergy or Rivalry*. Lynne Rienner.

Qi, H. 2017. "Dynamics of the Rate of Surplus Value and the 'New Normal' of the Chinese Economy". *Research in Political Economy* 32: 105-129.

Robinson, J. 1965. "Korean Miracle". *Monthly Review* 16(9): 541-549.

Selwyn, B. 2016a. "Elite Development Theory: a labour-centred critique". *Third World Quarterly* 37(5): 781-799.

Selwyn, B. 2016b. "Theory and practice of labour-centred development". *Third World Quarterly* 37(6): 1035-1052.

Selwyn, B. 2019. "Poverty chains and global capitalism". *Competition & Change* 23(1): 71-97.

Selwyn, B. 2022. "Labour and development". Veltmeyer, H. and Bowles, P. eds: 225-232.

Solingen, E. ed. 2021. *Geopolitics, Supply Chains, and International Relations in East Asia*. Cambridge Univ Press.

Song, H. 2019. "From Getting the Development Question Wrong to Bringing Emancipation Back In: Re-reading Alice Amsden". *Development and Change* 50(6): 1554-1578.

Song, H. 2020. *The State, Class and Developmentalism in South Korea*. Routledge.

Sperber, N. 2019. "The many lives of state capitalism: From classical Marxism to free-market advocacy". *History of the Human Sciences* 32(3): 100-124.

Stubbs, R. 2017. "The Origins of East Asia's Developmental States and the Pressures for Change." Carroll, T. and Javris, D. eds: 51-71.

Thurbon, E. 2014. "The Resurgence of the Developmental State: A Conceptual Defence". *Critique Internationale* 63(2): 59-75.

van Apeldoorn, B. and de Graaff, N. 2021. "The State in Global Capitalism Before and After the COVID-19 Crisis". *Contemporary Politics* 28(3) https://doi.org/10.1080/13569775.2021.2022337

Veltmeyer, H. ed. 2010. *Imperialism, Crisis, and Class Struggle: The Enduring Verities and Contemporary Face of Capitalism.* Brill.

Veltmeyer, H. and Bowles, P. eds. 2022. *The Essential Guide to Critical Development Studies.* 2nd ed. Routledge.

Wade, R. 2018. "The Developmental State: Dead or Alive?" *Development and Change* 49(2): 518-546.

Weber, I. 2023. "State Capitalism, Imperialism and China: Bringing History Back In". *Environment and Planning A.* forthcoming.

World Bank. 1993. *The East Asian Miracle: Economic Growth and Public Policy.* Oxford University Press.

Yeung, H. 2014. "Governing the Market in a Globalizing Era: Developmental States, Global Production Networks and Inter-firm Dynamics in East Asia". *Review of International Political Economy* 21(1): 70-101.

Yokokawa, N. 2020. "Re-emergence of Asia and the Rise and Fall of the Japanese Economy in Super Long Waves of Capitalist World Systems". *Journal of Contemporary Asia* 50(2): 194-227.

Yokokawa, N. et al eds. 2016. *The Rejuvenation of Political Economy.* Routledge.

제4장

동아시아 자본주의를 마주하기: "글로벌공장"에서 "노동의 대륙"으로[1]

장대업(서강대학교 글로벌한국학과 교수)

1. 들어가며

동아시아가 경제성장과 수출제조업 측면에서 세계에서 가장 역동적인

---

1 이 장에 등장하는 일부 논의는 다음과 같은 저자의 출판물에 등장하는 부분들을 이 장의 내용에 맞게 수정, 보완한 것이다. Chang, D. O. 2022. 'The Continent of Labour and Uneven Development: The Making of Transnational Labour Regimes in East Asia', In Baglioni, E., Campling, L., Coe, N. M. and Smith, A. (eds.) *Labour Regimes and Global Production. Newcastle: Agenda Publishing*, pp. 137-153; 장대업 2018. 「한국 혹은 동아시아 자본주의에 대한 몇 가지 외부적 시각에 관하여」,《마르크스주의 연구》, 15권, 1호; 장대업 2018 「발전의 발명과 변태 (Metamorphosis): 인공적 구성물로서의 발전개념에 대한 비판적 고찰」,《경제와 사회》, 120호.

지역이 되었음은 이제 의심의 여지가 없다. 2010년대 말에 이르면 동아시아는 세계 제조업 수출가치의 3분의 1 이상을 생산하고, 그 어떤 개발도상지역보다 해외직접투자를 많이 유치하며 다른 개발도상지역보다 2배 이상, 선진국 집단보다 7배 이상 빠르게 성장하고 있다.[2] 현재 '글로벌공장'으로 불리는 '동아시아의 부상(the rise of East Asia)'은 동아시아에 대한 학문적 이해도 변화시켰다. 2차 세계대전 이후 동아시아의 발전(혹은 저발전)을 주제로 다룬 전통적 문헌들은 근대화 이론(Rostow 1959, 1995)의 영향을 받아 '문명적 후진성' 극복을 위해 서구를 필사적으로 모방하는 동아시아 국가들로의 자본주의 확산 가능성에 초점을 맞췄다. 경제성장과 산업화가 몇몇 지역에서 관찰되자, 유럽과 북미의 학계에서는 떠오르는 글로벌공장 동아시아에 대한 보다 진지한 관심들이 생겨났고 이 글에서 '글로벌공장 문헌(global factory literature)'이라고 총칭하는 연구들이 나오기 시작했다. 산업화를 촉진하기 위해서 각종 비시장적 정책들을 사용해온 동아시아 국가들을 '발전국가'로 파악하는 연구가 등장한 것도 이 시기이다(Amsden 1989; Haggard 1990; Johnson 1982; Wade 1990). 발전국가론으로 대표되었던 초기 '글로벌공장 문헌'은 동아시아를 세계자본주의에 대한 학문적 논의에 다시 끌어들여 이 글로벌공장이 세계자본주의의 체제를 위해 무엇을 얼마나 어떻게 생산하게 되었는지 효과적으로 다루었고 동아시아 신흥국들이 보여준 경제성장에 긍정적 의미를 부여하였다. 결함보다는 강점에 무게가 실리고, 억측보다는 실증적 연구에 기반한 연구라는 점에서 이 문헌들은 '아시아적 생산양식(Asiatic mode

---

2 따로 표기되지 않는 한 이 문서에서 사용되는 모든 국내총생산과 해외투자 관련 수치들은 IMF World Economic Outlook Data와 UNCTAD Data Centre의 통계에 근거한다.

of production)', '동양적 전제정(oriental despotism)' 등의 조급한 이론적 프레임을 통해 정체되고 내향적인 지역으로 동아시아를 묘사했던 근대 유럽 사상가들의 시각, 이들을 계승하여 20세기 동아시아를 여전히 세계자본주의 외부에 존재하는 전통사회로 보고자 했던 냉전시기 동아시아 저발전론을 한 단계 넘어선다. 그러나 이때까지만 해도 동아시아 신흥경제국의 발전은 여전히 정상적인 상황에서는 일어나지 말아야 할 일, 즉 하나의 '기적'으로 묘사되었고 그러므로 호랑이나 용과 같이 신화 속 동물들로 신비화되곤 했다. 1990년대까지 유행했던 이러한 초기 '글로벌공장 문헌'은 동아시아의 저발전(underdevelopment)이라는 '어두운' 과거가 경제성장을 통해 극복되었다고 보았기에, 1) 발전을 단일한 양식을 가진 것으로 간주하며 2) 유럽 혹은 북미의 모델 창조자들과 구분되는 변방의 '타자' 이미지를 끊임없이 생성하고 3) 이 정체된 타자들의 후발 발전의 성공 혹은 실패를 창조자의 원조모델과 견주어 평가하는 세계사에 대한 유럽중심적이고 오리엔탈리즘적 관점에서 자유롭지 않았다 (Berger 1996, 2004; Cumings 2005; Palat 2000).

20세기의 동아시아에 대한 이러한 '기적' 문헌과는 달리, 최근의 '글로벌공장 문헌'들은 동아시아의 부상을 '부활(resurgence)'로 묘사하고 동아시아 또는 아시아 '세기'의 도래를 예측한다(ADB 2011; Gill and Kharas 2007; Mahbubani 2009; Mason and Shetty 2019). 예를 들어, 아시아개발은행은 '아시아 세기'(the Asian Century)를 맞이하여 아시아가 2050년까지 세계 GDP의 절반 이상을 생산하고 세계의 저개발국들을 빈곤에서 구제하는 데 더 중요한 역할을 할 것이라고 주장한다(ADB 2011: 31). 일부 논평가들은 21세기를 동아시아가 세계경제의 방향을 바꾸거나(reorient) 혹은 다시 '동양화'(reorientalise)하는 시대로(Frank 1998), 혹은 현대의 신자유주의 발전에 대한 민중적이고 지속가능한 대안을 생산해내는 시대로 인식했다(Arrighi 2007). 그렇게 함으로써, 동아시아에 관한 21세기 '글로벌공장 문헌'은 서구 진출 이전 동아시아 고유의 역동적인 성격과 현대 자본주의 발전의 세계화의 필수적인 부분으로서 동아시아가 수행하는 적극적인 역할을 인정하고 있다. 그러나 최근의 '글로벌공장 문헌'이 동아시아에 대한 오리엔탈리즘적 혹은 유럽중심적 이해를 온전히 극복하는 것은 결코 아니다. 이들 중 다수는 여전히 냉전기 동아시아 저발전론부터 일세대 글로벌공장 문헌들까지를 관통했던 유럽에 대한 타자성(otherness)찾기에 과도하게 몰두한다. '글로벌공장 문헌'은 흔히 시장을 길들이는 전제적 국가기구, 유교적 직업윤리와 기업가 정신, 혹은 조화로운 발전을 향한 아시아적 성향들과 같이 상상된 동아시아 자본주의의 특수성을 과장하고 또 다른 신화를 만들어낸다. 대부분의 글로벌공장 문헌들은 세계자본주의를 여전히 홀로 근대성을 획득한 유럽에서 형성되어 이후에 세계로 확산(diffusion)한 것으로 묘사하며 아시아적 특성들이 이러한 확산과정과 결합한 결과로 서양의 '진짜' 자본주의와 대조되는 아시아적인 자본주의를 만들었다고 보거나 아니면 아예 아시아는 유럽의 근대성과 자본주의에 평행우주를 구성해온 것으로 상상하기도 한다.

동아시아에 대한 영미권의 신·구 논평가들이 공유하는 또 다른 문제는 자본중심적 역사서술이다. 이들은 동아시아를 '글로벌공장'으로 묘사하면서 눈부신 경제성장을 유일한 관심사로 삼는 오래된 습관으로 인해, 혹은 쇠락한 서구자본주의를 대체할 동양적 대안에 대한 과도한 열망으로 인해 동아시아의 발전과정의 모순적 측면을 인식하지 못한다. 특히나 '글로벌공장'의 성장을 뒷받침하는 가장 극적이고 모순적인 사회변동, 즉 동아시아 노동의 양적, 질적 변화는 최근의 글로벌공장 문헌에서도 거의 완전히 무시당해 왔으며 학문적 탐구대상이 되지 못해왔다. 동아시아의 노동인구는 지난 40년 동안 약 7억 6,400만 명에서 12억 명으로 증가했고 2017년 현재 전 세계 노동인구의 약 35%가 일하고 있는 동아시아는 말 그대로 「노동의 대륙」으로 간주되어야 한다.[3] 하지만 이 문헌들이 시도한 '동아시아를 글로벌 역사 속으로 되돌려 놓는 작업'(bring East Asia back in Global History)은 동아시아의 국가와 자본을 차례로 돌려 놓았을 뿐 노동은 뒤에 남겨놓았다. 이 점이 바로 동아시아 자본주의를 분석하는 하나의 대안적 접근법으로서 「노동의 대륙」이 필요한 이유이다.

이 글은 글로벌공장 문헌으로 대표되는 오리엔탈리즘적, 자본과 유럽 중심적인 동아시아 자본주의의 역사서술(Orientalist, Capital-centric, Euro-centric historiography of East Asian capitalism)을 비판하고 이에 대한 대안으로 「노동의 대륙」이라는 탈식민지적 마르크스주의 역사서술(post-colonial Marxist historiography)을 제시한다. 새로운 역사서술의 과제와 필요성, 그 배경을 보기 위해 이 글은 일세대 글로벌공장 문헌인 '발전국가론'에서 시작해서 20세기 중반에 흥행했던 '국제적 개발담론'과 '근대화 이론'에 내재되었던 '동아시아 전통사회론', '동양적 전제정' 논의를 비판적으로 검토한다. 각기 다른 시기에 성행했던 이 논의들은 서로 구분되지만 '경제 기적' 이전의 동아시아를 바라보는 시각, 그리고 전지적 국가 대 복종적 사회라는 이분법에 집착하는 측면에서는 서로 닮았고 이의 원류는 근대 이후 생성되어 식민주의 시절에 성행했던 아시아에 대한 19세기적 프레임이다. 이 글은 20세기 이전의 아시아 역사서술의 역사를 거슬러 올라가 전통과 근대 사이의 시간적 파열과 서양과 '나머지' 사이의 공간적 차이에 근거한 서구의 세계인식으로서의 19세기적 프레임의 생

---

3 동아시아 노동인구 수치는 세계노동기구 ILOSTAT의 동아시아 국가통계를 합산한 것임.

성을 살펴본다. 19세기에는 마르크스 조차 이러한 프레임에 대한 분석적 대안을 제시하지 못했다는 것을 확인할 수 있지만 동시에 그가 프롤레타리아가 보여주는 노동의 행위자성을 연상시키는 보통 아시아인들의 행동을 마주했을 때 '역사없는 대륙'에 대한 자본의 혁명적 역할에 주목하던 기존의 아시아관에서 이탈하고 있다는 점도 사실이다.

　마르크스의 한계와 변화는 양자 모두 「노동의 대륙」이라는 역사서술에 하나의 단서가 된다. 그는 자본주의 주변부에서 벌어지는 일들이 중심부와 긴밀하게 연결되어있음을 인식하기 시작했고 불변의 촌락공동체와 전지적인 국가, 혹은 자본이 수행하는 혁명적 역할이 아니라 아시아의 지각변동 속에서 발현되는 아시아 인구의 행위자성(agency)에 점차 관심을 기울였다. 「노동의 대륙」은 아시아를 하나의 세계적 총체로 존재하는 자본주의의 내적 구성으로 인식하고 아시아 고유의 변하지 않는 특성이나 자본의 역할이 아니라 아시아의 변화하는 사회관계와 그 속에서 발현하는 일반대중의 행위자성에 주목함으로써 마르크스가 정립하지 못한 역사서술의 방법을 도모한다. 「노동의 대륙」은 세계시장을 위한 상품을 생산함으로써 세계자본주의를 쌓아올렸으며, 동시에 노동의 행위자성을 통해 동아시아의 세계사적 과정을 조건 지어온 동아시아 노동을 중심에 둔 역사서술이다. 이 역사서술은 식민주의 이래 동아시아 전역에 걸친 노동의 변화와 노동의 행위자성이 지역과 세계자본주의 발전과 주고받은 상호작용을 고찰한다. 그렇게 함으로써 이 역사서술은 노동의 양적, 질적 그리고 지리적 변화가 어떻게 동아시아 대륙의 불균등한 발전의 기원으로 작동하는지를 추적하는 동시에 동아시아 자본주의발전을 세계자본주의에 내적으로 연결되어있고 세계자본주의 발전만큼 모순투성이인 과정으로 묘사하고자 한다.

2. 첫 번째 조우

아시아대륙 동반구의 경제적 부상은 1960년대 한국, 대만 등 동북아 신흥경제권이 수출지향 산업화 모델을 따르기 시작하고 1980년대에 이르러 소비재생산의 국제적 중심지가 되었을 때 비로소 국제적 주목을 받게 되었다(Berger and Hsiao 1988; Deyo 1987; Gordon 1988; Hughes 1988). 1980년대 이후 동남아시아 국가들과 중국도 수입대체중심에서 수출지향적 산업화로 옮겨가면서 고성장에 동참하기 시작했다. 이러한 거시적인 지역의 산업화양상에 대한 국제적 관심은 동북아시아와 동남아시아에 걸친 경제발전의 양식을 찾고자 했던 세계은행의 1993년 보고서 『The East Asian Miracle』로 이어졌다(World Bank 1993). 비록 그 보고서가 '시장친화적' 국가개입이 동아시아 발전의 비결이라는 원론을 재확인하며 국가주의와 신자유주의의 정치적 타협으로 마무리되기는 했지만, 세계은행이 한 가지는 바로 본 것으로 보인다. 아시아대륙을 둘러싼 식민주의와 냉전이라는 지정학이 아시아 동반구의 여러 지방에 극동(Far East), 동아시아(East Asia), 동남아시아(Southeast Asia), 인도차이나(Indo-China) 등 각기 다른 이름들을 임의로 가져다 붙였음에도 불구하고(Emmerson 1984; Holcombe 2001), 이들 지역이 '동아시아'로 포괄될 만큼 의미 있는 연결고리와 공통적 특성을 보여주기 시작했다는 점이다. 더불어 이러한 공통적 특징들이 글로벌공장 문헌 이전에는 동아시아의 발전에 부정적 요소들로 파악된 반면 이제는 동아시아의 자본주의 발전에 긍적적인 것으로 보이기 시작했다. 이중 가장 주목받은 것은 산업정책을 사용하는 개입주의적 국가기구들이었고 세계은행 보고서가 어정쩡하게 인정한 이들 국가의 특징은 동아시아의 발전과정에 대한 영미권 학계의 논의에서 많은 관심을 받으며 소위 발전국가(the developmental state)로 이론화 되었다. 이 이론이야 말로 일세대 글로벌공장 문헌이다.

　발전국가 이론은 동아시아 경제 전반과 특히 국가-기업 관계에 대한 상세한 연구를 한 엘리스 암스덴(Amsden, 1989), 피터 에반스(Evans, 1995), 스테판 하가드(Haggard, 1990), 찰머스 존슨(Johnson, 1982), 로버트 웨이드(Wade, 1990), 장하준(Chang, H. J., 2006)과 같은 '국가주의적 접근'(statist approach)으로 분류 할 수 있는 학자들에 의해 추진되어왔다. 그들은 1970년대 부터 선진국들의 축적위기와 제3세계의 부채위기로 인해 선진국의 케인즈주의적 개입국가와 제3세계의 국가주도발전이 그 효과성에 대한 신자유주의의 공격을 받으며 쇠퇴하고 있는 반면, 일본, 한국, 대만 등 동아시아에서는 국가주도 발전이 다른 종류의 발전양식을 만들어가고 있다는 점에 주목한다. '동아시아의 발전국가'(East Asian Developmental State)라는 개념은 찰머스 존슨(Chalmers Johnson)이 1982년 일본의 산업화와 국가의 역할에 관해 서술한 연구서에서 처음으로 거론되기 시작한다. 이러한 동아시아의 국가는 산업 정책을 고안하고 시행할 수 있는 강력한 역량을 지니고 경제발전과정에 적극적으로 개입하는 경향을 가진다. 이들 국가들은 또한 경제의 민간주체들을 계획된 목표를 향해 나가도록 동원할 힘, 조직적인 응집성, 그리고 자율성을 가진 국가들이다. 이들은 부채를 상환했고, 산업화의 사다리를 성공적으로 올랐으며, 노동자를 교육하고 농업을 개혁한, 한마디로 말해 발전한 효과적인 국가들이었다(Radice, 2008: 1166). 일본 경제는 한국전쟁 중 빠르게 2차대전 패전의 충격으로부터 회복되었고 1960년대에는 연평균 10%의 놀라운 성장률을 달성하면서 십년도 되지 않아 세계 2위의 경제 대국이 되었다. 하지만 일본은 동아시아에서 오랜 기간 예외적인 지역으로 간주되었고 스스로 제국주의 대열에 합류함으로써 이 예외성을 입증 받았기 때문에 일본의 경제 '기적'은 동양에서 다소 예외적인 것 혹은 비아시아적인 것으로 간주되었다. 동아시아 발전모델에 대한 세간의 관심은 예외 없이 아시아적인 곳으로 여겨졌던 4개의 '호랑이'경제권이 일본의 경제 기적에 합류한 뒤에 증가하기 시작하였다. 심지어 '후진적이고 미개한' 중국의 변방에 자리하여 아시아에 대한 고전적 평론가들의 관심조차 끌지 못했던 한국과 대만은 1961년부터 1980년 사이에 각각 평균 9.2%와 9.5%의 놀라운 연평균 GDP 성장률을 보여주었다. 이들은 농업사회에서 산업사회로 재빠르게 변모하였고 특히나 수입대체와 상반되는 산업화 전략으로 여겨졌던 수출주도 산업화를 추구하였지만 수입대체에 성공하고 세계시장에 대한 장악력도 증가시켰다. 홍콩과 싱가포르처럼 중국인 이주자들의 변방 도시국가들도 제조업 중심을 거쳐 동아시아 금융자본의 허브가 되었다.

이들의 발전 경험에서 중요한 것은 그 과정이 사적 행위자에 의해서가 아니라 매우 효과적인 국가에 의해 주도된 것처럼 보였다는 것이다(Önis, 1991). 한편으로는 관료조직들의 응집력 있는 집합체로서의 국가가 가진 자율성과 강력한 관료체계에 주목한 스카치폴(Skocpol, 1985) 등의 제도주의 정치학파에 의해서 영향을 받고 다른 한편으로는 발전, 특히 후발발전에서 국가의 역할을 강조한 거셴크론(Gershenkron)과 리스트(List)의 고전적 저작물에 의존한 후발발전의 이론에 영향을 받은 발전국가 이론의 주창자들은 동아시아 개발에서 드러난 국가의 역할과 형태에 관한 많은 실증적 연구들을 생산했다. 이 연구들은 시장을 보족하는 자유주의 국가의 역할을 훨씬 뛰어넘는 역할을 국가가 할 수 있음을 증명하고자 했다. 그들에게 동아시아 국가는 "지속적인 산업화를 지원할 수 있는 경제적이고 정치적 관계를 창조하고 규제 할 수 있는 역량을 갖추고 있는"것으로 파악되었다(Chang, H. J., 1999: 183). 이러한 국가들이 경제발전에 대한 강력한 결의를 가지고 있고 내적 응집력을 가지고 있다고 전제한다면, 경제성장은 국가적 발전목표를 위해 수요와 공급을 증대시키고, "가격을 잘못 설정되게" 하거나(Amsden, 1989: 149), "시장을 효과적으로 통치"하는(Wade, 1990) 국가의 개입에 크게 의존할 수 있는 것으로 여겨졌다. 발전국가 이론은 동아시아 현대 경제발전에 대한 최초의 심도 있는 실증 연구였다. 발전국가 이론이 발견한 것은 동아시아가 그 자체의 내적 역동성을 가진다는 사실뿐만 아니라 이러한 역동성이 발전에 방해보다는 도움이 된다는 것이었다. 18세기 이래 처음으로 '동아시아의 무언가'가 긍정적으로 제시된 것이다.

이 이론은 세계사의 별로 주목받지 못한 관객으로 존재해온 동아시아를 세계사의 특별한 주체로 변화시켰다. 그러나 발전국가 이론은 동아시아 발전의 내적 및 외적 모순을 등한시함으로써 동아시아 발전과정을 심각하게 왜곡된 모습으로 표현한다. 외적으로 이 이론은 실제로 존재하는 발전국가의 뒤틀어지고 굴절된 세계사적 맥락을 과소평가한다. 20세기의 모든 성공적인 발전국가들이 그 전성기에 실제로 반(半)주권 국가였음을 기억하는 것은 중요하다. 자본축적을 위한 자원 및 시장 접근을 전제로 한 일본과 신흥산업국들의 초기 발전은 독립적인 발전국가가 그 관료집단의 우수성과 지도력으로 독립적 발전을 추구한 결과는 아니었다. 오히려 동아시아가 미국 주도의 냉전 시대 자본주의 발전의 필수 불가결한 부분이 된 결과였다(Berger 2004; Cho, 2000; Cumings, 1987; Hart-Landsberg, 1993; Pirie, 2007; Stubbs. 1999; Gray, 2014).[4] 하나의 폐쇄된 단위로서 '국익 수호자'의 역할을 해왔다는 동아시아 발전국가의 이

---

4 한국과 대만은 미국의 자국에 대한 영향력을 인정하는 대신 1946년에서 1978년까지 약 185억 달러의 경제/국사원조를 미국으로부터 받았다(So and Chiu, 1995: 194). 이 시기에 한국이 받은 유무상원조 60억 달러는 미국이 같은 기간 전체 아프리카 대륙에게 내어준 60.89억 달러보다 약간 적을 뿐이다(Cumings, 1987: 67).

미지와는 달리 실제 발전국가들은 세계자본주의와 아시아의 냉전스웻숍(Cold-War Sweatshops)에서 일하는 노동(Chang, 2015: 13)을 연계하는 냉전 자본주의 체제의 내적 계기로 존재했고 그렇게 함으로써 세계자본주의의 능동적 주체가 될 수 있었다. 소위 동아시아 발전국가에서 특히 중요했던 것은 이들이 불균등한 세계자본주의 발전에 진정으로 필수적인 한 부분이었고 그 부분이 되는 고통의 댓가로—고통에 희생된 것은 물론 노동계급이다—자본축적이라는 혜택을 얻었다는 것이다.

이 이론이 동아시아에서 생산의 사회적 관계들과 세계자본주의와의 내적 연결성과 상호작용을 외면하고 동아시아의 '원주민'의 독특한 내부적 특성에만 착목하는 것은 이미 상당한 문제가 있다. 하지만 보다 심각한 문제는 아마도 이론적으로 가공된 이상적이기 짝이 없는 강력하고, 자율적이며 결집력 있는 국가유형에 짜 맞추기 위해 **잘못된 종류의** 내적 특성에만 집착하는 것이다. 발전국가론이 파악하는 동아시아 발전체제의 내적 특성은 사실상 매우 단순하게 요약될 수 있는데 1) 동아시아의 발전원인은 국가의 효율적인 시장개입에 있고, 2) 이 발전국가의 시장개입 능력은 국가와 시장/사회주체 간의 독특한 관계에 근거하며, 3) 이 독특한 관계는 결국 국가기구를 구성하는 지도자와 관료들의 능력에 기인한다고 하는 것이다. 따라서 발전국가이론은 먼저 국가와 시장 간의 관계에서 작동한 국가의 금융장악. 개발부처의 강력한 권한, 전략적이고 선택적인 국내외 자본의 배치, 국가전략산업의 고안을 비롯한 개발계획, 각종 보조금과 인센티브, 세금의 감면 등 산업정책들의 존재를 확인하고 여기에서 다시 국가기구와 이들이 고안한 정책들을 충실히 수행한 민간자본 간의 관계를 국가의 자율성이라는 개념으로 파악하며, 최종적으로 민간에 대한 국가자율성의 이유는 국가를 이루는 구성원의 능력으로 파악한다(Chang, D-O., 2013: 87-89).

이들이 동아시아의 발전과정의 특색을 파악하고 여기에서 발견된 국가의 형태를 정의하기 위해서 출발점으로 사용하는 것은 국가와 시장 간의 관계로서 이는 이들이 비판하고자 했던 주류 신자유주의가 사용하는 이분법적 관계와 동일한 것이다. 국가와 시장 간의 관계는 일종의 제로섬 힘의 관계로서 발전국가처럼 국가주도적 발전에서는 자본의 배치, 배분과정에서 국가가 차지하는 역할은 시장보다 우위에 있다. 반대로 자유주의적 국가는 시장에게 이 과정을 맡겨두고 최소한의 역할만 수행한다. 동아시아 발전국가의 특징은 이러한 관계에서 전자를 따르되 이를 경제발전에 효과적인 방식으로 수행했다는 점이다. 발전국가이론은 이제 효과적인 국가개입의 '원인'도 파악해야 한다. 그러기 위해서 발전국가이론은 사회와 자본으로부터 '자율성'을 발전국가의 특징으로 내세우는데 이 자율성 개념의 도출은 국가-사회관계의 특별한 국면 즉 '비즈니스-정부 관계' 혹은 기업인과 공무원 간의 관계를 독점적으로 바라보고 여기에서 국가형태의 특징을 이끌어내는 경우에만 가능하다(Chang, 2013: 88). 시장에 대한 국가의 우위라는 가정에서 출발한 이 도출과정에서 높은 수준의 추상인 국가-시장관계 혹은 국가-사회관계는 정부-비즈니스, 공무원-기업인 관계라는 구체적인 관계와 혼용된다. 그 외에 자본주의적 발전이 기반하고 있는 주요 계급적 사회관계, 즉 노동-자본관계, 노동-국가관계는 부차적인 환경으로만 드러난다. 그나마도 이들 관계들이 국가와 발전의 성격을 파악하는 데 가장 중요한 국가와 '자본관계의 재생산' 사이의 관계라는 맥락에서 고려되지 않기 때문에 이들 관계는 계급관계로부터 탈구된 독립적인 다원주의적 사회 행위자 간의 관계로만 파악될 뿐이다(Chang, 2013: 92).

자본주의 국가의 성격이 사회관계의 일반적 재생산에서의 국가의 역할과 관련지어 정의되는 것이 아니라 그 특정한 계기로부터 도출되기 때문에, 이 이론은 동아시아 국가가 가지고 있는 노동 착취적 본성뿐만 아니라 자본주의 국가의 일반적 성격을 완전히 설명하지 못한다. 최종적으로 이러한 방법론적 조야함과 일관성의 부재는 이 이론이 정부의 사적 비즈니스로부터의 우위를 정부기구를 장악한 개인들의 특질에서 도출하게끔 한다. 관료들이 제공한 '비전'과 이들이 추구한 '제도구축' 혹은 '자유시장을 좋게 보지 않는' 정치지도자들의 '고도로 계산된 정치적 움직임'과 '제도적 개선' 그리고 이들의 '산업적 업그레이드를 향한 헌신'이 자본가들과 수많은 농부들, 산업노동자들을 국가재건을 위해 헌신하게 만들었다고 주장하는 것이다(Chang, H. J., 2006: 95-102). 그렇다면 어찌해서 이러한 개인들이 그러한 비상한 능력을 지니게 되었는가에 대해서 이들이 제공하는 설명은 고작해야 지도자들을 선발하는 '엄격한 채용제도' 정도이다(Weiss and Hobson, 1995: 165). 이러한 '훌륭한 지도자 이론'은 물론 엄밀하게 말해서 발전과정과 자본주의적 국가의 성격에 대한 사회과학적 분석이 아니다.

신자유주의의 주된 반대자로 알려진 이 이론은 발전과정 일반과 국가형성을 설명함에 있어 계급과 계급투쟁의 역할을 체계적으로 경시하는 점에 있어서는 신자유주의와 한 쌍을 이룬다. 그러한 경시로 인해 신자유주의가 시장을 다루는 방식의 문제점은 발전국가이론이 국가를 다루는 방식에서 그대로 재현된다. 신자유주의자들은 계급 간 각축이 벌어지는 시장을 지배하고 유지하는 자들이 가지고 있는 계급적 힘—즉, 자원을 배치하고 노동력을 동원하며 이윤을 창출 배분하며 사람을 굶기고 먹이는 힘—을 시장이라는 제도가 가지고 있는 원천적인 기능과 특성으로 파악함으로써 시장을 계급관계와 무관한 순수하고 중립적인 제도로 물신화한다(Chang, 2013: 94). 결과적으로 시장은 그것이 수행하는 효율적인 자원의 배치 여부에 따라서 그 능력이 파악될 뿐인 계급중립적인 제도로 이해된다. 똑같은 이분법적 방법론을 사용하는 발전국가론에서는 시장 대신 국가에게 이런 위치가 부여된다. 즉 계급투쟁의 각축장으로서의 국가를 지배하고 유지하는 자들이 가지고 있는 계급적인 힘을 국가라는 제도가 가진 원천적인 기능과 특성으로 파악함으로써 국가의 계급적 성격을 은폐하고 국가를 계급 중립적이고 독립적인 실체로 물신화한다. 이렇게 함으로써 이 양대 이론은 국가와 시장이라는 제도를 유지하고 있는 동일한 계급적 사회관계가 표면으로 드러나지 못하게 한다.

이러한 이론화에서 시장은 계급관계를 다른 소득 원천의 소유주들 사이의 기술적 관계로 제시하는데, 그들 각각의 기능은 자신이 소유한 특정 상품, 즉 토지, 자본, 노동으로부터 즉자적 추상(immediate abstraction)을 통해 자연적인 것으로 주어진다. 이것이 바로 주류 경제학에서 열심히 표현하고자 하는 시장의 이상적인 모습이며 마르크스가 비판하고자 했던 삼위일체 공식(trinity formula)이다. 다른 한편으로, 국가는 계급관계를 개개인의 시민 또는 다른 이해 집단들로 치환하여 이들을 자신들이 속한 계급의 이해와 무관한 사람들로 만든다. 이것은 선거 과정에서 자유주의적인 정치인들이 줄곧 시도하는 것이다. 시장과 국가를 통한 사회관계의 전도, 그리고 이 전도된 사회관계를 실제로 표현하는 주류 경제학과 자유주의적 정치인들에 의해 불평등한 사회적 관계는 신비화되며 시장과 국가는 계급 중립적 제도로 나타난다. 그리고 이러한 개념이 발전국가 이론에서 사용하는 시장과 국가의 개념이다. 이러한 계급에 눈먼(class-blinded)이론화를 통해 발전국가론은 동아시아의 특정한 국가 형태의 형성과정에서 벌어진 계급들 간의 갈등적 관계를 감추고 계급과 국가형성, 자본주의적 발전의 성격 간의 상호작용을 역사에서 삭제한다. 한국을 비롯한 실제로 존재하는 발전국가들은 미국에게 양도하고 난 주권의 나머지 절반을 독점하고 이것을 미국과 유럽의 노동자들에 의해 소비될 제품을 만드는 수출 산업을 위해 일하는 노동인구를 쥐어짜기 위해 사용했다(Deyo, 1987; 1989). 자국 노동자들의 소비력을 끌어올릴 필요가 없었던 산업화를 추구하던 한국과 다른 주변부 경제들에서 노동은 더딘 임금상승과 지체된 사회복지, 실종된 노동권의 피해자였다. 한국의 실질 임금은 발전국가의 전성기에는 거의 정체되어 있었고 형식적 민주주의와 노동운동의 발전과 함께 발전국가가 쇠퇴하기 시작한 1980년대 후반부터 상승하기 시작한다. 이 과정의 최고 수혜자는 발전국가가 자율성을 실천한 대상이라고 여겨지는 자본이었음은 분명하다.

이렇듯 1세대 글로벌 공장문헌은 국가와 시장이라는 두 개의 '신비화 제도들'(mystifying instituions)이 제시한 사회적 관계를 그대로 받아들이며 두 제도의 바탕에 갈려있는 사회적 관계의 근본적인 본질에 의문을 제기하지 않는다. 단지 개별 시민의 정당한 대표자로서의 국가가 다양한 수입원의 관계, 배분 또는 동원에 개입하는 방법에 대해서만 주목할 뿐이다. 이러한 이론화의 피상적이고 보수적 성격은 그것이 생성하는 개발 모델의 함의에 분명히 반영된다. 이론의 분석 틀에서 빠져있는 노동계급과 같은 사회적 행위자들은 이 이론이 추구하는 개발 모델에서 아무 역할이 없거나 있더라도 수동적인 것에 그친다. 예를 들어 노동자는 자본주의적 발전의 열매가 일반 대중에게 낙수될 때까지 열심히 일하는 것 외에 다른 역할을 가지지 못한다. 신자유주의의 이론과 마찬가지로 발전국가론은 젠더라는 현대사회의 중요한 불평등의 근원에 대해서도 침묵한다. 신자유주의 이론에서 시장이 젠더중립적으로 혹은 젠더없는 제도로 드러나듯이 발전국가론은 젠더 중립적인 효율적인 자원배치 제도 혹은 행위자로서 국가를 묘사하면서 발전국가가 착취했던 불평등한 젠더관계를 중성적 행위자들 간의 관계로 치환, 왜곡한다. 동아시아에 실재로 존재하는 발전주의적 국가들이 초남성성 국가(the hypermasculinist state)였다는 점은 국가의 화려한 경제개입의 업적 뒤에 감추어진다(Han and Ling 1998; Kim, H., 2001; Kim, M., 2011).

3. 동아시아 전통사회론과 동양적 전제정

동아시아 발전의 독특한 내적 특성에만 초점을 맞춤으로써 발전국가론은 동아시아 자본주의를 세계자본주의의 타자로 그려내는 경향이 있다. 이 오리엔탈리즘적 성향은 이 일세대 지구공장 문헌이 여전히 동아시아의 자본주의적 발전을 하나의 "기적"으로 그리고 있다는 점에서 더 확고하게 드러난다. 기적이란 일반적인 상황에서는 벌어지지 않는 어떤 것을 의미한다. 이 일반적인 상황은 식민주의부터 2차 세계대전 이후에 이르기까지 제삼세계가 공유한다고 여겨졌던 일반적인 저발전의 조건, 즉 '전통사회'(traditional society)를 의미한다. 일세대 지구공장 문헌은 기적이 일어난 원인을 특정 국가의 존재로 설명하고 이를 동아시아를 역동성으로 파악하지만 '기적' 이전 원래의 동아시아 사회에 대한 이해에 있어서는 동아시아 '전통사회론'과 같은 20세기 초반 서구적 이론화의 특징을 그대로 계승한다. 일 세대 글로벌공장 문헌은 더 나아가 국가를 사회를 움직일 수 있는 전지적(almighty) 기구로 묘사하며 일반 노동대중은 국가의 힘에 종속된 존재로 취급한다는 점에서 동아시아의 경제 기적 이전에 유행했던 '동양적 전제정' 이론을 닮았다.

세계사를 '전통'과 '근대' 사이에 일어난 '시간적 파열'(temporary rupture)에 근거해 서술하고, 다시 세계를 이 파열을 경험한 '서구'와 '나머지(the rest)' 지역 사이의 공간적 차이를 통해 양분해 이해하는 관점은 오래된 서양 사회과학의 전통이다(Bhambra 20207). 이러한 전통에 따르면 정치적, 산업적 혁명을 통해 등장한 공화정, 근대 국민국가, 자본주의적 산업화를 기준으로 서양사 연구에 있어서는 이러한 일들이 벌어진 내재적 조건에 대한 고찰과 설명이, '나머지' 지역사 연구에서는 이러한 일들이 벌어지지 않은 내재적 조건에 대한 고찰과 설명이 학문적 관심사를 지배해왔다. 서구와 나머지는 시간적으로, 또 공간적으로 구분되어 각각의 역사를 가진다. 식민지배는 우월한 역사적 터널을 지나온 서구가 열등한 역사적 궤적에 머무르던 '나머지'를 계도하거나 지배한 것으로 묘사된다. 이러한 이해에 따르면 유럽과 북미 이외의 지역에서 근대성이 발견되지 않는 이유는 이들 사회가 유럽, 북미와 함께 현재를 공유하고 있음에도 불구하고 이들이 '시간적 파열' 이전의 서구처럼 전통사회에 머무르고 있다는 것이었다. 19세기에 태어나 20세기까지 왕성하게 활동한 뒤르카임과 퇴니스 등의 사회학자들은 이러한 모두 전통과 현대의 이분법을 각각 동양과 서양을 이해하는 것에 이용했고 동양은 근대의 전근대(pre-modern in modern times)로 규정되었다.

이러한 전통적 이분법은 20세기에 '발전'과 '저발전'(underdevelopment)의 이분법으로 진화한다. 시간적으로 근대와 전근대로 표현되고 지리적으로는 서구와 '나머지'로 표현되었던 이 세계사적 구분은 식민주의 시절 백인의 문명화 책무(civilising mission)담론의 근간이었고 20세기 식민주의 후반에 이르러서는 저발전지역(undeveloped areas)에 대한 '국제적 개발담론(international development discourse)'의 근간이 된다. 20세기에 들어서면서 19세기 서양의 자본주의 산업화 과정에서 발생했던 문제들, 특히 노동계급의 빈곤에서 발생하는 사회적 혼란을 치유하는 신탁자, 특히 국가라는 신탁자의 행위로 여겨졌던 '개발'은 근대성을 가지지 않은 비서구, 즉 저발전 지역을 먼저 발전한 신탁자의 행위로 개발한다는 국제적 개발담론으로 서서히 진화하였다(Cowen and Shenton 1996). 이러한 국제적 개발담론은 1895년에서 1903년 사이 영국의 식민장관을 지냈으며 '세계에서 가장 위대한 인종인 영국 인종'이 식민지를 개발하는 것은 영주가 그의 '영지를 개발하는 책무'와 동일하다 믿었던 제국주의자 조세프 쳄버레인(Joseph Chamberlain)에 의해 '제국적' 개발담론으로 20세기에 소개되었다(Winks 1963: 80). 그를 필두로 영국 식민주의자들은 식민지 개발에 대한 신념을 구체화 시켜나갔는데, 그 결과 식민지에게 식민모국이 개발성 차관을 제공할 수 있는 식민지 증권법(Colonial Stocks Act- 1877년에서 1900년에 걸쳐 도입), '팔레스타인과 동아파프리카 차관법'(Palestein and East Africa Loand Act - 1927년 완성)이 도입된다. 1929년과 1940년에는 각각 식민지발전법(Colonial Development Act)과 식민지 발전과 복지법(Colonial Development and Welfare Act)이 소개된다.

영국이 식민주의 시절 선도했던 이러한 '제국적' 개발담론은 식민시대의 마감에 따라 결실을 보지 못했고 냉전 시기 미국에 의해서 '국제적' 개발담론으로 완성된다. 이제 서구를 뺀 '나머지' 지역은 더이상 제국의 식민지가 아니라 국제사회의 일원인 독립국가였지만 그들은 식민지의 저발전이라는 표식을 그대로 물려받았다. 1949년 트루만(Harry S. Truman)이 미국의 33번째 대통령으로 취임하던 날 그는 20세기 후반기를 발전의 시대로 정의할 만한 야심찬 프로그램을 발표한다. 바로 트루만의 취임연설문의 네 번째 꼭지라는 의미로 포인트 포(Point Four)프로그램이라고 불리는 국제적 발전계획이다. 이 프로그램은 미국이 '산업기술과 과학 기술의 발전에 있어 최고의 수준에 도달'한 자유세계의 지도자로서 자유를 사랑하는 국가들을 지원하고 '저발전'된 국가들의 "인민들이 그들의 짐을 덜기 위해" "민주적이고 공평한 거래라는 개념에 기초한 발전 프로그램(a program of development)"을 제공할 것임을 천명하였다(Truman, 1949, 저자 역).

트루만은 이 연설에서 그가 말하는 발전의 내용에 대해서 모호함 없이 밝히고 있다. 그에게 발전이란 보다 "많은 식량, 더 많은 의복, 더 많은 주택", 그리고 기계적 생산력 등 물질적이고 양적인 것으로 표현된다. 이 연설에서 그는 향상과 성장, 발전을 동일시하고 식량, 의복, 주택과 기계적 생산력이 부족한 국가들을 저발전 지역의 성장이 '국제사회'의 당면한 과제라고 천명한다. 이 프로그램을 수행하기 위한 수단은 당시 전 세계 총생산의 절반가량을 담당하고 있던 미국이 확보하고 있던 지식과 기술, 자본투자, 협력, 그리고 저발전국 스스로의 노력이다. 그가 말한 발전을 위한 프로그램은 한마디로 제국주의로부터 벗어나 새롭게 형성된 주권 국가들이 경제성장을 추구하고 제일세계(선진국)가 이를 돕는 것이다(McMichael, 2012: 45). 물론 이 모든 것, 발전과 저발전의 기준, 성장의 지표, 성장의 기술적 정치적 수단 모두는 트루만 행정부가 일방적으로 규정한 것이지만 트루만 이후로 '전체 인류를 발전지역과 저발전된 지역으로 구분하는 전후시대의 신종 패러다임'은 큰 영향력을 발휘했다(McMichael, 2012: 45). 이러한 이분법은 다양한 학문분과에서 변종들을 계속해서 낳게 되는데 근대적인 자들과 전근대적인 자들, 복잡한 자와 단순한 자, 전통사회에 사는 자와 산업사회에 사는 자, 개인주의자와 집단주의자, 경제성장을 경험한 자와 그렇지 못한 자, 적합한 제도들을 갖춘 자와 아닌 자, 민주화를 경험한 자와 그렇지 못한 자 등등의 구분들이 뒤를 따른다. 이러한 다양한 이분법적 체계 속에서 발전은 비로소 모든 것을 '표준화하는 개념으로(사물을 바라보는 시각으로 혹은 세계를 정돈하는 방식으로서) 새로운 지구적 존재론(ontology)'의 경지에 도달한다(McMichael, 2012: 4).[5] 일단 엉거주춤하게 유지되어 오던 발전의 내용과 기준이

---

5 에스코바는 이렇게 표상 주체들의 특권에 기반하여 가난한 사람들과 저발전된

하나로 '깔끔하게' 정리되기 시작하면서 발전은 재빠르게 구체적인 글로벌 비즈니스로 정착한다. 해석의 여지가 남아있던 경제발전의 내용은 경제성장으로, 경제성장은 곧바로 '국민총생산'이라는 양적 개념으로 단일화되었으며 이 매우 특정한 형태의 물질적 풍족함을 위해 필요한 사회적 변화의 노하우를 아는 '개발 전문가'들이 전면에 나서 제삼세계의 이런저런 사소한 측면들을 조사하고, 측정하고 이론화하기 시작한다(Escobar, 1999: 383-385). 이런 작업을 돕기 위해 서구에서 발전학(Development Studies)이 과거사회를 다루는 인류학과 현재사회를 다루는 경제학 중간 어디쯤에 자리를 잡은 것도 이 시기이다.

트루만이 영국 제국주의자들로부터 물려받아 국제사회 그리고 냉전이라는 새로운 맥락에 적용했던 발전/저발전의 이분법과 국제적 개발담론은 냉전시기 많은 개발학자들에 의해 이론화 되었다. 아서루이스(Arthur Lewis)는 1951년 유엔에 제출한 "저발전국가의 경제발전을 위한 조치들"과 1954년 발간된 "무한정한 노동의 공급을 통한 경제발전"이라는 저작에서 경제발전의 핵심 조건을 단순재생산만을 수행하는 '전통부문'의 노동력을 '현대적인 자본주의적 부문'으로 이동시키는 것으로 규정했다. 이들 잉여노동력은 거의 무한정 존재하기 때문에 값이 싸기 마

사람들을 하나의 일반적이고 미리 만들어진 대상의 틀 속으로 규정해버리는 것은 하나의 '표상의 헤제모닉한 형태'(a hegemonic form of representation)로서 담론적 획일화(discursive homogenization)에 의해 가능해진 제3세계에 대한 권력 행사일 뿐이며 이것은 '멕시코 시티에 있는 무단거주자와 네팔의 농민, 투아레그(Tuareg)족 유목민을 모두 가난하고 저발전된 사람들로 서로 똑같은 것으로 취급하면서 제3세계 인민들의 복잡성과 다양성을 삭제하는 작업'을 수반한다고 주장한다(Escobar, 1999: 386).

련이며 이를 이용한 근대적 부문은 자본 수익률이 높을 수 밖에 없기 때문에 상대적으로 빠른 성장을 경험하게 된다. 그가 만들어낸 루위지안 전환점(Lewisian Turning Point)이라는 개념은 한 경제의 성장경험에서 중요한 지표가 되었는데 이 전환점은 전통부문이 가지고 있던 잉여노동이 근대부문으로 완전히 수용되어 근대부문에서 노동의 가격이 상승하기 시작하는 시점으로 이제 전통에서 현대적 자본주의 경제로의 전환이 성숙한 단계에 이르렀다는 점을 뜻한다.

식민주의로부터 탈출한 신생 독립국들이 저발전 상태에 처해있으며 전통사회로부터의 탈피를 통해 비로소 저발전에서 발전으로 나아갈 수 있다는 개발이론은 식민화 이후 냉전시대를 풍미하였던 근대화론(Modernisation Theory)에서 보다 체계화되었다. 베트남 전쟁 당시 존슨 대통령의 안보자문과 케네디 대통령의 안보보좌관 출신의 로스토우 등이 주장해서 미국의 대외정책 가이드라인으로 등장하였고 이후에도 줄곧 주로 미국 유학파 아시아 엘리트들에게 막대한 영향을 미친 근대화이론은 체계화된 '발전의 시간이론'이었다. 이 이론은 시간으로 매겨진 발전단계들을 일률적으로 정형화하고 다음 단계로의 도약을 위한 방법을 설파하였다. 이 이론에서 지리적으로 다른 곳에 위치한 각각의 공동체는 각기 다른 시대를 살고 있는 것으로 여겨지는데, 모든 공동체는 각각 '전통사회', '도약을 위한 준비', '도약', '성숙', '고도의 대량소비' 단계 중 하나를 거치고 있다고 파악된다(Rostow, 1959; Rostow, 1990; Rist, 2008: 95~96). 이들 공동체 사이에 지리적 차이는 시간으로 환산되고 저발전 단계의 공동체들이 발전하기 위해서는 미래에 먼저 도달한 성숙한 '어른'에게 배우면 된다. 어른들은 물론 미국을 비롯한 서구의 산업화된 국가들이다.

밤브라(Bhambra 2007)가 지적한 전통과 근대 사이의 시간적 파열과 서양과 '나머지' 사이의 공간적 차이에 근거한 서구의 세계인식은 바로 이 근대화이론에서 노골적으로 드러난다. 이 발전론을 요약하자면 서양이 아닌 나머지 지역의 저발전 국가의 사람들은 사실상 서구가 경험한 시간적 파열 전의 시대에 살고 있는데 이를 경험한 서구가 가진 현재의 지식과 기술을 이용해서 이들이 그 근대의 문턱을 넘게 도움으로서 이들에게 미래를 주자는 것이다. 근대화 이론은 사실상 1949년 미국의 트루먼 대통령이 다양한 문화를 가지고 다양한 공동체를 이루고 있는 수십억 지구 공동체의 구성원을 "먹을 것이 없고, 질병에 시달리며 경제적 생활이 원시적이고 정체되어" 있지만 미국이 가지고 있는 "산업적이고 과학적인 기술"에 의해서 구원될 수 있는 "저발전 지역"이라고 불리는 단순한 항목으로 한데 묶으려 한 담론적 일반화(discursive homogenisation)의 이론적 표현이었고 냉전에서의 승리를 위해 제삼세계를 '자유세계'의 일원으로 포섭하고자 한 미국의 신제국주의적 정치에 대한 주류 사회과학의 호응에 불과했다(Esteva, 2010). 근대화이론의 요체는 저발전 국가들도 미국 등 선진국처럼 발전할 수 있다는 희망찬 약속이 아니다. 오히려 비유럽국가들이 '저발전' 상태에 놓여 있고 이것이 바로 '저발전' 국가들을 구성하고 있는 사람들 자신의 책임이라는 인식론적 제국주의가 그것이다. 이렇게 일방으로 규정된 저발전 지역에는 한국을 비롯, 일본을 제외한 모든 동아시아 공동체들이 포함되었다.

20세기의 '나머지' 세상의 발전과 저발전에 대한 이론화에서 이러한 인식론적 제국주의를 가장 극단적으로 보여주는 예는 1930년대 독일 공산당의 이론가였던 칼 위트포겔(Karl Wittfogel)이 중국과 스탈린의 러시아를 증오하는 반공주의자로 탈변하며 부활시킨 동양적 전제정이라는 동양 저발전의 이론화이다. 근대화이론은 '나머지'들이 가지고 있는 내적 요인에 근거한 저발전이 서구가 제공하는 외적인 요인에 의해서 치

유질 수 있다는 점을 강조하는 반면 위트포겔류의 이론은 아시아 사회가 왜 영원한 저발전에서 벗어날 수 없는가를 이론화하는 것에 초점을 맞추고 있다. 마르크스와 베버의 약점을 적절히 조합한 위트포겔은 다중심 사회인 유럽에 비해 동양사회는 홍수와 가뭄을 극복하기 위해 대규모 관개시설이 필요한 환경을 가짐에 따라 이를 수행하기 위해 인민을 동원할 수 있는 강력한 중앙집권적 국가의 존재로 특징지어진다고 주장한다. 그는 이러한 수력제국(Hydraulic empire)들을 관통해온 동양적 전제정의 전통은 한때 아시아를 넘어 러시아까지 영향을 미쳤던 몽골의 영향력으로 인해 혁명 이후 스탈린의 러시아까지 이어진다는 주장을 펼쳤다(Witfogel, 1957). 이러한 전제정의 전통은 고대부터 현대까지 이들 공동체에 만연한 강력한 중앙관료들에 의한 노동인구의 착취와 시민사회의 부재로 상징된다. 이러한 주장은 경험적 증거의 부재라는 서구의 19세기 아시아 이해의 문제를 그대로 재생산하며 동양적 전제정이라는 개념을 "흐르는 강을 가지고 있는 모든 아시아의 왕조들에게 적용함"으로써 과도한 일반화의 오류를 극대화하였다(Cumings, 2005). 위트포겔이 흥미로운 이유는 1930년대까지 독일 공산당의 대표적 이론가에서 반공주의자로 탈변한 그의 이론과 행적이 그보다 전세대인 스미스에서 마르크스에 이르는 전통적 저자들과 그의 뒤에 등장한 아시아 연구자들이 좌우를 막론하고 모두 아시아에 대한 오리엔탈리즘적 이해에 쉽게 빠져들 수 있다는 사실을 매우 상징적으로 보여주기 때문이다. 아시아 전통사회론과 동양적 전제정 이론은 이데올로기적 지형과 관계없이 사실상 거의 모두에게 공유되었던 19세기적 프레임을 계승했다.

4. 글로벌 공장문헌의 19세기적 기원과 마르크스

근대화이론과 위트포겔의 동양적 전제정이라는 이론화 모두 동아시아와 비유럽적, 비대서양적 세계 전체에 대한 서구의 뿌리깊은 인식론적 결함을 공유하는 오리엔탈리즘적 세계사 인식의 냉전적 잡종에 지나지 않았다. 이 이해에 따르면 인간사회의 발전이란 단일한 형태로 수렴되며 이 과정에서 그 단일한 형태의 발전경로를 따라가는 자아에 비해 다른 경로를 걷고 있는 사회들은 자아에 대비되는 타자와 변종으로 끊임없이 위치지어져야 하며 자아의 이미지에 대비되어 평가 저하되는 것이 당연하다. 사이드(2003)가 밝혔듯이 이러한 동아시아에 대한 오리엔탈리즘적 이해는 깊은 역사를 가지고 있는데, 서양과 다른 낭만주의적 동양에 대한 인식에서 '정체되고 뒤처진 동양'에 대한 인식으로의 전환은 서구와 동양을 자본주의와 비자본주의로 구분하는 것을 넘어 자본주의와 전(前)자본주의로 구분하는 세계사 인식의 발생에서 출발한다. 여기에서 전자본주의적 상태는 유럽의 역사를 지칭할 때는 과거, 즉 실제로 전(前)자본주의이지만 비유럽 사회에게 적용될 때는 현재와 미래가 된다. 이러한 분화가 일어나기 이전에 동양에 대한 문헌들—주로 마르코 폴로, 마테오리치 등의 선교사와 탐험가, 상인들에 의해 쓰인—에서는 아시아에 존재하는 다종다양한 사회들 간의 차이점에 대한 몰이해, 단순화와 낭만화를 통한 서구와의 대비라는 '인류학적 오리엔탈리즘'의 요소가 이미 존재하지만, 실질적으로 중국 등 아시아 사회가 가지고 있는 물질적 부와 문명의 질은 부정할 수 없이 높은 것이었기 때문에 동양과 서양 사이의 차이를 단선적인 시간 차이로 설명하려 한다든가 혹은 문명의 질적인 수준, 진보적 잠재력의 유무 등으로 설명하려는 시도는 흔치 않았다. 오히려 볼테르(Voltaire, 2014) 등 18세기 유럽의 학자들에게 오리엔탈리즘은 중국 등 아시아 문명에 대한 강한 동경으로 표출된다. 초기 식민주의에게도 역시 아시아는 단순히 '나머지'로 구분되지 않았다. 카라비안 도서지역과 남아메리카에서 잔인한 식민화의 성공 이후, 스페인과 포르투갈의 왕조들이 노예노동을 통해 유럽으로 가져온 귀금속들은 다시 상인자본이 이들 왕조에 가져다줄 이윤을 만드는 아시아와의 무역에 수단으로 사용되었다. 아시아는 무역을 통해 유럽과 나눌 수 있는 부를 가지고 있었고 동서무역은 이들 왕조들에게 막대한 이익을 가져다 주었다(Anievas and Nişan-cioğlu, 2015: 145).

유럽의 아시아 인식을 바꾼 것은 아니바스와 니산시오글루(2015: 247)가 '유럽의 후진성'이라고 부른 중세 유럽의 봉건 정치체들의 근본적 문제, 즉 노동인구들로부터 자원을 효과적으로 착취할 수 있는 능력을 상대적으로 적게 가지고 있었던 문제가 극복되면서 유럽이 획득한 스스로의 진보에 대한 자신감이었다. '유럽의 후진성'은 타 정치체가 가진 부의 찬탈 외에 별 다른 축적의 대안이 없었던 유럽의 정치체들을 수 세기에 걸친 전쟁으로 내몰았고 그 결과 형성된 절대주의 국가들은 비대칭적으로 발달한 막대한 군사적 능력을 보유하게 되었다. 이 능력은 점차 절대주의 국가들 간의 대결에 필요한 자원을 확보하는 경쟁에 투입되었는데 그 결과는 군사기술과 자본의 투자를 제공한 왕조들과 막대한 무역차액을 노리고 위험한 무역원정을 감행한 상인들간의 연합으로 탄생한 '전쟁 자본주의'였다(Beckert 2014). 이 전쟁 자본주의를 처음 주도한 스페인, 포르투갈이 카라비안과 남아메리카에서 획득한 부, 그리고 이후에 바톤을 이어받은 영국과 네덜란드가 아시아 무역, 그리고 아시아 무역의 강점에서 가져온 부는 유럽 부르주아지와 산업혁명의 "선제조건"(precondition)이었다(Beckert 2014: xvi, 54; Anievas and Nişancioğlu, 2015: 246).

전쟁 자본주의에서 산업 자본주의로의 전환기에 스코틀랜드 계몽주의의 수장으로 고전파 정치경제학을 이끈 아담 스미스(Adam Smith)에 이르러 산업혁명 전후 달라지고 있는 유럽의 아시아 인식은 명징하게 드러난다. 스미스는 당시 유럽이 경험하고 있던 진보에 대한 유물론적 이론을 제출함으로써 후대 유럽인들의 세계인식, 특히나 자본주의적 발전에 대한 인식을 결정적으로 바꾸어 놓았다. 그가 경험한 시대의 유럽, 특히 영국은 자기애에 기반하여 사적인 이익을 추구하는 과정에서 교환을 반복하는 개인들이 시장을 만들어내고 이 과정에서 노동의 분업이 진보하며 진보된 노동의 분업은 다시 노동생산성을 증가시켜 잉여를 만들고 결국 국부를 창출해 내는 과정의 결실을 경험하고 있었다(Smith, 2007: 16). 그가 종종 중국과 인도문명의 역사에 대한 막연한 존경심을 보여주는 것은 사실이지만 그가 가지고 있던 당시 서구의 자본주의적 발전에 대한 흥분된 기대에 비추어 중국과 인도사회가 보여주는 그 당시의 특징은 확실히 구시대의 것으로 파악되었다(Smith, 2007). 시종일관 부정적인 인도와 동인도회사의 '폭정'과 '독점'에 대한 그의 비판적 논평에 비해 중국은 전체적으로 풍요로운 제국으로 묘사된다. 하지만 그는 동시에 고도의 노동분업을 위해 필요하고 또 그것의 존재를 입증할 수 있는 대외 무역을 경시하고 값싼 노동에 의존한 농업생산력 증가를 통해 발전을 추구하는 중국의 전통적 방식이 하위계급의 극심한 빈곤을 창출하고 전체 경제의 역동성을 제약하면서 이미 한계에 다다랐으며 중국을 정체시키고 있다고 주장한다(Smith, 2007: 60-61). 스미스에게 중국은 고도로 발전된 문명이지만 산업생산보다는 농업에 자원이 집중되었기 때문에 근대 자본주의가 혁명적으로 향상시키고 있는 생산력의 발전에 있어 뒤처지고 있음이 명확하다. 아직 소개되지 않은 마르크스의 생산력과 생산관계 간의 모순을 암시시키며, 스미스는 중국이 가지고 있는 법과 제도가 중국의 생산력 발전에 대해 그 역할을 이미 다한 것으로 묘사한다(Smith, 2007: 78). 스미스는 또한 로스토를 비롯한 후대의 많은 논자들이 주장한 단계론적 발전이론의 선구자 역할을 하였다. 아담 스미스가 주장한 인간 진보의 유물론적 개념은 생계양식에 따라서 수렵, 목축, 농업과 상업의 단계로 나누어지며 각각의 단계는 다른 형태의 생계양식(mode of subsistence)과 자기이익을 추구하는 개인들 사이, 도시와 농촌사이, 제조업과 농업 사이에 진일보한 노동 분업을 가진다. 그가 발전단계론을 내놓은 것은 사실이지만 그렇다고 해서 그가 그러한 단계론을 구체적 문명들에 적용하며 엄격한 세계인식을 도출한 것은 아니었다. 그는 유럽의 역사에 기반해서 '국부'로 표현되는 발전의 일반이론과 추상적 단계를 도출하였고 당대의 영국이 그 정점을 향해 달리고 있다는 점을 보여주었을 뿐이다.

스미스의 이러한 발전의 단계론적 이해는 스미스의 이론을 오로지 개인들과 세계시장으로 이루어진, 국민경제 발전에는 별 소용없는 코스모폴리티칼 이코노미(cosmopolitical economy)라고 비판하며 '국민정치경제학'을 주창한 독일연방의 프리드리히 리스트(Fredrich List)에게도 계승된다. 리스트의 이론은 여러 측면에서 스미스의 그것보다 더 유럽중심적, 국가주의적, 단계론적이고 그러하기에 리스트 이후 확립된 서구의 주류적 발전론과 더 일치한다. 리스트는 '정치경제학의 국민적 체계'(1841)에서 스미스가 제시한 단선적 발전단계를 세분화하여 야만, 목축, 농업, 농업과 제조업, 농업-제조업-상업으로 나누었고 모든 "민족들은 이 단계들을 거쳐가야만 한다"고 주장하였다(List 2011: 134). 특히 3단계인 농업-제조업에서 다음 단계로 나아가고자 하는 후발주자들은 영국처럼 이미 국제경쟁력을 가진 나라들의 상품과 자본과의 경쟁에 노출되기 때문에 걸음마 단계에 있는 산업(infant industry)을 선발주자와의 경쟁에서 보호해줄 강력한 보호주의와 의도적인 국가개입이 국민경제 발전에 필수조건이며 이것이야말로 국민정치경제학의 과제라고 역설하였다. 스미스 이후의 다른 정치경제학자들이 그러했듯이 리스트는 스미스와 선긋기를 통해서 자신의 이론을 피력하고자 했다. 그는 스미스가 불완전하게나마 유지해 보고자 했던 노동가치론이 틀렸고 육체노동이 아닌 다양한 종류의 중간 혹은 상위계급이 수행하는 지적노동이 육체노동보다 많은 교환가치를 생산하며 따라서 생산력 발전에 더 큰 공헌을 한다고 주장했다(List 2011: 112). 또한 이런 개별노동들이 국가적 통일속에서 협업되지 않으면 소용없음을 강조했다. 그는 스미스의 이론이 국민경제들 간의 관계를 상정하지 않은 추상적 이론임을 비판할 뿐 아니라 그 국적없는 일반이론이 결과적으로 영국 제국주의의 입장을 대변하고 있다고 보았다(List 2011: 251-252). 하지만 그렇다고 해서 그가 스미스보다 덜 제국주의적이었던 것은 아니다. 리스트가 자유무역을 주장하는 영국에 맞서 후발국의 입장을 대변하기는 하였으나 그가 영국의 제국적 행태에 대해 대변하고자 했던 후발 경제들은 후발 유럽경제에 국한된다. 즉, 동아시아를 제외한 모든 남반구와 북반구 사이의 격차가 심화된 신자유주의 시대에 이르러 장하준 등(Chang, H. J., 2003)에 의해 선진국의 '사다리 걷어차기' 행태를 비판하는 남반구의 대변인처럼 이용되는 리스트는 사실상 유럽, 미국과 그 '나머지' 지역 사이의 자연적이고 영구적인 노동분업을 주장함으로써 식민주의적, 제국주의적 노동분업론을 정치경제학에 정착시켰다. 리스트는 유럽과 '나머지' 사이에 사다리가 있다고 상정하지 않았던 것이다. 그가 주창한 국민경제 간 공정성은 단순히 유럽과 미국을 포함하는 서구 경제들 간의 공정성이며 그들과 열대의 '모든 아시아적 국가들' 사이에는 '자연적인 이유로 인해' '영원히 존재하는'(List, 2011: 193), 넘어서려고 시도한다면 '치명적인 실수'(List, 1856: 75)일 것이 분명한 제조업과 일차산업 간의 노동 분업이 있다. 이렇게 함으로써 '나머지'들의 정치경제는 이제 공간적 차이를 넘어 시간적으로 언제나 과거, 즉 전통 속에 존재하는 것으로 이해된다.

마르크스가 리스트의 이러한 시간화된 공간인식을 아시아의 이해를 위해 사용했는지에 대해서는 확실치 않다. 하지만 적어도 차크라바티가 지적했듯이 그가 "산업적으로 보다 발전한 국가가 덜 발전한 국가에게 그 자신의 미래에 대한 상을 보여줄 뿐이다"라고 말했을 때 그가 확실히 '역사적 시간'을 서로 다른 종류의 문명들 사이에 상정했던 것은 분명해 보인다(Chakrabarty, 2000: 7). 즉 차크라바티가 주장하듯 마르크스는 근대의 발전논의를 지배해온 역사주의적인(historicism) 관점을 계승한다. 그가 '아시아적 생산양식'이라는 개념을 사용했을 때 그가 그러한 전통으로부터 결코 자유롭지 않았다는 것은 더욱더 확실해 보인다. 마르크스는 자본주의의 확산 앞에 놓인 비자본주의적 사회의 운명을 거론할 때 "먼저 유럽에서 그러고 나서 다른 곳에서"라고 하는 역사주의적 공리를 따른다(Chakrabarty, 2000: 7). 공산당선언에서 마르크스는 중국의 정체성에 대한 스미스의 경고를 상기시키면서 중국의 운명이 이제 끝에 다다라 '중국의 장벽들'이 '값싼 상품들에 의해서 무너지는' 시기가 도래했다고 말한다. 그러면서 그는 이러한 값싼 자본주의적 상품들이야말로 '야만인들이 가지고 있는 외국인들에 대한 고집스러운 증오가 항복할 수밖에 없이 만드는' 힘이라고 말한다(Marx, 1998: 39-40).

자본주의적 미래를 내다봄에 있어서 마르크스가 아시아적 생산양식을 처음으로 공식적으로 언급한 1859년의 「정치경제학비판을 위하여」(A Contribution to the Critique of Political Economy)의 서문에서 그가 분명하게 "크게 개괄해보면 아시아적, 고대적, 봉건적, 그리고 현대 부르주아적 생산양식들이 사회의 경제발전에 있어 진보를 표시하는 시기들이라고 할 수 있다"라고 언급함으로써 아시아적 생산양식에 가장 원시적인 지위를 부여한 것은 우연이 아니다(Marx, 1971: 21).[6] 마르크스는 그러나 「정치경제학비판을 위하여」에서나 이것에 선행한 연구 초고로 1857년에서 1858년 사이에 쓰인 「정치경제학 비판요강」(Grundrisse)에 포함된 「자본주의적 생산에 선행하는 형태들(Formen)」에서도 아시아적 생산양식이 어떤 사회적 관계에 근거를 두고 있는지 그렇게 생각하게 된 근거와 증거가 무엇인지는 명확하게 밝히지 못하고 있다(Marx, 1993). 그가 1853년 엥겔스와 교환한 서신에서 아시아적 특징으로 언급한 것은 토지에 대한 사적 소유권의 부재이다. 이것의 원인으로 마르크스는 건조한 토양으로 인해 대규모 수리시설을 건설할 자연적 필요, 따라서 중앙집권적인 국가설립의 필연성, 그로 인한 **국가의 토지 독점**을 지적한다(Anderson 2013: 473-477). 대규모 토목공사를 실시할 힘을 가지고 모든 것에 대한 소유권을 쥐고 있는 중앙집권적 국가의 대칭축은 가내수공업과 경작을 결합해 생존해나가는 가구들로 구성된, 고립적으로 존재하는 목가적 촌락들이다. 수 세기에 걸쳐 변하지 않고 존재해온 것으로 '추정'되는 이러한 촌락공동체들은 그 현재적 증거가 오로지 인도에 존재한다고 마르크스 스스로 밝혔음에도 불구하고 '아시아적 정체성'의 불변의 기반으로 작용한다고 여겨진다.

마르크스가 그의 아시아에 대한 생각을 형성해 나가던 시기에 즐겨 사용한 개념은 사실 아시아적 생산양식이라는 개념이 아니라 그가 아리스토텔레스로부터 베르니에(Bernier), 몽테스키외(Montesquie)와 헤겔(Hegel)로 이어지는 전통에서 물려받은 조야하기 짝이 없는 증거와 터무

---

6 독일어 본을 번역한 한국어 번역본에서는 이런 특징이 더욱 명징적으로 나타난다. "크게 개괄해보면 아시아적, 고대적, 봉건적, 그리고 현대 부르주아적 생산양식들을 경제적 사회구성체의 순차적인 시기들이라고 할 수 있다"(맑스, 1995: 478).

니없는 일반화로 점철된 '동양적 전제정'(Oriental Despotism)이라는 개념이다. 계몽주의 시절 프랑스왕조의 권위주의적 변질에 대한 비판이라는 맥락에서 급속히 발전한 동양 정치체에 대한 논의는 유럽의 동쪽에 놓인 다종다양한 모든 사회들을 절대 권력에 대한 민중의 수동적 복속과 자유의 절대부재라는 단순한 특징을 근거로 하나의 단일한 개념으로 규정하며 이를 기후와 토양 등의 자연적 요인들의 결과로 설명한다. 이 전통은 유럽의 동쪽에 차례로 놓인 터키, 페르시아, 인도, 그리고 중국을 하나씩 분석함에 있어서 선행한 분석에서 추상된 동양의 이상형(ideal type)을 다시 뒤따르는 문명의 분석에 적용하고 여기에서 얻어진 – 이미 어느 정도는 처음부터 정해진 – 결론은 다시 동양적 전제정이라는 프레임을 강화하는 근거로 사용된다. 헤겔은 이러한 전제정을 일반이성의 변증법적 전진의 역사의 초기단계에서 발견되는 것으로 묘사함으로써 유럽과 전제정을 대표하는 아시아적 사회들(Asiatic Societies) 사이에 확고한 시간적 위계질서를 설립한다(Hegel, 1878). 안타깝게도 마르크스가 그 개념을 받아들임과 동시에 아시아에 대한 고착된 오리엔탈리즘적 편견 또한 물려받은 것을 부정하기는 어렵다. 그 당시 마르크스의 저작들에서 '정체된 사회', '낮은 문명의 수준', '변화의 결여'와 이에 수반되는 '역사의 결여', '총체적 노예제' 등 동양적 전제정으로 매도되는 '그들의 특성'은 계속해서 그와 상반되는 유럽의 특성을 드러내는 보조 장치로서 기능한다. 그가 '인도에서의 영국지배(British Rule in India, 1853)'에서 드러낸 정체된 것으로 보이는 인도의 사회관계에 대한 혐오와 유럽자본주의가 가지고 있는 해방의 힘에 대한 기대는 훗날 키플링(1899)처럼 '백인의 짐'(White Man's burden)을 들먹였던 식민주의 지식인들의 그것과 크게 구분이 되지 않는다. 마르크스의 인도분석은 식민지에서 전횡을 일삼는 동인도회사를 더꾸짖었던 스미스에 비해 이미 상당히 더 진전된 오리엔탈리즘을 보여주는 데, 그가 영국식민주의보다는 인도의 구체제를 꾸짖고 있기 때문이다.

우리는 전혀 무해한 것으로 보임에도 불구하고 이들 목가적인 촌락 공동체들이 언제나 동양적 전제정의 튼튼한 기초가 되어왔으며 인간의 지성을 가장 작은 나침반 위에 가두고 이를 미신의 힘없는 도구로 만들며 전통적인 규칙들에 사로잡히게 하고, 모든 장엄하고 역사적인 에너지를 잃게끔 했다는 사실을 잊어서는 안 된다. … 잉글랜드는 인도에서 사회적 혁명을 일으키면서 입에 담기 어려운 추악한 이해관계에 의해서 행동해왔으며 그들을 추구함에 있어 멍청했던 것은 사실이다. 하지만 그것이 중요한 것은 아니다. 문제는 아시아의 사회적 상태의 근본적 혁명 없이 인류가 그 운명을 완수했다고 말할 수 있는가 하는 것이다. 그것이 아니라면 잉글랜드의 범죄가 무엇이었건 간에 잉글랜드는 혁명을 일으키는 데 무의식적인 역사적 도구였던 것이다(Marx, 1853, 필자의 번역과 강조).

페리 엔더슨은 1857년에서 1858년 '요강'을 작성하면서 마르크스의 아시아적 생산양식에 대한 이론에 국가의 토지소유권은 목가적 촌락의 공동체적 토지소유의 피상적, 공식적 외피라는 인식이 새롭게 추가되었다고 기술한다(Anderson 2013: 478-479). 이 저작에서 마르크스는 "동양적 형태"에서 토지소유는 오로지 "공동소유"로만 존재하고(Marx 1993, Grundrisse: 477), 그것이 이들 "공동체의 기반"이라고 언급함으로써(Marx 1993: 473) 모든 것에 대한 소유권을 가진 전지전능한 국가와 복종적인 공동체라는 단순한 생각에서 다소 벗어나 보이는 것이 사실이다. 하지만 "자본"에서 마르크스는 인도의 예를 전체 아시아로 확장하며 "아시아적 사회들의 불변성"의 근저에 단순한 자급자족적 촌락공동체라는 불변의 토대가 존재함을 다시금 강조한다(Marx 1990, Capital Vol. 1: 477-478). 그는 이 불변의 토대에 토지의 사적소유는 존재하지 않으며 실제적 지주인 국가가 토지소유를 통해 주권을 행사한다는 기존의 주장을 되풀이 한다(Marx 1991, Capital Vol. 3: 927).

따라서 전체적으로 볼 때 마르크스의 아시아적 생산양식에 대한 기술이 기존의 동양적 전제정 논의와 비견되는 어떤 새로운 인식론을 만들어 낸 것 같지는 않다. 마르크스(그리고 엥겔스)에게 아시아란 사적인 토지 소유의 부재, 대규모 관개사업을 필요로 하는 자연환경, 그것을 할 수 있는 힘을 가진 중앙 국가, 농업과 수공업간의 미분화, 세습귀족의 부재라는 특징들로 귀결되는, 자본주의적 전환의 자체적 동력을 가지고 있지 않은, 정지된 화석같은 사회로 인식되고 있었던 점에는 큰 변화가 없어 보인다. 그러한 점에서 마르크스가 지금의 글로벌공장 문헌에 면면히 흐르고 있는 19세기적 프레임에 대한 분석적 대안을 제시하지는 못했음은 분명하다. 마르크스가 놓친 기회는 아시아를 제멋대로 규정하기 좋아하는 후대의 서구 이론가들에게 마르크스 사후 한 세기가 넘도록 남용된다. 아시아가 가지고 있는 것보다는 아시아가 가지고 있지 않은 것을 토대로 아시아를 규정하고 이에 비해 자신이 속한 사회발전의 역동성을 그 사회 내부의 원천적 특징으로부터 찾고자 하는 방법론은 베버에게 계승되어 자본주의의 동력을 서구문명의 지리적 조건, 기독교적 전통, 그리고 그것의 근대적 발현의 특징으로 찾고자하는 이론을 탄생시켰다. 베버 후대의 아시아에 대한 이론가들은 그들의 무지가 19세기의 분석가들의 경우에서 처럼 경험적 증거의 결여에서 비롯되지 않았다는 점에서 더 순수하게 오리엔탈리스트들인데 위에서 살펴본 아시아 전통사회론이나 동양적 전제정 논의를 다시 촉발시킨 칼 위트포겔(Karl Wittfogel)이 대표적인 경우이다. 그러나 아시아적 생산양식에 대한 분석적 대안을 남기지 못했음에도 불구하고 마르크스가 아시아를 대하는 태도의 미묘한 변화는 우리에게 19세기 프레임을 넘어서는 아시아 이해의 계기가 될 수 있다.

그는 아시아의 체제에 대한 경멸을 담은 1853년의 저작 이후로 제국주의의 침략과 자본주의 팽창으로 인한 파괴가 힘들고 고되기는 하지만 스스로는 전진할 수 있는 능력을 결여한 아시아가 인내해야만 하는 진보의 과정이라는 의견을 더 이상 피력하지 않았다. 이전의 저작에서 중국 등 에게 붙여졌던 '야만인'이라는 표현은 이제 제국주의자들을 향하게 되어 아시아가 아닌 유럽을 "야만", 즉 "부르주아 문명의 내재적 야만"이라고 부르기 시작했다("The Future Results of British Rule in India" July 1853). 마르크스는 아시아 해방 운동의 열렬한 지지자를 자칭하면서 "[세포이 반란을 일으킨] 인도는 이제 우리의 최고의 동맹국이다"라고 선언하기도 했다(1858년 엥겔스에게 보낸 편지, K. Anderson 2010: 41 - MECW 40: 249). 더 나아가 그의 저작에서 자본주의의 과거를 보여주는 역할만을 수행했던 주변부는 점차 긍정적이고 중요한 역할을 부여받으면서 세계 자본주의의 현재적 일부로 인식된다. 예컨대 그는 아일랜드 해방을 영국 노동계급 해방의 전제조건이자 선진 자본주의 경제에서 혁명의 도화선으로 인식하였다. 주변부가 자본주의 너머 해방의 실마리를 찾기 위해 유럽과 동일한 자본주의적 발전을 겪을 필요가 없다는 사실을 인지하면서, 또 '자본주의 이전'의 공동체에서 자본주의 이후 발전의 기반을 찾을 수 있다는 것을 인지함으로써 그는 리스트가 다져놓은 단계론적 발전관과도 거리를 두었다.

이러한 마르크스의 변화는 그가 공산당선언에서부터 가지고 있었던 자본주의의 진보성에 대한 양가적인 인식의 구성이 변화한 결과로 볼 수 있다. 마르크스가 노동의 야만적 착취를 근간으로 함에도 불구하고 자본주의가 진보적이라고 생각한 근거는 크게 두 가지다. 먼저 자본의 진보성이다. 자본주의는 인류가 착취에 더 이상 의존하지 않고 공존할 수 있을 정도로 급격하게 생산력을 발전시킬 수 있다. 하지만 이 자본이 가지고 있는 진보성은 노동의 진보성이 전제로 되지 않는다면 착취와 야만으로 귀결될 뿐이다. 이를 사실상 진보적인 어떤 것으로 전환시키는 것은 노동의 행위자성(agency)이 잉태한 진보성이다. 마르크스에게 자본주의는 이 생산력을 인류 전체의 공존을 위해 전취할 수 있는 혁명적 계급, 즉 프롤레타리아를 잉태한다는 점에서 비로소 진보적이다. 마르크스는 처음에 아시아 혹은 '나머지' 지역에 대한 분석에서 '자본'의 혁명적 역할에 초점을 맞추어 식민주의를 지구 곳곳에 생산력을 가져다주는 수단으로 보았다. 따라서 식민지의 노동대중은 제국의 자본이 수행하는 진보적 역할을 수용해야만 하는 수동적인 존재에 불과하다. 그러나 이후에 그는 후자, 즉 아시아의 평범한 사람들이 보여주는 행위자성의 발현, 이들이 식민주의와 구체제의 몰락이라는 전환 속에서 혁명적 주체로 부상하는 해방 운동과 반란으로 관심을 옮겼다. 이제 그에게 중요한 것은 아시아의 자본주의적 발전이 아니라 반식민지 및 반군주제 투쟁에서 나타난, 프롤레타리아가 보여주는 노동의 행위자성을 연상시키는 보통 아시아 사람들의 행위자성이었다.

즉, 19세기를 지배한 아시아에 대한 섣부른 오리엔탈리즘적 이해에 익숙했던 마르크스에게 변화를 제공한 단초는 그가 불변의 촌락공동체에 귀속되어 절대적인 권위에 수동적으로 복속된 채 숨죽이고 살아갈 것으로 가정했던 아시아 민중들이 보여준 저항에 대한 소식이다. 세포이 항쟁이나 태평천국의 난 등을 통해 드러난 이러한 아시아 민중들의 구체제와 제국주의에 대한 동시적 저항은 동양적 전제정이라는 개념에 들어 있는 '민중의 자발적 종속과 수동성'이라는 개념을 흔들었음이 분명하다.

바로 이러한 점이 마르크스가 오리엔탈리즘을 '넘어설 수도' 있었던 근거를 제공하였다. 그러나 마르크스는 결코 아시아 지역의 민중이 가지고 있었던 실제적 사회적 관계들과 이 관계들이 만들어지고, 성숙하고, 민중봉기에 의해 부수어지는 역사를 분석할 기회를 가지지는 못하였다. 따라서 그가 남긴 것들은 당대의 비서구사회에 대한 이해를 넘어서는 아시아에 대한 이론적 프레임은 아니다. 하지만 마르크스가 그의 아시아 이해를 바꾸된 계기 그 자체에 착목하는 것은 19세기 프레임을 넘어 현재의 아시아 이해를 향상시키는 작업에 있어 중요하다. 그가 아시아와 주변부에서 벌어지는 일들이 자본주의의 중심부와 면밀히 연결되어있음을 인식한 점에 착목한다면 우리는 아시아를 하나의 세계적 총체로 존재하는 자본주의의 내적 부분으로 인식할 수 있고 서구열강의 식민지에서 현재의 글로벌공장에 이르기까지 아시아의 역사와 지구적 자본주의의 다른 구성부분들 간의 역사들(histories)을 서로 내적으로 연결된 역사로 파악할 수 있다. 더 나아가, 그가 불변의 촌락공동체와 전지적인 국가, 혹은 자본이 수행하는 혁명적 역할이 아니라 아시아의 지각변동과 아시아 인구의 행위자성의 발현에 점차 관심을 기울였듯이 우리가 아시아 분석에서 집중해야 할 것은 아시아 고유의 불변의 특성이나 자본의 역할이 아니라 아시아의 변화하는 사회관계와 그 변화 속에서 발현하는 일반대중의 행위자성이다.

5. 두 번째 조우: 2세대 글로벌공장 문헌

식민주의 시기 서구의 아시아 분석들, 그리고 그들을 재활용했던 20세기 전통사회론과 동양적 전제정 이론의 20세기 판본은 물론, 불멸의 아시아적 특성으로서의 전지적 국가와 이들에 의한 자본의 팽창에 흥분했던 발전국가론을 비롯한 1세대 글로벌공장 문헌은 확실히 인식의 변환 이전 마르크스가 보여주었던 경로를 따른다. 그렇다면 최근, 아시아가 확고하게 글로벌공장의 지위를 확보한 21세기의 글로벌공장 문헌은 어떨까? 그들에게서 우리는 마르크스가 19세기 후반부에 보여주었던 아시아와 세계자본주의간의 내적 연결성, 변화하는 사회관계와 그 변화 속에서 발현하는 일반대중의 행위자성에 대한 분석을 볼 수 있을까? 2세대 글로벌공장 문헌은 정반대로 나아간다. 그들은 동아시아 자본이 주체가 되어 동아시아 전역에 건설하는 생산네트워크에 집중하며 마르크스의 변화하는 인식에 착목하기 보다는 아담 스미스를 따르기도 한다.

2세대 글로벌공장 문헌의 주류는 동아시아가 확고하게 글로벌공장으로 자리매김함에 따라 동서양간 위계관계의 역전과 혹은 정상화, 그리고 아시아 세기의 도래 가능성을 역설한다(ADB 2011; Gill and Kharas2007; Mahbubani 2009; Mason and Shetty 2019). 이중동아시아 지역통합을 남남협력에 근거한 조화롭고 상호보완적인 과정으로 묘사하는 이론들(ADB 2008, 2010, 2011; Sugihara 2019)은 무엇보다 동아시아 경제통합을 촉진하는 역내 투자와 무역, 초국적 기업에 의한 지역 생산 네트워크의 구축 등에 주목하고 있다. 이 종류의 글로벌공장 문헌들, 특히 아시아 개발은행(Asian Development Bank)의 문헌들은 1930년대 일본 경제학자 가나메 아카마츠(Kaname Akamatsu)가 후발국 일본의 따라잡기 산업화 패턴을 설명했던 '날으는 기러기 이론'을 동아시아 국가들이 순차적으로 따라잡기 산업화를 달성하면서 보여준 조화로운 발전의 지역적 패턴을 보여주기 위해 사용한다. 이들에 따르면 일본과 한국 등 동아시아의 선진국들이 그들의 오래된 기술, 노동집약적 산업, 자본을 덜 발전한 역내 국가들로 이전시켜 이들 선진국에서 과거에 사용된 생산적 능력을 재활용할 수 있게 한다. 일단 덜 발전한 국가들이 선진국들을 모방할 수 있게 된다면 이들은 주변의 덜 발전한 이웃 나라들에게 동일한 패턴을 반복한다. 이 과정에서 선진국들은 개발도상국 생산품의 '역수입'(reverse import)을 허용함으로써 저개발국들에 대한 수출시장으로 기능한다. 이것은 동아시아 개발도상국 간의 자본, 기술 및 재화의 흐름을 포함하기 때문에 일종의 남남 협력(South-South Cooperation: SSC)의 새로운 형태로 묘사되기도 한다(ADB, 2011).

그러나 실제로 존재하는 동아시아 통합 과정은 이들이 제시하는 것과 달리 훨씬 불균등하고 불평등하다. 우선, 일본과 1세대 NIEs가 역수입을 통해 미국과 같은 전통적인 수출시장에 대한 대안을 제공하는 정도는 제한적이다. 그나마 역수입은 많은 부분이 개발도상국에 진출한 1세대 NIE 출신의 중소 규모 초국적 기업의 상품을 구매함으로써 이루어진다. 이들의 해외진출은 기술이전과는 거리가 멀며 단지 직접투자를 통해 개발도상국으로 기업운영을 확대한 것에 불과하다. 저가형 최종 제품 및 단순한 부품을 역수입함으로써는 선진국이 떠안는 무역적자는 고급 제품 및 고급 핵심 부품의 수출에 의해 쉽게 보상된다. 그 결과는 개발도상국들이 무역적자에 시달릴 뿐 아니라 자본과 기술면에서 해외업체에 대해 여전히 의존할 수 밖에 없으며 이들의 수입 대체율은 일본 또는 일세대 NIE들이 산업화 과정에서 누려온 수준보다 확실히 낮다는 것이다. 다시 말해서 상호보완적 동아시아 지역통합이라는 장밋빛 그림 이면에 있는 것은 기술이전과 공적원조 등을 통해 후발국의 산업화를 허용하는 노동분업이 아니라 초국적 기업이 주도하며 점점 더 위계적으로 변화하고 있는 지역의 선진경제와 신흥경제 간의 노동분업이며 이것이 초래하는 무역과 기술 불균형, 그리고 불균등발전이다(Chang 2014b; Masina 2018; Masina and Cerimele 2018). 하지만 이들 문헌이 가지고 있는 근본적인 문제는 노동을 시야에 두지 못하고 자본만을 바라보는 시각으로 인해 선진국과 개발도상국 사이, 선진기업과 후진기업 사이의 불균등발전의 이면에 동아시아 전역에 걸친 노동과 고용의 양적, 질적, 지리적 변화가 있다는 점을 전혀 인지하지 못한다는 것이다(Selwyn, 2011).

2세대 글로벌공장 문헌에는 이러한 주류이론뿐 아니라 예상치 못하게 마르크스와는 반대의 방향으로 나아간 마르크스와 친밀한 학자의 문헌도 포함된다. 저명한 진보학자인 지오바니 아리기(Arrighi, 2007)는 '북경의 아담스미스(Adam Smith in Beijing)'라는 그의 저서에서 위에서 검토한 마르크스의 새로운 인식에서 출발하기는 커녕 그 이전의 마르크스도 아닌 아담스미스를 따른다. 아리기는 글로벌 초강대국으로서 중국의 부상이 놀랄 만한 일이 아니라고 주장하면서 군더프랑크(Gunder Frank, 1998)의 '리오리엔트' 프로젝트를 따른다. 이들이 볼 때 오히려 세계사적으로 예외적이었던 것은 근대 이후 중국의 정체된 발전이다. 자본의 지배가 없는 시장의 팽창으로 특징 지워지는 중국의 발전은 탁월한 군사력을 바탕으로 적극적으로 팽창하는 자본주의에 대항하기가 어려웠다. 이것은 제국주의 시대가 시작된 이래로 동아시아에 대한 중국 헤게모니의 종말을 가져왔다. 아리기는 현대 중국의 재부상은 지난 몇 세기 동안 세계의 많은 사람들이 고통을 겪어야 했던 유럽이나 미국의 상승과는 질적으로 다른 것이라고 주장한다. 그는 송나라에서 명, 청까지의 중국 왕조가 지배하는 동양에서는 전쟁을 통해 경쟁하는 상업 및 영토 제국이 없었던 반면 유럽의 자본주의 제국은 우수한 군사력과 기술을 개발하면서 경쟁적으로 확장과 식민지화를 추구하였는 점에 착목한다. 이것은 아리기에게는 중국의 문화적 특징이라기보다는 자본주의적 지배가 없는 '스미스주의적' 시장경제라는 중국의 특수한 발전 경로에 뿌리를 두고 있는 것이다. 이 발전과정은 노동 집약적이고 환경적으로 지속 가능한 특성을 가지는데 아리기에게 이것은 서양의 '부자연스러운' 자본주의 발전 경로와는 대조적으로 발전의 '자연스러운' 경로이다(Arrighi, 2007: 329).

자본투자의 글로벌 허브로 작동하는 현재의 중국이 명과 청의 평화적 헤게모니 통치와 같은 성격을 공유할 것이라고 상상하는 점에 있어서 그는 19세기 프레임의 동양불변론을 따른다. 이와 같은 불변론은 아리기가 어떤 이유에서건 개방정책을 통해 현대의 중국이 추구하는 것이 자본주의 발전이 아니라 예전의 비자본주의적 시장 기반 발전의 재개라고 믿게한다. 아리기는 개방 이후 중국이 스스로를 세계에 개방하고 전 세계에서 외국인 직접 투자를 수용하면서도 팽창정책을 추구하지 않고 내향적 발전을 추구해온 것은 바로 이런 특성 때문인 것으로 이해한다. 다시 중국은 자본주의 사회가 아니기 때문에 신자유주의적 요소들 또한 국가의 이익을 위해 그리고 국가 이익에 도움이 되는 한에서만 선택적으로 도입된 것으로 이해된다(Arrighi 2007: 353-361). 이것이 아리기에 따르면 중국이 시장개방에 대해 점진적이고 선택적으로 접근하는 이유가 되며 자본가들의 양적 증가에도 불구하고 중국이 아직 자본주의 사회로 변모하지 않은 이유이다. 아리기에 따르면 중국의 발전은 두 가지 특징을 지니고 있다. 1) 국가는 자본가들에 의해 지배당하지 않고 독립적이다, 2) 중국은 신자유주의 자본주의의 일반적인 추세인 '약탈을 통한 축적'을 바탕으로 발전하지 않았다. 아리기는 중국 인구가 효과적으로 토지를 소유하고 있으며 단위(Danwei)와 향촌기업(TVEs)을 통해 공동으로 생산수단을 소유하고 있다고 믿는다(Arrighi, 2007: 361-367). 이러한 분석에 따르면 중국은 아직 자본주의 경제가 아니고 스미스 시절의 중국과 흡사하기 때문에 중국의 부상이 평화롭고 조화로운 지역질서를 창출할 것으로 전망된다.

아리기는 위에서 살펴본 동아시아의 발전에 대한 문제점 많은 이론들이 공통으로 보여주는 중요한 실수들을 반복한다. 하나는 중국에서 사회관계의 변화를 잘못 해석한 것이고 두 번째는 중국을 세계 자본주의의 내적구성요소로 보지 못한 것이다. 사실 이 두 가지 문제는 서로 밀접하게 연관되어 있다. 아리기는 수출가공지역에서 활동하는 민간 기업들과 그곳에서 상품을 생산하는 농민공(분명히 임금을 받는 노동자)이 국유기업과 향촌기업에 비해 소수를 형성하는 것처럼 설명했다. 그러나 아리기의 주장이 발표되는 당시에 사실상 점점 더 정반대의 경향이 이미 나타나고 있었다. 중국의 공식 통계에 따르면 2010년까지 고향 이외의 지역에서 고용된 중국내 이주 노동자의 수는 1억 3천 3백만 명에 이른다. 자본주의적 임금노동자는 더 이상 보완적인 노동력이 아니라 중국의 도시 노동인구의 절반 이상을 차지, 경제의 중추가 되었다. 개방의 초기 단계에 일시적으로 농민공들은 그들의 땅을 떠난 후에도 고향 근처에 머물렀다. 수백만 명의 농촌 일꾼이 그들의 고향 혹은 멀지 않은 곳에 자리한 향촌기업에서 일했다. 아마도 이것이 아리기가 주목한 것이다. 그러나 향촌기업은 더 이상 자신들의 땅에서 떠나간 노동자들을 끌어들이지 않는다. 민간 부문이 대신 그 역할을 이어받은 것이다. 많은 향촌기업과 도시의 공동소유기업들(collective enterprises)도 줄줄이 민영화되었다. 결과적으로 이들 공공기업은 2003년에 이미 전체고용의 단 7%(Naughton, 2007: 184)만을 고용하고 있었으며 2005년 기준으로 전체 도시노동자의 27%(Andreas, 2008: 130)만을 고용하고 있었다. 국유기업(SOEs: state-owned enterprises)의 대규모 민영화는 중국 산업화의 공공성을 감소시켰고, 이제 제조업 노동자 열 명 중 한 명을 고용할 뿐인 국유기업에서 일하는 노동자들 또한 평범한 임금노동자들과 구별할 수 없게 되었다. 더욱 심각한 것은 1999년과 2005년 사이에 토지자원부에 약 1백만 건의 토지탈취 사례가 보고되었고 약 4천만 명의 농민들이 토지를 잃었으며

2000년대 중반까지 거의 매년 2.5백만에서 3백만 명의 농민이 토지를 잃고 있다고 보고된다(Cao, Feng and Tao, 2008). 이러한 추세는 2005년 이후 지방 정부수익의 많은 부분을 끌어다 준 부동산 경기호황으로 더욱 가속화되었다(Chang, 2017a: 313-315).

중국이 20세기에 사회주의를 향해 걸었던 몇 걸음이 중국의 자본주의적 발전에 어떤 특이성을 부여했던 간에 중국의 자본주의로의 전환을 지적하는 이러한 증거들을 부정하기는 어렵다. 더 나아가 우리는 중국 내의 모든 변화가 세계자본주의에 대해 의미하는 바를 생각할 필요가 있다. 이것은 중국이 세계자본주의에 자본주의 노동력을 공급하고 있음을 의미하며, 그렇게 함으로써 세계자본주의의 필수 불가결한 부분이 되었음을 뜻한다. 아리기는 여전히 중국을 세계 자본주의의 통합된 총체성의 일부, 혹은 신자유주의 자본주의의 구성적 요소가 아니라 신자유주의적 자본주의의 외부, 심지어 자본주의의 외부에 있는 어떤 것으로 본다. 그렇게 함으로써 아리기는 중국이 세계자본주의 노동력의 대다수를 가지고 있고, 이를 세계 각지에서 몰려든 제조업자들에게 공급하며, 세계 시장을 위한 상품을 생산하는 세계적인 자본의 신자유주의적 축적에 필수불가결한 요소임에도 불구하고 자본주의도 신자유주의도 아니라는 이상한 결론에 도달하고 말았다. 세계자본주의에서 점점 더 핵심적인 부분으로 부상하고 있는 중국과 동아시아를 이론화하고자 했던 아리기의 시도는 위에서 지적했던 동아시아 발전에 대해 이루어진 몇 세대에 걸친 이론화들에서 흔하게 발견되는 문제점들을 극복하지 못하고 있다. 사실 '베이징의 아담 스미스'는 우리가 위에서 보았던 모든 문제투성이의 접근법을 반복하는 동아시아 역사서술의 또 하나의 실패 사례일 뿐이다.

6. 노동의 대륙, 새로운 동아시아 역사서술의 몇 가지 쟁점들

마르크스가 비록 동아시아를 비롯한 아시아, 혹은 유럽의 나머지에 대한 19세기 프레임에 대안을 제시하지는 못했지만 마르크스가 아시아의 노동대중과 조우했을 때 그가 취했던 시각의 변화로 돌아가는 것은 아시아를 이해하는 작업에 있어서 스미스로 돌아가는 것보다는 더 좋은 출발점을 제공한다. 우리는 동아시아를 하나의 세계적 총체로 존재하는 자본주의의 내적 부분으로 인식하고, 서구열강의 식민지에서 현재의 글로벌공장에 이르기까지 동아시아의 발자취를 지구적 자본주의와 내적으로 연결된 역사로 파악하며, 더 나아가 동아시아 고유의 변하지 않는 특성이나 자본의 역할이 아니라 동아시아의 변화하는 사회관계 속 노동과 노동의 행위자성에 주목해서 동아시아의 역사를 서술하는 방법을 「노동의 대륙」이라 부른다. 이 방법에 따르면 동아시아 자본주의를 분석함에 있어 글로벌공장 문헌과 완전히 다른 출발점이 제시된다. 동아시아가 글로벌공장으로, 세계자본주의 성장동력으로 등장한 것은 무엇보다 이 대륙이 글로벌 노동착취의 허브로 부상한 점에 기인한 것이므로 축하하기보다는 문제시되어야 한다는 것이다. 이러한 문제삼기는 비로소 무엇을 얼마나 생산하는가를 보여주는 수치에 매료되어 동아시아의 눈부신 경제성장이라는 방구석에 웅크리고 있었던 거인, 즉 노동을 보지 못했던 글로벌공장 문헌의 '인식론적 결함'을 극복할 수 있게 한다. '누가', '어떻게' 글로벌공장을 짓기 위해 실제로 일하고 있는지에 도통 관심을 보이지 않은 채 GDP, 경제성장율, 효율적 국가, 문화역사적 유산, 생산 네트워크, 무역과 투자 자유화를 통한 지역통합 등에만 열광해온 '글로벌공장 문헌'의 맹점을 드러내는 것이다. 「노동의 대륙」이라는 방법을 통해서 우리는 동아시아의 글로벌공장으로의 부상과 이 과정이 보여주는 불균등하고 불평등한 성격이 어떻게 노동과 고용의 양적, 질적 그리고 지리적 변화와 연관되어 있는지 질문할 수 있게 된다.

역사서술로서 「노동의 대륙」이 가진 잠재력은 글로벌공장 문헌에서 기껏해야 방구석에 웅크린 모습으로 등장해온 노동을 '재발견'할 수 있다는 정도로 제한되지 않는다. 이 역사서술에서 노동은 탐구대상일 뿐 아니라 동아시아를 들여다보는 하나의 창으로 기능한다. 즉, 「노동의 대륙」은 동아시아의 노동을 '보는 것'을 넘어 '노동을 통해 동아시아를 봄'으로써 동아시아 사회변동의 거대하지만 숨겨져 왔던 원동력과 동아시아가 세계자본주의와 가지고 있는 내적 연결성을 발견할 수 있다고 제안한다. 이것은 '글로벌공장 문헌'과 이 문헌의 구성에 기여해온 많은 사회과학 분과학문들이 계승하고 있는 오래된 인식론적, 방법론적 결함들에 대한 도전이다. 「노동의 대륙」은 식민주의 이래 계속 변모해온 동아시아의 노동이 동아시아 공동체들 간의 관계, 그리고 그들과 외부세계와의 상호작용을 메게함으로써 세계자본주의 구성에 개입하는 과정을 고찰하는 기획이다. 이 기획은 노동을 통한 상호작용을 통해 개별경제들의 발전이 서로 연결되어있다는 사실에 주목함으로써 발전을 국민국가 경계 내부의 사회적 상호작용으로부터 기인하는 것으로 파악하는 방법론적인 민족주의(methodological nationalism)(Chernilo 2006; Wimmer and Schiller 2002; Wallerstein 1992)에서 벗어난다. 노동이 매게하는 "개별" 경제간 상호의존성에 착목한다면 우리는 다양한 지역에서 세계자본주의를 위해서 일해온 다양한 형태의 노동이 구성하는 '세계자본주의 발전의 역사적 복잡성'(Tomich 2004: 28)에 근접할 수 있을 뿐아니라 이들이 서로 독립적으로 존재하는 실체라는 가정을 기각하고, 세계자본주의의 총체성을 마주할 수 있게 된다.

노동을 통한 경제들 간의 연결성(connectedness)을 인정한다면 적어도 세계자본주의의 맹아가 등장한 이래, 동아시아가 세계자본주의 외부에 타자로 존재하지 않았다라는 점은 명확해진다. 그렇다면 동아시아를 그 중심이 원래부터 그리고 불가역적으로 서구 내부에 있는 세계자본주의의 타자 혹은 외부로 인식하는 오리엔탈리즘적 접근 역시 기각된다. 동아시아 각 지역의 노동은 국경 내 상호작용만으로 형성되지 않았을 뿐아니라 독특하게 '동양적'이었던 것도 아니었다. 이 노동의 산물이 세계자본주의 외부에 독특한 동양적 구조를 만든 것도 아니었다. 동아시아의 노동은 국민자본뿐 아니라 식민자본, 초국적 자본에 의해 사용될 만큼 보편적인 것이었고 자국경제와 동아시아뿐 아니라 세계시장을 위한 상품을 생산함으로써 동아시아의 경제를 세계자본주의의 일부로 끊임없이 재생산해왔다. 이렇게 노동에 의해 매개된 동아시아의 자본주의적 발전과 세계자본주의의 변모에 주목함으로써「노동의 대륙」의 역사서술은 동아시아 자본주의발전을 세계자본주의에 내적으로 연결되어있으며 세계자본주의 발전만큼 모순투성이인 과정으로 묘사할 수 있고 현대 동아시아와 세계자본주의의 역사를 "연결된 역사들"(connected histories)로 서술할 수 있게된다(Bhambra 2010; Sachsenmaier 2006; Subrahmanyam 1997).

「노동의 대륙」에 가장 쟁점이 되는 것은 동아시아가 지금과 같은 모습으로 형성되는 과정에서 중요한 역할을 했던 세 가지 세계사적 국면들 즉, 1) 식민주의적 발전 2) 냉전적 산업화 그리고 3) 신자유주의 세계화에 대한 재해석이다. 먼저 식민주의적 발전 기간 동아시아 노동인구가 식민지 이윤을 창출함으로써 새롭게 구성되던 세계자본주의 구성요소로 작동하는 과정에 대한 재해석이 필요하다. 유럽의 동서무역 참여를 위해 스페인과 포르투갈이 주도했던 아시아를 향한 초기 식민주의와 달리 18세기 이후 네덜란드, 영국, 프랑스 등이 아시아에서 주도한 식민주의는 원자재를 공급하는 동아시아 식민지와 산업자본주의의 중심지인 유럽 사이에 '구' 국제분업을 형성했다. 이 분업은 동아시아 노동의 착취를 통해 식민지 이윤을 창출하였고 동아시아에서 화폐경제를 확장했으며 지역 고유의 생산관계들을 파괴했다. 현지인과 이주노동자들이 임금노동을 통해 새롭게 구성되는 자본관계에 편입된 것도 이때의 일이다. 물론 식민지 인구의 대다수가 이런 변화를 경험한 것은 아니었고 변화를 경험한 이들 역시 각종 신체적 처벌과 구속에 시달리는 등 현대적 의미의 자본주의적 임노동자로 보기 힘들었다는 점에서 이 시기 동아시아에서 '자본관계'는 제한적으로 발전했다. 그럼에도 동아시아에 대한 식민지 개발이 자본주의 형성에 구성적 역할을 한 것은 분명하다.

식민지 개발은 산업혁명의 "선제조건"으로 세계자본주의의 동시대적 형성에 중요한 역할을 했으며 이 역할로 인해 주변부는 세계자본주의의 필수적 구성요소가 되었다(Beckert 2014: xvi, 54; Anievas and Nişancioğlu, 2015: 246). 유럽과 북아메리카 그리고 일본이 자본주의 중심부가 된 것 뿐 아니라 이들이 경험한 근대화 자체가 식민주의의 원인이 아니라 결과물이다(Atkins, 2016: 212). 따라서 식민주의 시절 노동과 아시아의 위치를 서술함에 있어서 이를 서양 '내부에서 발생한' 자본주의의 '외부'로 보지 않는 시각은 중요하다. 자본주의의 탄생을 잉글랜드의 시골에서 찾아내고자 하는 브레너(Brenner, 1977, 1985a, 1985b)로 대표되는 유럽중심적 역사서술은 유럽 밖에서의 역사를 유럽 내부의 변화의 원인으로 인정하지 않으며 그 자체로 역사적으로 의미있는 변화로 다루지도 않는 "역사적 터널비전"에 갇혀있다(Blaut, 1994: 351). 이러한 관점에서 벗어나 「노동의 대륙」은 식민지 노동을 식민주의와 마찬가지로 이미 성립된 서구 자본주의의 '결과'가 아니라 그 성립과정의 주요 구성으로 다룬다(Bhambra, 2010: 674). 이러한 식민주의 노동에 대한 역사서술은 자본관계에 편입된 임노동만을 다루는 것이 아니라 다종의 착취관계에 편입되어 세계자본주의를 구성했던 동아시아의 노동을 다루는데, 이는 바나지(Banaji, 2010)가 지적하듯이 자본주의 생산양식은 하나의 착취형태로 귀결될 수 없는 역사적으로 결정되는 구체적이고 복잡한 범주이기 때문이다. 초기 식민지 이윤은 다양한 식민경작체제(cultivation system)에 의한 자영농 착취를 통해(Elson, 1997; Breman, 1983), 식민주의 전성시대의 식민지 이윤은 식민주의적 시초축적(colonial primitive accumulation)을 경험한 소작농, 플랜테이션과 광산에 인신이 구속된 이주 노동자, 그리고 제한적인 식민지 공업시설에 고용된 임금노동자들에 의해 다양한 방식으로 생산되었다(Breman, 1989; Kaur, 2004). 이러한 다양한 착취형태에 대한 서술은 토미치(Tomich, 2004: 28)가 지적하듯이 마르크스가 "자본"에서 주되게 유럽의 역사에서 자본주의적 생산양식의 기본적 사회관계를 추상하는 과정에서 배제되었던, 그리고 그 추상적 범주에 근거한 자본주의 생산양식의 이론적 복원에서 뒤틀린 모습으로 나타났던 우연하고 다양한 세계자본주의의 구성물들을 부활시켜 세계자본주의의 역사적 복잡성을 재현하는 작업이다.

동아시아와 세계자본주의 사이의 매듭을 튼튼하게 엮어준 냉전기 동아시아의 국가주도 발전에서 노동의 역할 또한 재조명되어야 한다. 식민지 개발시기 임금노동자들이 체험한 억압적 노동환경에서 발생한 동아시아의 노동운동은 식민주의로부터의 해방과 독립된 민족국가 형성과정에서 짧은 전성기를 누렸지만, 냉전체제가 동아시아를 지배하기 시작하며 세력을 키운 군부, 지역자본, 그리고 이들이 장악한 국가에 밀려 쇠퇴하거나 하위 파트너로 포섭되었다. 그 결과 동아시아의 노동은 오랜 기간 정치적 재현과 대표 없이 국가발전의 주변적 참여자로 남게 되었다. 냉전 기간 선진자본주의 경제들이 소비재생산을 외주화하면서 형성된 신국제분업(the new international division of labour)에 적극 참여하며 산업화를 달성한 미국의 극동 동맹국들이 활용한 것은 바로 이러한 노동자들이었다. 미국은 지정학적 중요성을 가진 동아시아에 금융적 지원과 무역특혜, 막대한 원조를 제공했고(Cumings, 1987; Stubbs, 1999; Gray 2014), 대만, 싱가포르, 한국, 홍콩과 같은 이들 신흥경제의 노동인구는 이 과정에서 냉전자본주의의 필수적 요소가 되었다. 동아시아 국가들은 산업화 과정에서 시장을 다스리는 특수한 역할을 수행한 '발전국가'로 호평받았지만, 이들 국가기구가 수행했던 가장 큰 역할은 신국제분업에 참여하는 동아시아 자본을 위해 노동을 훈육한 것이다(Chang, 2009a, 2013; Deyo, 1989; Koo, 2001; Pirie, 2007). 가부장적이고 권위주의적인 발전국가들은 젠더규율과 역할의 사회적 재생산을 주도함으로써 특히 농촌 출신 젊은 여성들을 산업화를 위한 열악하고 위험한 노동과정에 값싼 노동력으로 투입했다(Kim, 2001; Gills, 1999). 이러한 노동체제는 1980년대 민주화 흐름 이전까지 동아시아 산업화 과정을 지배했다.

동아시아의 신자유주의 세계화 과정은 동아시아의 신흥공업국들이 세계자본주의의 능동적 건축가 역할을 하게 되는 과정이다. 동아시아 경제들은 이 과정에서 세계자본주의로의 완전한 통합과 동아시아 경제권의 통합이라는 "쌍둥이 통합과정"을 거치게 되는데(Chang, 2012: 23), 이것은 자본과 상품의 자유로운 이동을 보장하고자 하는 정치적 기획이자 정책적 흐름인 신자유주의로 의해 가능했다. 이 과정에서 특별한 것은 동아시아의 회복이 역외 수출의 증가뿐만 아니라 동아시아 경제들을 더욱 상호의존하게 해준 활발한 동아시아 역내 무역과 투자에 힘입었다는 점이다. 그러나 상호보완적 동아시아 지역통합이라는 장밋빛 그림 이면에 있는 것은 기술이전과 공적원조 등을 통해 후발국의 산업화를 정치적으로 허용하는 노동분업이 아니라 초국적 기업이 주도하며 점점 더 위계적으로 변화하고 있는 지역의 선진경제와 신흥경제 간의 노동분업이며 이것이 초래하는 무역과 기술 불균형, 그리고 불균등발전이다(Chang 2014b; Masina 2018; Masina and Cerimele 2018). 하지만 「노동의 대륙」의 관심은 선진국과 개발도상국 사이, 선진기업과 후진기업 사이의 생산능력 차이로 인한 불균등발전을 확인하는 것에 있지 않다. 「노동의 대륙」의 진정한 관심사는 동아시아 전역에 걸친 노동과 고용의 양적, 질적, 지리적 변화가 어떻게 동아시아 대륙의 불균등한 신자유주의적 발전을 부채질하는지 설명하는 것이다.

동아시아에서 신자유주의적 발전을 노동의 측면에서 바라본다면 동아시아의 "노동역설(labour paradox)"(Chang 2012: 26, Chang 2015: 37)이 불균등발전의 원인을 해명할 수 있다. 동아시아의 노동역설은 동아시아가 노동의 대륙임에도 불구하고, 현재의 동아시아, 특히 개발도상국을 살아가는 노동자들은 2차 세계대전 이후 '황금기' 동안 세계자본주의의 중심부에서 안정되고 정형적인 고용형태를 누리게 된 전형적 산업노동자 계급과 닮은 점이 많지 않다는 사실을 의미한다(Chang 2009b). 오히려 동아시아의 부상은 신자유주의적 스웻숍(neoliberla sweatshops), 경작지, 플랜테이션, 그리고 길거리에서 일하는 다양한 비공식 노동자로 구성된 분절된 노동계급(a segmented working class)에 의존한다(Chang 2009b, 2012, 2015). 이러한 역설은 동아시아 개별 국가의 '저발전'이 아니라 노동의 평준화와 차별화를 향한 모순적 경향에서 비롯된 동아시아 노동의 불균등한 지리(uneven geography of labour)를 통해 분석될 수 있다. 신자유주의적 세계화가 확장시킨 동아시아의 시장경제는 동아시아 노동인구가 한때 영위했던 토지, 그리고 기술, 지식, 테크놀로지의 공유에 근거한 비상품 경제와 생태계를 끈질기게 잠식했다. 그 결과 동아시아는 현재 노동력의 판매라는 공통의 생존방식을 공유하는 세계노동인구 35%의 일자리로 변모했다. 그러나 새롭게 창출된 동아시아 노동력은 국가경제

내부에서 노동과 자본 간의 불균등한 권력관계에 노출되고, 더 나아가 자본에 대한 지배력이라는 측면에서 후퇴했으나 노동에 대해서는 권위주의적 성격을 유지, 강화하고 있는 신자유주의 국가기구의 훈육에도 노출된다. 이러한 상황은 동아시아의 노동자들이 정형화되고 안정적인 공식적인(formal) 일자리를 확보하는 것을 어렵게 한다. 노동체제가 덜 규제되고 노동운동이 덜 형성되어있는 개발도상국에서 이러한 상황은 더 심각하며 자본은 비공식화를 통해 직, 간접 착취비용을 최소화할 수 있다.

다른 한편, 신자유주의 세계화가 만들어낸 방대한 노동상비군은 초국적 노동체제(transnational labour regimes), 즉 국경을 초월하는 일련의 위계적 노동체제들의 출현에도 영향을 받는다. 노동관계의 재생산에 미치는 초국가적 행위자와 동기(motivation)들의 증가하는 영향력으로 인해 노동체제는 국민국가 내부에 물리적으로 위치함에도 불구하고 점차 국민국가 중심의 제도나 과정이기를 거부하게 되었다. 동아시아 경제의 경계 내부에서 초국가화하는 노동체제는 또한 동아시아를 가로지르는 노동체제들의 수직적 위계질서 속으로 통합된다(Chang 2022b, 2022c). 초국적 노동체제는 동아시아 개발도상국의 임금, 노동 기준 및 복지에 대한 하향 압력을 증가시키는 결과를 낳는다. 이러한 방식으로 동아시아 노동을 둘러싼 권력과 영토적 관계의 변화는 대륙 전체에 걸쳐 불균등한 노동지리를 형성하고, 동아시아의 노동 역설을 초래하며, 동아시아의 불균등발전을 뒷받침한다.

7. 결론: 산노동의 행위자성과 노동의 대륙

「노동의 대륙」이라는 접근으로 동아시아 발전을 재구성하는 작업이 글로벌공장 동아시아의 진면목은 이 대륙에서 일하는 노동자들에 대한 효과적인 착취에 있다는 사실을 확인시켜주는 것은 맞지만, 동아시아를 단순히 노동착취의 대륙으로 묘사하는 것은 「노동의 대륙」의 의도가 아니다. 무엇보다 「노동의 대륙」이 의미하는 '노동'은 글로벌공장 문헌에서 무심코 '노동'이라고 지칭하는 것과는 다르다. '글로벌공장 문헌'은 노동을 단지 생산을 위한 투입, 소득의 원천, 자본과 국가가 구축한 경제구조에 의해 행동양식이 결정되는 수동적인 행위자 등 행위자성을 거부당한 노동으로만 인식한다. 「노동의 대륙」이라는 접근법은 노동을 자본으로 축적되는 죽은 노동(dead labour)으로만 취급하기를 거부하고 노동자들이 농촌과 도시를 넘나들며 취하는 다양한 행동으로 발현되는 노동의 행위자성(agency of labour)이 동아시아의 사회변동에서 담당해온 근본적 역할을 인식한다. 노동의 행위자성이 노동의 대륙 중심과 변방에서 이 대륙의 변화에 기여하는 다양한 사회운동을 발생시키고, 유지하고, 재발견하는 과정을 추적하는 것은 필수적이다. 이렇게 함으로써 동아시아가 취해온 발전의 사회적 형태들과 이들의 세계사적 과정이 식민통치자, 정치적 독재자, 거대 초국적 기업 회장님이 주도한 한편의 영웅 서사가 아닌 노동의 행위자성이 발현되는 일반적인 사람들의 지난한 투쟁의 산물로 인식될 수 있다.

평범한 동아시아의 노동자들은 동아시아 발전이론들이 묘사하는 것처럼 묵묵히 일만 열심히 하는 사람들이 아니다. 세계자본주의에 대한 그들의 도전은 긴 역사를 가지고 있다. 무엇보다 동아시아의 노동자들은 동아시아를 제국주의적 필요에 따라 제국의 방식으로 건설하려 했던 잔인한 제국주의 세력과 싸웠다. 동아시아의 거의 모든 공동체는 반제국주의 노동조합과 농민조직들을 형성하고 주변부 자본주의 발전에 대한 대안을 모색했던 역사를 가진다. 동아시아의 많은 공동체들이 식민지 정권

을 제거하고 제국으로부터 독립을 얻는 데 성공한 경험을 공유한다. 종
종 이들은 자본주의 발전의 주변부적 성격뿐만 아니라 자본주의 발전 자
체에 도전했다. 냉전시기 동아시아의 경제발전은 먼저 극동 지역의 미
국 동맹국들이였던 반(半)주권 국가들에서 발생했다. 이 체제하에서 노
동자들은 극도의 장시간 노동, 끔찍한 노동 조건 및 낮은 임금의 짐을 짊
어져야 했다. 수십만 명이 안전하지 않은 작업 환경에서 목숨을 잃었고
많은 미성년자들이 교육과 자기발전의 기회를 상실했다. 그러나 미국의
동맹국 노동자들은 아시아의 발전신화가 묘사하는 단순한 노동자가 아
니라 진보적 민주주의자이기도 했다. 노동조합들은 국가의 폭력적인 억
압에도 불구하고 계속해서 등장했다. 1980년대에 들어서 그들은 정치적
민주주의뿐만 아니라 경제적 민주주의도 추구하기 시작했다. 그들은 발
전국가론자들이 칭송했던 동아시아의 독재자들이 이끌었던 가장 잔인
한 개발주의 체제 중 적어도 두 곳에서 민주화를 시작할 수 있었다. 한국
과 대만에서 평범한 노동자들이 1970년대 이후 민주화 운동의 근원적인
힘이 된 것이다(Chang, 2022a; Hart-Landsberg, 1993; Hsiao, 1992; Koo, 2001;
Minns and Tierney, 2003). 그들은 동아시아의 일부 정치지도자들의 어리
석은 주장과는 다르게 동아시아에 유구한 반민주주의적 전통 따위는 없
다는 것을 역사적, 경험적으로 증명했다.

　　신자유주의적 발전에 따라 전통적 의미에서의 '산업 노동계급'의 증
가와 그들의 정치세력화는 한계에 봉착했다. 많은 비공식적이고 불안정
한 형태의 노동이 자신들의 권리를 방어할 힘과 수단 없이 세계자본주의
에 통합되어 지역 경제발전의 원동력이 되어가고 있다. 대부분의 동아시
아 국가에서 집단적 노동권은 노동시장 규제 완화가 도입되기 직전 혹은
그것과 동시에 노동자들에게 허락되었다. 이것은 조직적인 노동이 비공
식적이고 불안정한 노동의 확대라는 자본주의적 발전이 취한 특정한 전

략에 대응을 준비할 시간이 없었다는 것을 의미한다. 중국에서는 노동시장의 규제 완화가 지난 20년 동안 추진되었지만 집단적 노동권은 아직까지 허용되지 않고 있다. 이것은 동아시아에서보다 민주적인 발전을 추구하는 노동자들의 사회운동에게 복잡한 조건을 초래한다. 하지만 이러한 어려움에도 불구하고 우리는 이러한 조건에 맞서는 새로운 투쟁들을 목격하고 있다. 태국, 캄보디아, 중국, 인도네시아의 농촌공동체에서 신자유주의적 시초축적에 저항하고, 홍콩과 한국에서 이주노동자 차별에 반대하는 운동을 조직하며(Chang 2014a, 2017), 신자유주의 노동시장이 확산시키는 고용의 비정규화에 맞서고(Chun 2008; Shin 2010; Kalleberg, Hewison and Shin 2021), 무엇보다 초국적 노동체제의 영향을 받아온 캄보디아, 베트남, 인도네시아, 미얀마에서 초국적 기업에 맞서 파업하는(AMRC 2014; Arnold 2017; Chan 2013; Chang 2022c; Do 2020; Pringle 2015; Salmivaara 2018, Tran 2012; Tran, Bair and Werner 2017) 동아시아 노동의 다양한 저항은 동아시아 자본주의에 대한 열광적인 논평가들이 생각하는 것보다 대륙의 미래가 훨씬 더 치열한 다툼 속에서 형성될 것이라는 점을 보여준다. 그런 의미에서 「노동의 대륙」은 동아시아를 죽은 노동에 대한 착취의 현장으로 문제 삼는 것에서 출발하지만 동시에 동아시아를 신자유주의적 자본주의의 대안을 생산할 잠재력을 지닌 산 노동(living labour)의 대륙으로 파악한다. 세계자본주의에 단단하게 묶여있음에도 불구하고 사회에 대한 민주적 통제를 확대하기 위해 노력하는 노동의 행위자성이야 말로 동아시아 발전이 세계 신자유주의를 살아가는 사람들에게 제공할 수 있는 최선의 대안일 것이다. 그리고 이러한 노동의 대륙이 보여주는 대안을 그 원인이 되는 사회관계들을 분석함으로써, 또 그 사회관계들과 세계적 자본주의 발전 사이의 내적 관계를 밝힘으로써 이해하는 것이야말로 오래된 신화 만들기를 벗어나 동아시아 자본주의를 올바르게 이해할 수 있게 되는 출발점이 될 수 있다.

참고문헌

맑스, 칼. 1995. 『정치경제학 비판을 위하여』. 최인호 옮김. 칼 맑스 프리드리히 엥겔스 저작 선집. 박종철 출판사: 474-491.

ADB(Asian Development Bank). 2008. *Emerging Asian Regionalism: Partnership for Shared Prosperity*. ADB.

ADB(Asian Development Bank). 2010. *Institutions for Regional Integration: Toward an Asian Economic Community*. ADB.

ADB(Asian Development Bank). 2011. *Asia 2050: Realizing the Asian Century*. ADB.

AMRC(Asia Monitor Resource Centre). 2014. *A Week that Shook Cambodia: The Hope, Anger and Despair of Cambodian Workers after the General Strike and Violent Crackdown*, http://www.amrc.org.hk/sites/default/files/FFM-Cambodia-Report-022014-amrc_0.pdf

Amsden, A. H. 1989. *Asia's Next Giant*. Oxford University Press.

Anderson, K. 2010. *Marx at the Margins: On Nationalism, Ethnicity, and Non-Western Societies*. The University of Chicago Press.

Andreas, J. 2008. "Changing Colours in China." *New Left Review* 54: 123-142.

Anievas, A. and Nişancioğlu, K. 2015. *How the West Came to Rule: The Geopolitical Origins of Capitalism*. Pluto Press.

Arnold, D. 2017. "Civil Society, Political Society and Politics of Disorder in Cambodia." *Political Geography* 60: 23-33.

Arrighi, G. 1996. "The rise of East Asia: World systemic and regional aspects." *The International Journal of Sociology and Social Policy* 16(7/8): 6-44.

Arrighi, G. 2007. *Adam Smith in Beijing: Lineages of the Twenty-First Century*. Verso.

Atkins, E. T. 2016. "Colonial modernity." In Seth, M. J.(ed.) *Routledge Handbook of Modern Korean History*, Routledge: 207-233.

Beckert, S. 2014. *Empire of Cotton: A New History of Global Capitalism*. Allen

Lane.

Berger, M. T. 1996. "Yellow Mythologies: The East Asian Miracle and Post-Cold War Capitalism." *Position* 4(1): 90-126.

Berger, M. T. 2001. "The nation-state and the challenge of global capitalism." *Third World Quarterly* 22(6): 897-907.

Berger, M. T. 2004. *The Battle for Asia, From Decolonization to Globalization*. RoutledgeCurzon.

Berger, P. L. and Hsiao, H.-H. M.(eds.) 1988. *In search of an East Asian development model*. Transaction Publisher.

Bhambra, G. K. 2007. *Rethinking Modernity: Postcolonialism and the Sociological Imagination*. Palgrave Macmillan.

Bhambra, G. K. 2010. "Historical Sociology, international relations and connected histories." *Cambridge Review of International Affairs* 23(1): 127-143.

Blaut, J. M. 1994. "Robert Brenner in the tunnel of time." *Antipode* 26(4): 351-374.

Breman, J. 1983. *Control of Land and Labour in Colonial Java*. Foris Publication.

Breman, J. 1989. *Taming the Collie Beast: Plantation Society and the Colonial Order in South East Asia*. Oxford University Press.

Brenner, R. 1977. "The Origins of Capitalist Development: A Critique of Neo-Smithian Marxism." *New Left Review* 104: 25-92.

Brenner, R. 1985a. "Agrarian Class Structure and Economic Development in Pre-Industrial Europe." In Aston, T. and Philpin, C.(eds.) *The Brenner Debate: Agrarian Class Structure and Economic Development in Pre-Industrial Europe*. Cambridge University Press: 10-63.

Brenner, R. 1985b. "The Agrarian Roots of European Capitalism." In The Brenner Debate: Agrarian Class Structure and Economic Development In Aston, T. and Philpin, C.(eds.) *The Brenner Debate: Agrarian Class*

Structure and Economic Development in Pre-Industrial Europe. Cambridge University Press: 213-328.

Cao, G., C. Feng and Tao, R. 2008. "'Local Land Finance' in China's Urban Expansion: Challenges and Solutions." *China & World Economy* 16(2): 19-30.

Chakrabarty, D. 2000. *Provincializing Europe: Postcolonial Thought and Historical Difference.* Princeton University Press.

Chan, C. K. C. and Pun, N. 2009. "The Making of a New Working Class? A Study of Collective Actions of Migrant Workers in South China." *The China Quarterly* 198: 287-303.

Chan, C.K.C. 2013. "Contesting Class Organization: Migrant Workers' Strikes in China's Pearl River Delta, 1978 – 2010." *International Labor and Working Class History* 83(Spring): 112-136.

Chang, D. O. 2009a. *Capitalist Development in Korea: Labour, Capital and the Myth of the Developmental State.* Routledge.

Chang, D. O. 2009b. "Informalising Labour in Asia's Global Factory." *Journal of Contemporary Asia* 39(2): 161-179.

Chang, D. O. 2012. "The neoliberal rise of East Asia and social movements of labour: four moments and a challenge." *Interface: a journal for and about social movements* 4(2): 22-51.

Chang, D. O. 2013. "Labour and 'Developmental State: A Critique of the Developmental State Theory of Labour." In Fine, B., Tavasci, D. and Saraswati, J.(eds.) *Beyond The Development State: Industrial Policy into the Twenty-First Century.* Pluto Press: 85-109.

Chang, D. O. 2014a. "The global economic crisis and East Asian labour migration: A crisis of migration or struggles of labour?" In Lindley, A.(ed.) *Crisis and Migration: Critical Perspectives.* Routledge: 93-114.

Chang, D. O. 2014b. "The Rise of East Asia: Slippery Floor for the Left." In Pradella, L. and Marois, T.(eds.) *Polarizing Development: Alterna-*

tives to Neoliberalism and the Crisis. Pluto Press: 180-191.

Chang, D. O. 2015. "From Global Factory to Continent of Labour': Labour and Development in Asia." *Asian Labour Review* 1: 1-48.

Chang, D. O. 2017a. "Informal Exploitation and Unregulated Expansion: Assessing the Construction Labour Regime in Contemporary China." *Marxism* 21 14(1): 292-334.

Chang, D. O. 2017b. "Subversive Migration, Citizenship from Below and Democracy against Bordered Capitalism." *Research in Political Economy* 32: 253-283.

Chang, D. O. 2022a. "Korean labour movement: the birth, rise and transformation of the democratic trade union movement." In Lim, S. and Alsford, N. J. P.(eds.) *Routledge Handbook of Contemporary South Korea*. Routledge: 159-174.

Chang, D. O. 2022b. 'The Continent of Labour and Uneven Development: The Making of Transnational Labour Regimes in East Asia', In Baglioni, E., Campling, L., Coe, N. M. and Smith, A.(eds.) *Labour Regimes and Global Production*. Agenda Publishing: 137-153.

Chang, D. O. 2022c. "Transnational Labour Regimes and Neo-liberal Development in Cambodia."*Journal of Contemporary Asia* 52(1): 45-70.

Chang, H. J. 1999. "The Economic Theory of the Developmental State." In Woo-Cummings, M.(ed.) *The Developmental State*. Polity: 32-60.

Chang, H. J. 2003. *Kicking Away the Ladder: Development Strategy in Historical Perspective*. Anthem Press.

Chang, H. J. 2006. *The East Asian Development Experience: the miracle, the crisis and the future*. Zed Books.

Chernilo, D. 2006. "Social Theory's Methodological Nationalism: Myth and Reality." *European Journal of Social Theory* 9(1): 5-22.

Cho, H. Y. 2000. "The Structure of South Korean Developmental Regime and its Transformation- the statist mobilization and authoritarian integration in the anti-communist regimentation." *Inter-Asia Cultural Studies* 1(3):408-426.

Chun, J. J. 2008. "The Contested Politics of Gender and Irregular Employment: the Revitalization of the South Korean Democratic Labour Movement." In Bieler, A., Lindberg, I. and Pillay, D.(eds.) *Labour and the Challenges of Globalization: What Prospects for Transnational Solidarity?* Pluto Press: 23-44.

Cowen, M. and Shenton, R. W. 1996. *Doctrines of Development.* Routledge.

Cumings, B. 1987. "The Origins and Development of the Northeast Asian Political Economy: Industrial Sectors, Product Cycle, and Political Consequences." In Deyo, F. C.(ed.) *The Political Economy of the New Asian Industrialisation.* Cornell University Press: 44-83.

Cumings, B. 2005. "We look at it and see ourselves." London Review of Books 27(24): 11-14.

Deyo, F. C. 1987. "State and Labour: Modes of Political Exclusion in East Asian Development." In Deyo, F. C.(ed.) *The Political Economy of the New Asian Industrialisation.* Cornell University Press: 182-202.

Deyo, F. C. 1989. *Beneath the Miracle: Labour Subordination in the New Asian Industrialism.* University of California Press.

Deyo, F. C. 2012. *Reforming Asian Labor Systems: Economic Tensions and Workers Dissent.* Cornell University Press

Do, Q. C. 2020. "Social and Economic Upgrading in the Garment Supply in Vietnam." Working Paper No. 137/2020, Institute for International Political Economy Berlin. https://www.econstor.eu/handle/10419/215691.

Elson, R. E. 1992. *The Politics of Colonial Exploitation: Java, the Dutch, and the Cultivation System.* Cornell Southeast Asia Programme.

Elson, R. E. 1997. *The End of the Peasantry in Southeast Asia: A Social and Economic History of Peasant Livelihood, 1800-1990s.* Macmillan.

Emmerson, D. K. 1984. "'Southeast Asia': What's in a Name?" *Journal of Southeast Asian Studies* 15(1): 1-21.

Escobar, A. 1999. "The Invention of Development." *Current History* 98(631): 382-386.

Esteva, G. 2010. "Development." in Sachs, W.(ed.) *The Development Dictionary: A Guide to Knowledge as Power.* Zed Books.

Evans, P. 1995. *Embedded Autonomy: States and Industrial Transformation.* Princeton University Press.

Frank, A. G. 1998. *ReORIENT: Global Economy in the Asian Age.* University of California Press.

Fröbel, F., Heinrichs, J. and Kreye, O. 1978. "The New International Division of Labour." *Social Science Information* 17(1): 123-142.

Gill, I. and Kharas, H. 2007. *An East Asian Renaissance.* IBRD and World Bank.

Gills, D.-S. S. 1999. *Rural Women and Triple Exploitation in Korean Development.* Palgrave Macmillan.

Gray, K. 2014. "U.S. aid and uneven development in East Asia." *ANNALS of the American Academy of Political and Social Science* 656(1): 41-58.

Gray, K. 2015. *Labour and Development in East Asia: Social Forces and Passive Revolution.* Routledge.

Haggard, S. 1990. *Pathways from the Periphery: The Politics of Growth in the Newly Industrializing Countries.* Cornell University Press.

Han, J. and Ling, L. H. M. 1998. "Authoritarianism in the Hypermasculinized State: Hybridity, Patriarchy, and Capitalism in Korea." *International Studies Quarterly* 44: 53-78.

Hart-Landsberg, M. 1993. *The Rush to Development: Economic Change and Political Struggle in South Korea.* Monthly Review Press.

Harvey, D. 2006. *Spaces of Global Capitalism: Toward a Theory of Uneven Geographical Development.* Verso.

Hegel, G. 1878. *The Philosophy of History*. London.

Holcombe, C. 2011. *A History of East Asia: From the Origin of Civilization to the 21st Century*. Cambridge University Press.

Hsiao, H. M. 1992. "The Labor Movement in Taiwan: A Retrospective and Prospective Look." In Simon, D. F. and Lau, M. Y. M.(eds.) *Taiwan: beyond the economic miracle*. M. E. Sharpe: 151-168.

Hughes, H.(ed.) 1988. *Achieving Industrialisation in East Asia*. Cambridge University Press

Johnson, C. 1982. *MITI and the Japanese Miracle: the Growth of Japanese Industrial Policy*, 1925-1975. Stanford University Press.

Kalleberg, A. L., Hewison, K. and Shin, K.-Y. 2021. *Precarious Asia: Global Capitalism and Work in Japan, South Korea, and Indonesia*. Stanford University Press.

Kasahara, S. 2004. "The Flying Geese Paradigm: A Critical Study of Its Application to East Asian Regional Development." *UNCTAD discussion papers*, http://unctad.org/en/docs/osgdp20043_en.pdf

Kaur, A. 2004. "Labour Dynamics in the Plantation and Mining Sector." In Elmhirst, R. and Sapptari, R.(eds.) *Labour in Southeast Asia: Labour processes in a globalised world*. RoutledgeCurzon.

Kim, H. M. 2001. "Work, nation and hypermasculinity: the women question in economic miracle and crisis in South Korea." *Inter-Asia Cultural Studies* 2(1): 53-68.

Kim, M. 2011. "Gender, Work and Resistance: South Korean Textile Industry in the 1970s." *Journal of Contemporary Asia* 41(3): 411-430.

Koo, H. 2001. *Korean Workers: The Cultural and Politics of Class Formation*. Cornell University Press.

Lewis, W. A. et al. 1951. *Measures for the economic development of under-developed countries: a United Nations report*. http://digitallibrary.un.org/record/708544

Lewis, W. A. 1954. "Economic Development with Unlimited Supplies of Labour." *The Manchester School* 22: 139-191.

List, F. 1856. *National System of Political Economy*. J. B. Lippincott & Co.

List, F. 2011. *National System of Political Economy*. The Online Library of Liberty.

Mahbubani, K. 2009. *The New Asian Hemisphere: The Irresistible Shift of Global Power to the East*. Public Affairs.

Marx, K. 1853. *The British Rule in India*. https://www.marxists.org/archive/marx/works/1853/06/25.htm

Marx, K. 1971. *A Contribution to the Critique of Political Economy*. Lawrence and Wishart.

Marx, K. 1991. *Capital, Vol. 1*. Penguin.

Marx, K. 1992. *Capital, Vol. 3*. Penguin.

Marx, K. 1993. *Grundrisse*. Penguin.

Marx, K. 1998. *The Communist Manifesto*. Verso.

Masina, P. P. 2018. "An uneven development trap in Southeast Asia and its implication for labour." In Vignato, S., and Alcano, M.(eds) *Searching for Work: Small-Scale Mobility and Unskilled Labor in Southeast Asia*. Silkworm Books.

Masina, P.P. and Cerimele, M. 2018. "Patterns of Industrialisation and the State of Industrial Labour in Post-WTO-Accession Vietnam." *European Journal of East Asian Studies* 17(2): 289-323.

Mason, A. D. and Shetty, S. 2019. *A Resurgent East Asia: Navigating a Changing World*. World Bank.

McMichael, P. 2012. *Development and Social Change: a Global Perspective*. Fine Forge Press.

Minns, J. and Tierney, R. 2003. "The Labour Movement in Taiwan." *Labour History* 85: 103-128.

Missingham, B. 2003. "Forging Solidarity and Identity in the Assembly of the

Poor: From Local Struggles to a National Social Movement in Thailand." *Asian Studies Review* 27(3): 317-340.

Mittelman, J. H. 1995. "Rethinking the International division of labor in the context of globalisation." *Third World Quarterly* 16(2): 273-295.

Naughton, B. 2007. *The Chinese Economy: Transition and Growth*. MIT Press.

Öniş, Z. 1991. "The Logic of the Developmental State." *Comparative Politics* 24(1): 109-126.

Palat, R. 2000. "'Beyond Orientalism: Decolonizing Asian Studies." Development and Society 29(2): 105-135.

Pirie, I. 2007. *The Korean Developmental State: From Dirigism to Neo-Liberalism*. Routledge.

Pringle, T. 2015. "Labour as an Agent of Change: The Case of China." In Pradella, L. and Marois, T.(eds.) *Polarising Development: Alternative to Neoliberalism and the Crisis*. Pluto Press: 192-202

Radice, H. 2008. "The Developmental State under Global Neoliberalism." *Third World Quarterly* 29(6): 1153-1174.

Rist, G. 2008. *The History of Development: From Western Origins to Global Faith*. Zed Books.

Rostow, W. W. 1959. "The Stages of Economic Growth." *The Economic History Review* 12(1): 1-16.

Rostow, W. W. 1990(1960). *The Stages of Economic Growth: A non-communist Manifesto*. Cambridge University Press.

Sachsenmaier, D. 2006. "Global history and critiques of western perspectives." *Comparative Education* 42(3): 451-470.

Said, E. 2003(1978). *Orientalism*. Penguin Books.

Salmivaara, A. 2018. "New Governance of Labour Rights: The Perspective of Cambodian Garment Workers' Struggles." *Globalizations* 15(3): 329-346.

Selwyn, B. 2011. "Beyond Firm-Centrism: Re-Integrating Labour and Capitalism into Global Commodity Chain Analysis." *Journal of Economic Geography* 12(1): 205-226.

Shin, K.-Y. 2010. "Globalisation and the Working Class in South Korea: Contestation, Fragmentation and Renewal." *Journal of Contemporary Asia* 40(2): 211-29.

Skocpol, T. 1985. "Bringing the State Back In: Strategies of Analysis in Current Research." In Evans, P., Rueschemeyer, D. and Skocpol, T.(eds.) *Bringing the State Back In*. Cambridge University Press: 3-38.

Smith, A. 2007(1776). *An Inquiry into the Nature and Causes of the Wealth of Nations*. Metalibri.

Smith, N. 1990. *Uneven Development: Nature, Capital and the Production of Space*. Verso.

So, A. Y. and Chiu, S. W. K. 1995. *East Asia and the World Economy*. Sage.

Stubbs, R. 1999. "War and Economic Development: Export-oriented Industrialisation in East and Southeast Asia." *Comparative Politics* 31(3): 337-355.

Subrahmanyam, S. 1997. "Connected Histories: Notes towards a Reconfiguration of Early Modern Eurasia." *Modern Asian Studies* 31(3): 735-762.

Sugihara K. 2019. "The Asian Path of Economic Development: Intra-regional Trade, Industrialization and the Developmental State." In Shiraishi, T. and Sonobe, T.(eds) *Emerging States and Economies: Their Origins, Drivers, and Challenges Ahead*. Springer.

Tran, A. 2012. "Vietnamese Textile and Garment Industry in the Global Supply Chain: State Strategies and Workers' Responses." *SBGS Faculty Publications and Presentations*. https://digitalcommons.csumb.edu/sbgs_fac/20

Tran, A. N., Bair, J. and Werner, M. 2017. "Forcing Change from the Outside? The Role of Trade-Labour Linkages in Transforming Vietnam's Labour Regime." *Competition & Change* 21(5): 397–416.

Voltaire, M. 2014(1756). *An Essay on Universal History: The Manners and Spirit of Nations.* Bibliolife.

Wade, R. 1990. *Governing the Market: Economic Theory and the Role of Government in East Asian Industrialisation.* Princeton University Press.

Wallerstein, I. 1992. "The Concept of National Development, 1917–1989: Elegy and Requiem." *The American Behavioral Scientist* 35(4/5): 517–529.

Weiss, L. and Hobson, J. M. 1995. *States and Economic Development: A Comparative Historical Analysis.* Polity Press.

White, G.(ed.) 1988. *Developmental States in East Asia.* Macmillan.

Wimmer, I. and Schiller, N. 2002. "Methodological Nationalism and Beyond: Nation-state Building, Migration and the Social Sciences." *Global Network* 2(4): 301–334.

Winks, R. W.(ed.) 1963. *British Imperialism: Gold, God, Glory.* Holt, Rinehard and Winston

Wittfogel, K. 1981(1957). *Oriental Despotism: A Comparative Study of Total Power.* Vintage.

World Bank. 1993. *The East Asian Miracle: Economic Growth and Public Policy.* Oxford University Press.

제2부

한국의 자본축적과 여성노동, 민주주의

제5장

한국경제의 기술과 분배(제조업, 1970–2019)

김덕민(경상국립대학교 경제학부 조교수)

우리는 이 장에서 1970년 이후의 한국경제를 이윤율을 중심으로 살펴본다. 이윤율을 중심으로 한 분석을 통해 우리는 한국경제의 기술과 분배의 장기적 흐름을 평가할 수 있다. 또한 우리는 여기서 한국경제의 기술과 분배를 시기 구분하면서 각 시기의 특징을 구별해보려고 한다. 우리가 이글에서 논의하고 있는 이윤율과 관련된 정의는 뒤메닐과 레비(Duménil and Lévy, 2016)에 기초하고 있다. 우리가 뒤메닐과 레비의 정의에 기초하고 있다고 해서 이외의 다른 이윤율 관련 정의들을 배제하지는 않는다. 하지만, 뒤메닐과 레비의 이윤율 정의를 따르면, 국민계정체계를 이용하여 장기적 데이터를 쉽게 수집·가공할 수 있는 장점이 있다. 게다가, 국내외의 이윤율 관련 논의도 대부분 이에 기초하여 수행되고 있고 이에 따라 관련된 변수들을 비교 분석할 수 있다. 이윤율의 정의에 대한 논쟁보다는 실제 이윤율을 계산하고, 자료를 구축하며, 이를 통해 유의미한 결론을 내릴 수 있는지 논의하는 것이 문제이다.

우리는 이윤율의 정의에 대해 먼저 논한다. 상술한 바와 같이 이 이윤율 정의는 프랑스의 경제학자 제라르 뒤메닐과 도미니크 레비의 작업에 기초한다. 그들은 마르크스 이윤율(profit rate à la Marx)을 기술(자본생산성)과 분배(이윤몫 또는 임금몫)으로 분해했다. 우리는 기술의 장기적 흐름을 분석하기 위해 그 변동분을 제거한 기술적 생산성을 따로 계산했다. 자본생산성의 변화와 함께 노동생산성의 장기적 양상 또한 기술적 조건의 변화를 추적하기 위해 살펴본다. 이윤율 추계의 대상은 제조업 부문이다. 한국의 제조업 부문은 전체 경제의 약 30%(2021년 27.9%)를 차지하고 있으며, 한국경제를 대표하는 산업 부문이다. 그리고 관찰 기간은 코로나19 이전 2019년까지다.

먼저 이 장에서 계산할 이윤율에 대한 정의를 소개하고, 자본생산성 및 노동생산성과 같은 기술적 변수의 장기적 흐름을 추적한다. 이윤몫을 중심으로 분배의 장기적 양상을 추적하고, 이윤율을 중심으로 기술 및 분배의 양상을 살펴본다. 이 장에서 필자는 2010년대 이후 한국 제조업 부문에서 새로운 양상이 나타나고 있으며, 이는 2000년대 초반부터 미국경제에 나타난 양상과 유사하다고 주장할 것이다.

1. 이윤율에 대한 정의

앞서 언급한 바와 같이 우리는 이윤율 계산을 뒤메닐과 레비가 최근에 미국을 대상으로 한 연구(Duménil and Lévy, 2016)에 기초하여 실시한다. 이와 유사하게 국내의 몇몇 학자들(안정화, 2009; 류동민·주상영, 2014; 김덕민, 2018 등) 또한 다음과 같은 이윤율 정의와 분해식을 이용하여 한국경제를 대상으로 한 경험연구를 수행했다.

$$r = \frac{\Pi}{K} = P_K \pi \text{ (1)}$$

식 1에서 r은 이윤율로 고정자본(K) 대비 총이윤(Π)를 의미한다. 이러한 이윤율을 다시 자본생산성($P_K = Y/K$)와 이윤몫(π)로 분해할 수 있다. Y는 순부가가치(국내총생산GDP에서 고정자본소모를 제외한 순국내총생산NDP)를 뜻한다. P_K는 자본생산성으로 이윤율에 영향을 주는 기술적 양상을 표현하며, π를 전개하면 다음과 같다.

$$\pi = 1 - \phi = 1 - \frac{w}{P_L} \text{ (2)}$$

식 2에서 ϕ는 임금몫이며, 이는 실질임금률(w)과 또 다른 기술변수인 노동생산성(P_L: 총노동시간 대비 실질 순부가가치)의 비율이다. 우리는 한국경제의 전체 경제와 제조업 부문을 대상으로 1970년부터 2019년 사이의 두 개의 기술변수, P_K와 P_L, 그리고 노동생산성과 임금률의 관계를 종합하여 분배양상을 포괄하는 π를 추계하여 관찰한다. 하지만, 기술변수의 경우, 다음과 같은 추가적인 정의가 필요하다. 자본생산성과 노동생산성 모두 단기적인 경기변동 요인이 포함되어 있다. 다시 말해, 자본생산성과 노동생산성은 각각 $P_K = P_{KT}u$와 $P_L = P_{LT}u$로서(u는 가동률), 이 중 P_{KT}와 P_{LT}를 우리는 "기술적 생산성"(technical productivity)[1]이라고 부를 것이다. u는 가동률로서 경기변동분을 뜻한다. 우리는 이러한 기술적 생산성을 추출하는 방식으로 호드릭-프레스캇 필터($\lambda = 100$)를 사용했다.

---

1 기술적 생산성 개념은 도미니크 레비(Dominique Lévy)가 제안하였다.

2. 기술: 자본생산성과 노동생산성

이 절에서는 1970년부터 2019년 사이 한국 전체 경제 및 제조업의 자본
생산성과 노동생산성을 추계한다. 자본생산성은 앞 절에서 설명한 바와
같이, 고정자본(지식재산생산물 포함, 주거용 건물 제외) 대비 국민순소득의 비
율이며, 기간은 1970년부터 2019년까지이다.

우리는 그림 1에서 한국경제 제조업의 자본생산성과 기술적 자본
생산성의 장기적 양상을 확인할 수 있다. 전반적인 자본생산성 하락 추
이를 확인할 수 있다. 로그 스케일에 표현된 그림을 통해 1970년대부터
1997년까지의 일관된 자본생산성 하락을 확인할 수 있다. 하지만, 1997
년 이후 2000년대까지는 이 하락률이 둔화하고. 2010년 초반 이후 다시
증가한다. 따라서 우리는 이러한 관찰을 바탕으로 자본생산성의 추이를
중심으로 1970년 이후 세 시기를 구분한다. 첫 번째 시기는 1970년에서
1996년 외환위기 직전(제조업 자본생산성의 최저점)까지의 기간, 1997년 이
후 외환위기 이후 2000년대 초반(2012년)까지, 그리고 2013년부터 2019

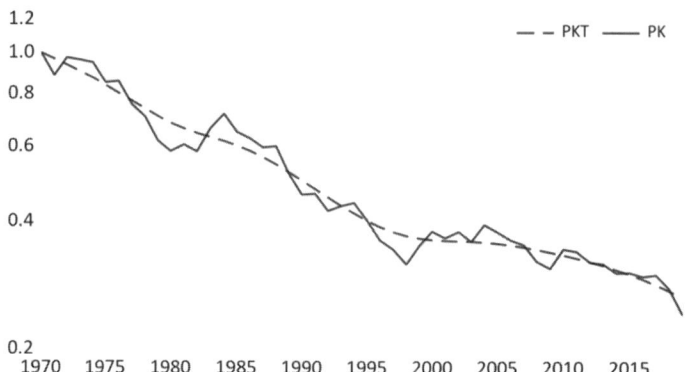

그림 1   자본생산성(P_K)과 기술적 자본생산성(P_{KT}): 한국 제조업(log scale, 1970–
2019)

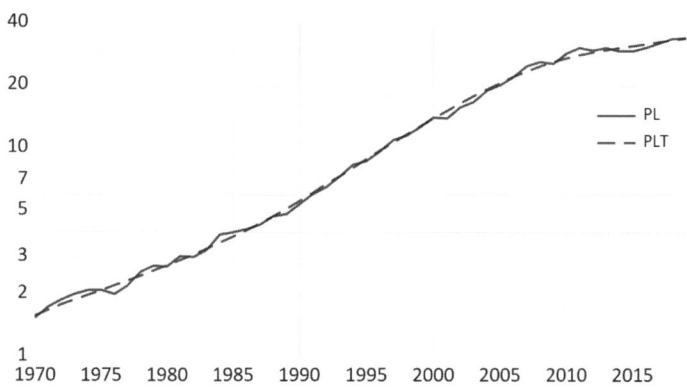

그림 2 노동생산성(P_L)과 기술적 노동생산성(P_{LT}): 제조업(log scale, 1970–2019)

년까지의 기간이다.

그림 2는 관찰 기간 내의 노동생산성의 추이를 보여준다. 노동생산성 성장률도 각 기간마다 변화하고 있음을 알 수 있으며, 2010년대 들어서 나타나는 성장률의 두드러진 둔화를 확인할 수 있다. 우리는 이후에 자본생산성 변화에 기초하여 구분한 시기를 중심으로 노동생산성의 변화를 추적해볼 것이다.

3. 분배: 이윤몫

이 장에서 우리가 주목하고 있는 분배변수는 이윤몫 또는 임금몫이다. 이는 앞 절에서 이야기한 바와 같이 순부가가치에 이윤 또는 임금이 차지하고 있는 비중이다. 우리는 제조업 부문의 총부가가치에서 고정자본소모를 제외한 순부가가치에서 피용자보수를 뺀 나머지 부분을 이윤으로 계산했다. 보통 한국경제와 관련한 분배몫 계산에서 자영업자의 조정

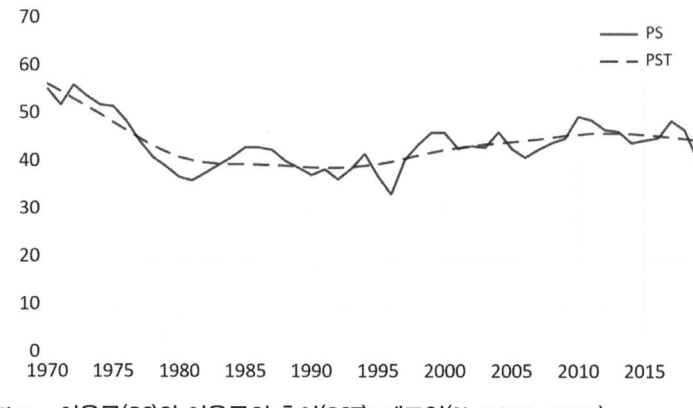

그림 3 이윤몫(*PS*)와 이윤몫의 추이(*PST*): 제조업(%, 1970–2019)

이 상당히 중요한 문제인데, 한국경제를 대상으로 할 경우, 상대적으로 높은 자영업 부문의 처리 방식이 문제이다. 한국경제에서 자영업자를 고려하여 분배몫을 구하는 방식을 논의하는 다양한 연구를 찾아볼 수 있다 (주상영·전수민, 2014, 2015; 홍민기, 2014 등). 김덕민(2022)를 보면, 제조업의 경우 자영업자 조정 전후로 대체로 수준 차이만 존재할 뿐 추세의 변화 같은 것은 보이지 않는다.

그림 3은 관찰 기간 내의 이윤몫의 변화를 보여주고 있다. 1980년 대 초반까지 하락하던 이윤몫은 1980년대 중반에서 외환위기 이전까지 이전 시기에 비해 낮은 편이지만, 안정적이다. 외환위기 이후 다시 증가 하여 안정적으로 유지되다가 2010년 중반 약간의 하락 추세를 보인다. 자본생산성 및 노동생산성과 마찬가지로 이윤몫도 자본생산성의 변화에 기초하여 구분한 시기를 중심으로 살펴본다.

4. 이윤율

이윤율은 이러한 기술과 분배의 장기적 상황을 보여주는 지표이다. 이
윤율은 기본적으로 자본축적과 관련되어 있으며, 여기에는 세 가지 메
커니즘이 연관되어 있다. 1) 높은 이윤율은 자본가들의 투자 성향을 자
극(motivate)한다. 2) 더 많은 이윤으로 투자자금을 조달할 수 있으며, 만
약 수익성이 하락하면, 유동성 부족으로 파산할 수도 있다. 이윤율은 자
금조달 상황을 평가하는 주요 변수이다. 3) 이윤율의 저하는 거시경제적
불안정성을 확대한다(Dumènil and Lèvy 2011: 22).

그림 4는 1970년부터 2019년까지 한국경제 제조업 부문의 이윤
율 흐름을 보여주고 있다. 1970년대 다소 극단적으로 높은 이윤율 수준
(1970년 약 55%)에서 1980년 약 21% 수준까지 급격히 하락한다. 1980년
대 후반의 일시적 반등 이후 1997년 외환위기까지 꾸준한 하락을 확인
할 수 있으며, 2000년대는 안정화되었다. 앞에서 우리가 관찰한 것처럼

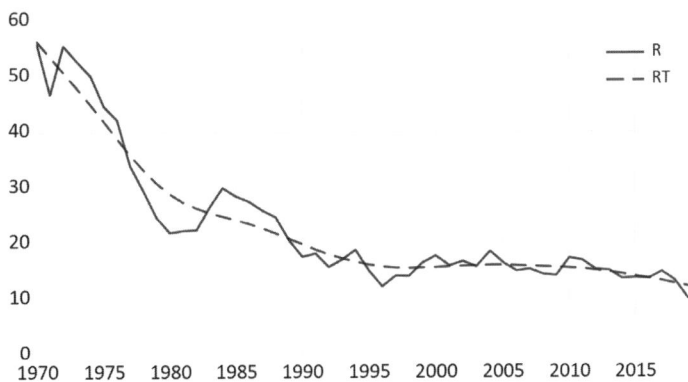

그림 4 　제조업 이윤율(R)과 그 추세(RT): 제조업(%, 1970-2019)

표 1 연평균 성장률: 한국 제조업(%, 1970-2019)

	P_K	P_l	w	π	r
1970-2019	-2.6	6.7	7.3	-0.6	-3.2
1970-1996	-3.6	7.5	9.2	-1.7	-4.3
1970-1979	-4.8	6.8	10.7	-3.9	-8.5
1980-1996	-2.9	7.9	8.4	-0.5	-3.4
1997-2012	-0.5	7.4	5.8	1.6	1.1
2013-2019	-3.8	2.1	3.8	-1.7	-4.5

이윤율 또한 2010년 초반 이후 하락 추세가 일부 나타나고 있다. 이러한 한국경제 제조업을 대상으로 한 이윤율 및 기술과 분배에 대한 논의를 표를 정리하면 표 1과 같다.

1970년부터 2019년까지 제조업의 기술적 양상은 음의 자본생산성 성장률과 양의 노동생산성 성장률을 표현하는 편향적 기술변화(biased technical change, Foley, Michl, and Tavani, 2019)의 형태를 취하고 있다. 고정자본을 빠르게 축적하면서, 높은 수준의 노동생산성(자본생산성이 꾸준히 하락하고 있으므로 높은 노동생산성을 달성하기 위해서는 더 많은 고정자본이 필요하다)을 달성했다. 대신 이윤율은 전반적으로 하락하는데, 관찰 기간 내의 이윤율 저하의 대부분(약 80%)은 자본생산성 하락 때문이다. 외환위기 이전 1996년까지도 유사한 양상을 보인다. 이는 정성진(2004)과 안정화(2007, 2009)의 관찰을 재확인한다. 정성진(2004)과 안정화(2007, 2009)는 이러한 관찰을 토대로 이윤율 저하를 1997-8년 위기의 구조적 원인이라 주장했다.

1997년부터 2012년, 즉 2000년대 전후의 기간은 다른 기간과는 다른 특징을 지닌다. 우선 2000년대 자본생산성 하락은 다른 시기에 비해 첨예하지 않다. 즉, 자본생산성이 약간 하락 추이를 보이거나 거의 일정했다고 평가할 수 있다. 다른 한편, 노동생산성 상승률이 전체 평균

(6.7%)을 상회하며, 7.4%로 이전 기의 수준(1970년에서 1996년 7.5% 또는 1980년에서 1996년 사이 7.9%)을 거의 회복했다. 따라서 2000년대는 1970년대 이후 한국경제에서 자본을 가장 효율적으로 사용했거나 가장 효율적인 자본을 도입했던 시기였다. 둘째, 분배의 측면에서 이윤몫이 상승했다. 비록 노동생산성 성장에 실질임금 상승이 미치지 못하는 시기이기는 하지만, 실질임금 상승률 5.8%(전체 경제의 실질성장률 연평균 4.6%, 제조업 부문의 실질성장률 연평균 6.6%)는 다른 부문과 비교할 때 현저히 낮은 것으로 평가하기는 어렵다. 2000년대 한국경제의 제조업 부문은 기술 및 분배의 측면에서 수익성에 우호적인 조건이 형성되어 있었으며, 따라서 이윤율은 연평균 1.1%로 1970년대 이후 처음으로 상승했다.

제조업 부문에만 상정한다면, 외환위기 이후 2010년대 초반에 이르는 시기는 기업들에 우호적인 상황이 형성되어 있었을 뿐만 아니라 이윤몫의 증가에도 불구하고 제조업 노동자들의 조건이 크게 후퇴하지 않았음을 확인할 수 있다. 외환위기 이전의 고성장 시기에는 미치지 못하지만, 제조업 부문 기업들과 노동자들 사이에는 서로에게 매우 우호적인 조건이 형성되었다. 김덕민(2022)의 전체 경제에 대한 평가도 참고할 수 있는데, 전체 경제를 대상으로 했을 때 외환위기 이후 자본생산성 하락률이 이전 시기에 비해 감소하는 모습을 관찰할 수 있다. 노동생산성 또한 2000년대 증가하고, 2000년대 실질임금 상승률(3.9%)보다 노동생산성 상승률(4.6%)이 크기 때문에 이윤몫이 일부 증가하는 모습을 보이지만, 그리 크지 않다. 김덕민(2022)는 2001년에서 2009년까지를 대상으로 하고 있는데, 그 시기 전체 경제의 실질성장률은 4.4%이다.

네 번째 시기인 2010년대 중반부터의 특징을 살펴보자. 2013년부터 자본생산성은 다시 하락하고 있으며, 이는 1970년대보다는 가파르지 않지만, 첫 번째 시기(1970-1997) 연평균 하락률에 가깝다. 게다가 이윤몫 또한 하락하여 이윤율이 빠르게 떨어지고 있다. 특히, 주목해야 할 것은 노동생산성 성장률이다. 실질임금 성장률은 전체 기간 대비 가장 낮은 수준이지만, 마찬가지로 전체 기간 대비 가장 낮은 수준의 노동생산성을 기록하고 있다. 이 낮은 노동생산성과 상대적으로 높은 실질임금 상승률 때문에 이윤몫이 하락했다. 또한 2000년대 대비해서 자본투자가 효율적이지 못하거나 효율적으로 사용되고 있지 못하다는 점을 자본생산성의 하락과 노동생산성 둔화의 원인으로 지목할 수 있다. 이러한 한국경제의 2010년 초반 이후의 양상은 매우 독특하다. 특히, 노동생산성이 크게 둔화하였다.

표 2를 보면 2013년에서 2019년 사이 이전 기에 비해 노동자당 자본량의 성장률이 감소했다는 점을 확인할 수 있다. 즉, 제조업 노동자의 증가율을 비해 자본증가율이 상당히 낮다. 또 다른 한편에서 이를 최근의 노동생산성 둔화의 큰 이유 중 하나로 판단할 수도 있다. 2010년대 이후의 상황은 상술한 바 대로 1970년대와 그 양상이 조금 다르기는 하지만, 이는 자본생산성의 하락으로 이윤율 또한 하락하는 새로운 시기에 진입했음을 시사한다. 물론 최근의 이러한 양상은 2017년 이후의 영향이 상당히 많이 포함되어 있으므로, 더 지켜볼 필요가 있다. 하지만, 이러한 기술적 조건의 변화는 여러 정책의 실행(예를 들어, 포스트케인스주의적인 수요 관리적 경제 정책)에도 큰 영향을 줄 수 있다.

표 2   노동자당 자본량: 제조업 연평균 성장률(%, 1970-2019)

	1970-2019	1970-1996	1997-2012	2013-2019
노동자당 자본량	15.3	21.8	9.3	5.0

5. 더 논의해야만 할 것

이 글에서 우리는 이윤율을 중심으로 한국경제를 분석해온 다른 연구를 연장하면서, 특히 2000년대 이후 한국경제 제조업의 기술 및 분배 흐름을 해석하려고 했다. 한국경제의 제조업은 1970년 이후 현재까지 자본생산성이 하락하고, 노동생산성이 상승하는 편향적 기술 진보 형태를 보여왔다. 단, 우리는 1997-2012년 구간을 자본생산성 하락률이 거의 일정하고, 동시에 노동생산성 성장률이 다른 기간에 상당한 수준에 도달한(전체 평균을 상회하는) 수익성에 아주 우호적인 기술 조건이 존재한 기간이라 평가한다. 게다가 이렇게 도달된 기술적 조건은 실질임금 성장률 또한 초과하면서, 이윤몫을 성장시켜 분배 측면에서도 수익성에 우호적인 조건을 창출하였다.

하지만 2010년대 이후에 다시 이전의 추세가 나타난다. 노동생산성 측면에서 성과를 달성하지 못한다는 점에서 이 추세는 이전보다 훨씬 열악한 조건을 만들어내고 있다는 차이가 있다. 미국경제에도 유사한 모습이 나타나고 있는데, 이를 뒤메닐과 레비의 연구(Duménil and Lévy 2016)과 비교해볼 수 있다. 우리가 한국경제를 구분한 1970년-1997년 구간과 마찬가지로 뒤메닐과 레비의 1963년-1986년 구간에서 자본생산성이 하락하고 이윤몫이 감소하면서 미국 이윤율은 하락한다. 뒤메닐과 레비의 두 번째 구간 1986년-2004년에는 자본생산성이 일부 상승(연평균 0.4%)하고, 이윤몫이 증가한다. 이를 우리가 관찰한 한국 제조업의 2000년대 구간과 비교해볼 수 있다. 약 10년간의 간격을 두고 미국경제와 유사한 기술 및 분배 특징을 갖는다고 주장할 수도 있다.

미국경제는 2004년 이후 다시 자본생산성이 하락하는데, 실질임금 성장률이 노동생산성 성장률에 미치지 못하면서 이윤몫이 일부 증가하면서 이윤율의 급격한 하락을 막고 있다. 한국 제조업 부문에도 유사한 상황이 2010년대 초반 이후 발생하고 있다. 다만 한국 제조업의 경우 노동생산성 성장률이 이전에 비해 훨씬 악화한 상태이다. 이를 둘러싼 계급투쟁이 이제 시작되리라 명확하게 예상할 수 있다.

우리는 2000년대 성과를 설명하면서, 이 시기 실질임금 성장률을 낮게 평가할 수 없다고 부연하였다. 하지만 이러한 평가는 그 시기에 벌어진 소득 불평등의 확대를 부정하려는 의도는 아니다. 이에 대한 논의를 위해서는 임금 소득 상위계층으로의 소득 집중 현상을 충분히 논의해야 한다. 이에 대한 논의는 이 장의 범위를 넘어선다. 우리는 홍민기 (2015a; 2015b; 2016)을 참고할 수 있으며, 마르크스 경제학의 관점을 적극 도입한 정성진·정구현(2022) 또한 참고할 필요가 있다.

우리는 2004년 이후 미국경제의 생산성 둔화와 2010년대 이후 한국경제의 생산성 둔화는 10년 정도의 격차를 두고 반복되고 있다는 점을 확인했다. 이러한 기술 조건의 악화가 어떻게 진행될 것인지 알 수는 없다. 2019년에서 벌어졌던 코로나19의 영향 또한 여전히 진행 중이다. 중국경제가 이제야 서서히 그 영향에서 벗어나고 있다. 이후 몇 년간의 상황이 새로운 기술 조건의 방향을 명확히 판단할 수 있도록 해줄 것이다. 한국에서 짧게 끝나고 말았지만, 소득주도성장과 같은 새로운 진보적 경제 정책을 시도하기도 하였으며 몇몇 경제학자들은 아직도 관련된 정책을 계속 추진하려고 노력하고 있다(나원준 2018; 2021). 칼레츠키적인 임금주도성장이든, 다른 형태의 수요 촉진 정책이든 주요한 매개고리는 생산성의 상승이다. 수요의 촉진에 동반하는 생산성 향상이 이로부터 발생할 수 있는 다른 부정적 부수 효과(예를 들어 물가의 상승 등)를 회피할 수 있도록 해주기 때문이다(라부아 2016). 따라서 비판적 경제학 일반을 추구하는 이들은 이러한 새로운 기술 조건의 등장에 주목할 필요가 있다.

참고문헌

김덕민. 2018. "한국경제의 이윤율과 자본축적", 『마르크스주의연구』, 15(2), pp. 96-123.

김덕민. 2022. "한국경제: 기술과 분배(1970-2019)", 『사회경제평론』, 67호, pp. 1-40.

나원준. 2018. 『소득주도 성장의 경제학』. 해남.

나원준. 2021. 『MMT 논쟁』. 진인진.

류동민·주상영. 2014. "피케티 이후의 마르크스비율", 『사회경제평론』, 45호, pp. 161-183.

안정화. 2009. "자본축적과 노동시장의 구조변화: 자본스톡의 추계와 분석(1970-2008)", 『사회경제평론』, 32호, pp, 1-40.

정성진. 2004. "1997년 경제 위기 이후 한국 자본주의의 변화", 『경제와 사회』, 64, pp. 84-117.

정성진. 2005. "한국경제의 마르크스 비율 분석: 1970-2003", 『사회경제평론』, 25, pp. 293-339.

정성진·정구현. 2022. "한국의 소득 불평등의 계급적 분석", 『경제와 사회』, 134, pp. 100-141.

주상영·전수민. 2014. "노동소득분배율의 측정: 한국에 적합한 대안의 모색". 『사회경제평론』, 제43호, pp. 31-65.

주상영·전수민. 2015. "산업별 노동소득분배율의 측정: 한국에 적합한 대안의 모색". 『경제발전연구』, 제21권 제4호, pp. 35-76.

홍민기. 2014. "산업구조변화 노동소득분배율". 『월간노동리뷰』, pp. 50-62.

홍민기. 2015a. "최상위 임금 비중의 장기 추세(1958-2013)", 『산업노동연구』, 21(1), pp. 191-220.

홍민기. 2015b. "최상위 소득 비중의 장기 추세(1958-2013)", 『경제발전연구』, 21(4), pp. 1-34.

홍민기. 2016. "최상위 소득 집단의 직업 구성과 직업별 소득 분배율", 『사회경제평론』, 29(3), pp. 27-50.

라부아, 마크. 2016. 『포스트 케인스학파 경제학 입문: 대안적 경제 이론』. 김정훈 옮김. 후마니타스.

마르크스, 칼. 2010. 『자본 Ⅲ-1』, 강신준 옮김, 코기토 총서, 도서출판 길.

Duménil, Gérard. and Lévy, Dominique. 2011. "The Crisis of the Early 21st Century: A Critical Review of Alternative Interpretations", Paris-Jourdan Sciences Économiques: Paris.

Duménil, Gérard. and Lévy, Dominique. 2016, "Technology and Distribution in Managerial Capitalism. The Chain of Historical Trajectories à la Marx", *Science and Society*, 80(4), 530-549.

Foley, Duncan. K., Michl, Thomas R. and Tavani, Daniele. 2019. *Growth and Distribution*. Cambridge, MA: Harvard University Press.

제6장

자본순환, 이윤율, 금융화: 1980–2018년 한국의 사례[1]

정구현(경상국립대학교 SSK연구단 선임연구원)

1. 서론

자본 저량 대비 이윤의 비율인 이윤율은 자본주의 경제의 거시적 동학을 파악하는 데에 있어서 핵심적인 지표이다. 평균 이윤율이 높을수록, 자본은 생산을 더 큰 비율로 확대할 수 있고 또 그렇게 할 만한 동기를 얻게 된다. 다른 모든 조건이 불변이라면, 경제는 일정한 비율로 무한히 성장할 것이다. 그러나 어떠한 요인에 의해 평균 이윤율이 하락하기 시작한다면, 잠재적 자본성장률은 하락하고 또 무엇보다도 축적의 동기가 약해진다. 자본은 기존의 안정적 이윤율이 회복될 때까지 축적을 감소시키고, 유휴화폐자본을 보유해 두거나 (주어진 경제의 저하된 이윤율의 영향을 직접적으로 받지 않는) 글로벌 금융부문, 부동산 부문 등으로 투자처를 옮길

---

1   이 장은 정구현(2021: 17–35)의 일부를 수정 및 보완한 것이다.

수 있다. 이러한 전환은 완만하게 불황으로 이어질 수도 있지만, 심각한 유동성 위기와 결부되면 갑작스러운 경제위기로 터져 나올 수 있다. 반면, 불황의 지속은 생산성이 낮은 자본을 정리시키고 기타 조건을 변화시켜 다시금 이윤율 상승의 조건을 형성한다. 이처럼 이윤율의 변동은 자본주의 경제의 장기적 변동을 설명한다.

이윤율 변동을 설명하는 기존의 연구들은 그 변동요인으로서 자본-노동간 분배와 기술에 초점을 맞추어 왔다. 마르크스의 고전적인 이윤율 분해에서, 이윤율은 잉여가치율과 자본의 유기적 구성으로 결정된다(마르크스 2015: 263-264). 이때 잉여가치율은 가변자본 대비 잉여가치의 비율로서 직접생산자인 노동자가 생산한 가치생산물이 임금과 이윤으로 분할되는 비율을 가리키고, 자본의 유기적 구성은 가변자본 대비 불변자본의 비율로서 생산에 투입된 노동량 대비 자본량이라는 자본의 기술적 구성을 그대로 반영하는 가치 비율을 뜻한다. 따라서 마르크스는 이윤율이 잉여가치율과는 같은 방향으로 그리고 자본의 유기적 구성과는 반대방향으로 움직이고,(계급의 힘관계에 의해 사회적으로 결정되는) 잉여가치율이 일정하다고 가정할 때 자본주의에서는 점차 노동량보다는 자본량이 증가하는 방식의 기술진보가 이루어지며 따라서 이윤율이 저하하는 경향이 있다는 논의를 펼친다(마르크스 2015: 264). 이러한 논의는 정구현과 정성진(Jeong & Jeong 2020), 정이근(2017), 클라이먼(2012) 등에서 재확인 및 실증된 바 있다. 마르크스의 고전적인 이윤율 분해를 보다 현대적으로 해석한 연구들, 예컨대 김덕민(2022), 뒤메닐과 레비(Duménil & Lévy 2016), 류동민과 주상영(2014) 등에서는 이윤율을 이윤몫과 산출-자본 비율로 분해하는데, 전자는 분배요인을, 후자는 기술적 요인을 가리킨다. 이러한 연구들은 생산영역(또는 조건)의 변수들로 이윤율을 설명하고자 한다.

그런데, 생산영역의 변화가 이윤율 변동을 결정하는 일차적인 위치에 있다는 점을 차치하더라도, 이 경우 유통영역(또는 조건)은 대체로 고려되지 못했고, 유통영역을 고려하여 이윤율을 분석한 연구는 상대적으로 적다. 마르크스주의 경제학에서는 임금과 이윤의 비율이 생산영역에서 결정되거나(노동일의 연장 혹은 소비재 생산부문의 생산성 향상) 혹은 사회적으로, 즉 외생적으로 주어진다고(노동자가 소비하는 재화의 구성과 양) 본다는 점에서, 이윤율의 설명요인으로 자본-노동간 분배를 포함하는 연구도 그렇다. 반면, 한 편에서, 몇몇 연구들은 이윤율이 자본회전율과 같은 방향으로 움직인다는 마르크스의 논의를 확장, 심화(가장 최근의 성과로는 아카시 2021)하고 이를 실증(Fichtenbaum 1988)하기도 했다. 또 다른 한 편에서는 생산영역과 유통영역을 통합적으로 고려하는 자본순환의 관점에서 이윤율을 분석하고 실증하려는 던컨 폴리의 중요한 시도(Alemi & Foley 2010; 폴리 2015: 107-151)와 생산영역과 유통영역의 대립이 이윤율에 미치는 영향을 분석한 논의(Passarella and Baron 2015)가 있었다.

이 글은 자본순환 상에서 생산에 소요되는 시간(생산지체)과 유통에 소요되는 시간(유통지체)의 비율이 이윤율에 미치는 영향과 그 중요성을 검토하고, 유통지체 중 재투하지체에 금융화가 미치는 영향을 논의한 이후, 1980-2018년 한국 경제를 대상으로 하여 이윤율 변동과 그 요인을 실증하는 것을 목표로 한다.

2. 유통시간, 자본의 시간구성, 이윤율

자본을 화폐 및 유가증권(화폐자본), 실물자본으로서의 자본재(생산자본), 완성품 및 반제품(상품자본)을 순차적, 반복적으로 거치는 운동으로 이해할 때, 이를 자본의 순환이라고 할 수 있다(마르크스 2016: 31-32). 이때 자본이 하나의 형태에서 다음 형태로 전환되는 데에는, 다시 말해 투자(화폐자본에서 생산자본으로), 생산(생산자본에서 상품자본으로), 판매(상품자본에서 화폐자본으로)가 완료되는 데에는 일정 길이의 시간이 요구된다.

생산시간과 유통시간은 각각(잉여)가치를 생산하는 기능을 하는 자본량과 가치를 유통시키는 자본량을 결정한다. 이 논의를 이해하기 위해 하나의 수치예를 들어보자. 아래의 그림은 개별자본A의 순환을 보여준다. 여기에서는 논의를 단순화하기 위해 단순재생산을 가정하고, 잉여가치율 300%, 생산시간=실현시간=재투하시간=73일(=1년/5), 고정자본 연간 회전율 10%, 유동자본 연간 회전율 500%을 가정한다. 개별자본 A의 순환에서 생산자본 형태의 자본 저량은 1,000원으로, 고정자본 900원, 유동불변자본 90원, 가변자본 10원으로 나뉜다. 앞선 가정을 고려하면 연간 생산된 가치 유량은 740원으로, 고정자본 이전량 90원(=900원×0.1), 유동불변자본 이전량 450원(=90원×5), 가변자본 생산량 50원(=10원×5), 잉여가치 생산량 150원(=10원×3×5)의 합이다. 한편, 상품 형태를 띠는 자본 저량은 148원(=740원/5)로, 상품이 판매되는 데에 소요되는 시간인 73일간 생산되었으나 판매되지 못한 상품 저량의 가격을 가리킨다. 생산시간=실현시간=투하시간이기 때문에 화폐자본 저량 역시 148원이 된다. 연간 실현된 가치량 740원은 다음과 같은 두 가지 경로로 지출되고 한 가지 경로로 보충된다: (1) 단순재생산을 위해 고정자본 90원, 유동불변자본 450원, 가변자본 50원 만큼 재투하된다. (2) 비생산적 노동자 임금, 상업서비스 사용료, 금융서비스 사용료, 이자 및 배당금, 지대, 자본가의 개인적 소비 모두를 위해 210원이 지출된다. (3) 부족한 화폐 60원은 사회에 형성되어 있던 유휴화폐자본으로부터 대출되어 개별자본 A의 순환으로 입장한다. 이 수치예가 보여주는 것은 순환상 각 단계에서

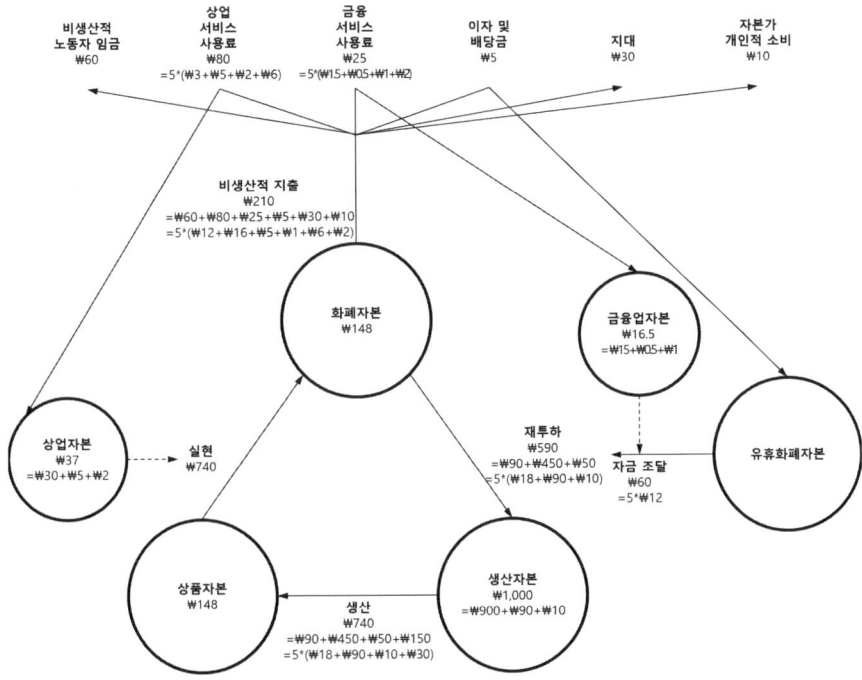

그림 1 자본순환의 하나의 수치 예

* 실선 화살표는 가치의 흐름을, 점선 화살표는 특화된 자본이 개별자본A의 순환과
정에 제공하는 기능의 흐름을 의미함.

소요되는 시간이 각 자본 저량의 크기를 결정한다는 것이다. 만약 어떠
한 사정의 변화로 상품 판매에 소요되는 시간이 2배로 늘어난다면, 자본
이 상품의 형태에 갇히는 시간이 2배로 늘어날 것이고 따라서 상품자본
저량은 148원이 아니라 296원(=148원×2)이 될 수밖에 없다. 그리고 이
경우 생산된 잉여가치량은 불변인 데에 비하여 각 형태의 자본 저량 전
체는 증가할 수밖에 없다.

　　결과적으로 마르크스의 자본순환론은 생산시간과 유통시간의 길이
에 따라 하나의 형태에 갇히는 자본량, 따라서 특정 시점의 모든 순환 상
의 자본량 변화를 논증한다. 동시에 마르크스의 자본순환론은 또 하나의

중요한 시사점을 가리킨다. 그에 따르면, 자본의 가치증식 극대화를 위해서는 자본의 전체 순환시간[2] 중 판매와 투자에 소요되는 시간인 유통시간을 극소화할 필요성이 제기된다. 마르크스는 유통시간은 생산시간과 달리 자본의 가치증식에 기여하지 않고 이를 보존할 뿐이며, 생산시간 대비 유통시간의 비율이 확대될수록 같은 기간에 (잉여)가치를 생산하는 기능을 하는 자본량은 상대적으로 축소되고 가치증식은 제한되므로 유통시간은 극소화될 필요성이 있다고 주장한다(마르크스 2016: 148-149). 즉 마르크스의 자본순환론은 생산시간과 유통시간의 "상호배타적(마르크스 2016: 148)" 관계를 보여주고 있다.

또한 마르크스의 자본순환론은 이윤율에 새로운 의미를 부여한다.[3] 위의 수치예에서 통상적인 연간 이윤율은 15%(=연간 생산된 잉여가치 150원/생산자본 저량 1,000원)으로 계산된다. 그러나 위와 같은 자본순환이 이루어지고 있다는 사실은 자본으로 특정량의 생산자본 뿐만 아니라 특정량의 상품자본 및 화폐자본 역시 동시적으로 존재해야 함을 보여준다. 따라서 이윤율의 분모에는 상품자본 및 화폐자본까지 포함되어, 이윤율은 11.6%(≒150원/(1,000원+148원+148원))이 된다. 모종의 이유로 판매시간이 2배로 연장된다면 연간 이윤율은 10.4%(≒150원/(1,000원+296원+148

---

2 여기서 자본 회전시간이 아니라 순환시간이라고 한 것에 주의하라. 자본 회전시간은 최초에 투하된 자본을 회수하고(주어진 잉여가치율에서) 증식시키는 데에 소요되는 시간(마르크스 2016: 189)을 의미하는 반면, 자본 순환시간은 자본이 화폐자본-생산자본-상품자본의 한 순환고리를 완성하는 데에 소요되는 시간(마르크스 2016: 144)을 의미한다.

3 앞선 수치예는 개별자본의 순환을 보여준다. 그러나 각 부문 별로 순환에 소요되는 시간이 대체로 균등화될 것이라는 점, 또한 부문들 간의 평균적인 순환시간을 도출할 수 있을 것이라는 점에서 이를 사회적 총자본에 적용해도 무리는 없을 것이다.

원))로 하락할 것이다. 다시 말해 수정된 이윤율은 가치실현에서의 어려움을 반영한다.

이때 한 가지 지적하고 넘어갈 것은(상품자본 및 화폐자본의 증가 혹은 감소를 야기하는 연장된 혹은 단축된) 유통시간과 유통비용을 구분하는 것이다. 위의 수치예에서 개별자본A의 상품자본, 화폐자본 저량(각각 148원)은 상품 판매 역할을 대신하는 상업자본 저량(37원), 재투하를 위한 자금조달을 돕는 금융업자본 저량(16.5원)과는 다르다. 개별자본A는 상품 판매와 자금 조달을 위해 이 기능에 특화된 상업자본과 금융업자본의 도움을 받고 그 대가로 잉여가치의 일부를 이전한다. 이러한 잉여가치의 이전은 자본의 유통과정에서 별 수 없이 발생하는 비용이다. 개별자본A는 상업자본에게 서비스 사용료로 다섯 차례에 걸쳐 각각 16원을 지불하는데, 이는 상업자본 저량(37원=노동수단 30원+노동대상 5원+임금 2원)을 보충하고 6원만큼의 상업이윤을 제공하는 것이다. 마찬가지로 개별자본A는 금융업자본에게 금융서비스 사용료로 5원을 각각 다섯 차례에 걸쳐 지불하고 이는 금융업자본 저량 보충 및 금융이윤으로 된다. 유휴화폐자본 60원을 제공한 화폐자본가 혹은 주주에게는 이자 및 배당금으로 5원이 지급된다. 따라서 가치 실현 및 자금 조달을 위해 자본이 한 지출(유통비용)과 관계가 있는 것은 상업자본 및 금융업자본 저량이지, 상품자본 및 화폐자본 저량이 아니다. 더 나아가, 일종의 유통비용으로서의 상업자본과 금융업자본 역시 특정량이 요구될 것이다. 판매와 자금조달을 위한 기능을 개별자본A가 자체적으로 수행하든, 아니면 위의 예와 같이 전문화된 기업에 맡기든, 이 기능을 수행하기 위해서는 특정량의 비용이 소모되기 때문이다. 그러나 상품자본과 화폐자본처럼 상업자본과 금융업자본 양을 이윤율의 분모에 포함해서는 안된다. 이전된 잉여가치의 일부를 다시 분모에 넣는 오류가 될 것이기 때문이다.

자본순환을 반영하는 이윤율 공식을 제기한 연구로 던컨 폴리(2015: 107-151)와 파사렐라와 바론(Passarella and Baron 2015)의 연구를 꼽을 수 있다. 폴리의 자본순환모형은 연간 이윤율 공식을 다음과 같이 제시한다.

$$\pi = \frac{\mu}{T_P + T_C + T_M} \quad (1)$$

식(1)에서 π는 연간 이윤율, μ는 회전당 이윤율, T_P, T_C, T_M은 각각 생산지체, 실현지체, 재투하지체를 의미한다. (각 지체는 1년을 1로 두었을 때 각 단계에서 소요되는 시간이다.) 같은, 그러나 보다 깊은 함의를 품은 형태로 파사렐라와 바론(Passarella and Baron 2015: 16-19)은 다음과 같은 이윤율 공식을 제기한다.

$$\pi = \frac{1}{T_P(1+\tau)} \frac{\sigma}{\chi+1} \quad (2)$$

식(2)에서 σ는 잉여가치율, χ는 자본의 유기적 구성을 의미한다. 그런데 여기에서 파사렐라와 바론은 생산지체 대비 유통지체(=실현지체+재투하지체) 간 비율을 식(3)과 같이 τ, 즉 자본의 시간구성(temporal composition of capital)으로 두고 있다. 자본의 시간구성 개념은 생산시간과 유통시간의 대립에 관한 마르크스의 아이디어를 잘 담고 있다.

$$\tau = \frac{T_C + T_M}{T_P} \quad (3)$$

위 두 식은 우리에게 익숙한 형태의, 회전율을 고려한 연간 이윤율 공식, 즉 식(4)의 변형이기도 하다. (여기에서 η는 연간 자본 회전율을 의미한다.)

$$\pi = \frac{\eta \sigma}{\chi + 1} \quad (4)$$

그런데, 폴리와 파사렐라, 바론의 식은 자본순환에 관한 제한적인 시야를 제공한다. 다음과 같은 두 가지 점에서 그렇다. 첫째, 두 식 모두 논의를 단순화하기 위해 고정자본을 고려하지 않고 있다. 폴리는 자신의 자본순환모형에서 고정자본을 명시적으로 배제하고 있으며, 파사렐라와 바론은 암묵적으로 그렇다. 둘째 문제는 좀 더 복잡한데, 두 식 모두 자본회전율을 총순환지체의 역수로 두고 있다. 여기에서는 생산, 실현, 재투하는 하나의 순환계열에서는 순차적으로 이루어지지만, 모든 순환계열을 고려하면 동시적으로 이루어진다는 점이 중요하다. 앞서 들었던 수치예에서, 생산지체, 실현지체, 재투하지체는 각각 1/5, 그 합은 3/5로, 그 역수는 5/3이다. 반면 자본회전율은 5로, 이는(어느 자본 순환 형태를 기준으로 하든) 자본이 다시 회수되는 시간, 즉 1/5의 역수에 해당한다. 따라서 자본회전율은 전체 순환지체의 역수와는 다를 수밖에 없다.

이러한 점을 보완하여 연간 이윤율을 정리하기 위해서, 먼저 폴리의 자본순환모형으로부터 몇 가지 식을 수정 차용해볼 수 있다. 이때 C는 연초 상품자본, M은 연초 화폐자본, P는 연초 생산자본, V는 연간 생산된 가치, R은 연간 실현된 가치, A는 연간 재투하된 가치, x'는 비용의 유기적 구성을 의미한다.

$$C = T_C V$$
$$M = T_M R \quad (5)$$
$$P = T_P \frac{\chi + 1}{\chi' + 1} A$$

식(5)는 자본 저량과 가치 유량 사이의 관계를 보여주는데, 상품자본에는 연간 유입되는 생산 가치량이 실현지체 동안 머무르고, 화폐자본에는 연간 유입되는 실현 가치량이 재투하지체 동안 머무른다는 점을 보여준다(폴리 2015: 122). 생산자본의 경우는 조금 다른데, 연간 유입되는 재투하 가치량은 비용의 가치구성으로 구성되어 있는 데에 반해, 생산자본은 자본의 가치구성을 따르기 때문이다.[4]

$$R = \frac{\chi'+1+\sigma}{\chi'+1} A = V \quad (6)$$

다음으로 식(6)은 연간 생산 가치량과 실현 가치량은(상품 재고를 고려하지 않는다면) 동일한 것에 비해, 연간 재투하 가치량은(단순재생산을 가정한다면) 앞선 두 가치량에서 잉여가치량을 제외해야 함을 가리키고 있다.[5]

식(5)와 식(6)을 이용하면, 수정된 연간 이윤율 공식을 다음과 같이 제시할 수 있다. 이때 R_S는 연간 실현된 잉여가치를 의미한다.

$$\pi = \frac{R_S}{P+C+M}$$

$$= \frac{\dfrac{\sigma}{\chi'+1+\sigma} R}{T_P \dfrac{\chi+1}{\chi'+1} A + T_C V + T_M R} \quad (7)$$

---

4 폴리는 고정자본을 고려하고 있지 않으므로, 생산자본 역시 다른 두 형태의 자본과 유사한 방식으로, 생산지체 T_P와 재투하 가치 저량 A의 곱으로 규정하고 있다(폴리 2015: 122).

5 이 장에서는 생산과정에서 재투하 가치량에 잉여가치가 추가되는 것으로 식을 정리한 반면, 폴리는 상품이 판매될 때 마크업 q이 붙는다고 하여 $R/(1+q)=A=V$로 쓰고 있다(폴리 2015: 121).

$$= \frac{\dfrac{\sigma}{\chi'+1+\sigma}R}{T_P \dfrac{\chi+1}{\chi'+1} \dfrac{\chi'+1}{\chi'+1+\sigma}R + T_C R + T_M R}$$

$$= \frac{\sigma}{T_P(\chi+1) + (T_C+T_M)(\chi'+1+\sigma)} = \frac{\dfrac{1}{T_P}\sigma}{\chi + \tau(\chi'+1+\sigma)+1}$$

좌변의 첫번째 행을 두번째 행으로 바꿀 때 식(5)를, 두번째 행을 세번째 행으로 바꿀 때 식(6)을 사용하면, 연간 이윤율 공식은 마지막 행과 같이 표현할 수 있다. 결과적으로 식(5)의 함의는 다음과 같다: 연간 이윤율은 생산지체의 역수(즉 통상적인 회전율과는 조금 다른 의미에서의 생산반복율)과는 같은 방향으로 변화하고, 자본의 가치구성, 자본의 시간구성, 비용의 가치구성과는 반대 방향으로 변화한다. 이중 비용의 가치구성은 다시 자본의 가치구성, 생산반복율, 그리고 고정자본의 소모율에 의해 결정된다. 잉여가치율이 이윤율에 미치는 영향을 해석하는 데에는 주의를 요한다. 왜냐하면 이윤율 공식의 분자와 분모 모두에 잉여가치율이 포함되어 있기 때문이다. 이것이 의미하는 바는 잉여가치율이 높을수록 생산되는 잉여가치량도 증가하지만 동시에 상품자본, 화폐자본에 묶여 있어야 할 저량도 늘어날 것이라는 점이다. 잉여가치율 변화가 연간 이윤율 변화에 미치는 영향을 살펴보기 위해, 연간 이윤율을 잉여가치율에 대해 미분하면, 식(8)을 얻을 수 있다.

$$\frac{d}{d\sigma}\left[\frac{\dfrac{1}{T_P}\sigma}{\chi+\tau(\chi'+1+\sigma)+1}\right] = \frac{\chi+\tau(\chi'+1)+1}{T_P\big(\chi+\tau(\chi'+1+\sigma)+1\big)^2} \qquad (8)$$

이때, 식(9)를 가정한다면(이러한 가정은 합리적이다.),

$$\chi \succ 0,\ \chi' \succ 0,\ \tau \succ 0,\ \text{and } 0 \prec T_P \prec 1 \quad (9)$$

잉여가치율 증가에 따른 이윤율 변화율의 그래프를 다음과 같이 그릴 수 있다. 아래의 그래프는 다른 조건이 같을 때, 잉여가치율이 상승할수록 연간 이윤율은 증가하지만 그 증가폭이 점차 둔화된다는 것을 보여준다.

다른 조건이 같다면, 생산지체 대비 유통지체가 길어질수록, 즉 자본의 시간구성이 상승할수록 이윤율은 하락한다. 이는 앞서 살핀 마르크스의 명제, 즉 생산과정은 가치가 증식되는 영역, 유통과정은 가치증식이 중단되는 영역으로 보는 관점과 일치한다. 유통지체는 존재 자체가 자본에게 장벽이다. 유통지체는 자본순환에 필수적이기는 하지만 그 기간동안 가치를 생산하지 못하도록 자본을 묶어 두기 때문에 이를 0으로

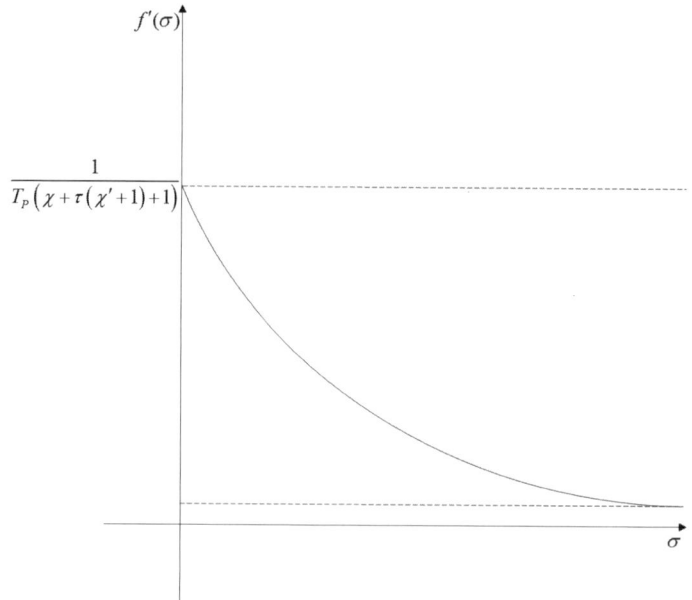

그림 2   잉여가치율이 연간 이윤율 변화에 미치는 영향

수렴하도록 만드는 것이 자본의 목적이 된다.

3. 금융화는 재투하지체를 단축시키는가?

앞 절에서 자본순환을 고려하여 제시한 수정된 이윤율의 변수 중 순환상
소요시간에 대해서 말하자면, 이윤율은, 자본의 시간구성이 감소하고 생
산반복율은 상승할 때, 다시 말해 생산지체가 감소하고 유통지체는 그보
다 빠른 속도로 감소할 때, 증가한다. 그렇다면 생산지체와 유통지체의
장기적 경향은 어떠할까?

마르크스는 생산에 소요되는 시간, 즉 생산시간을 노동시간, 정상
적 생산중단시간, 생산투입대기시간, 필수적 노동중단시간으로 구분
하고 있다(마르크스 2016: 145). 여기서 생산시간은 노동시간과 구분된다
는 점에 주의해야 한다. 노동일이 8시간일 때, 노동자 100명의 5일간 작
업을 요구하는 상품이 있다고 가정하자. 이 경우 상품이 완성될 때까
지의 총노동시간은 4,000시간(=8시간×5일×100명)이겠지만 생산시간은
12,000시간(=24시간×5일×100명)이다. 노동자가 휴식을 취하는 나머지
8,000시간(=16시간×5일×100명)은 정상적 생산중단시간으로, 자본의 입
장에서는 낭비이다. 따라서 야간과 주말에도 노동을 요구하게 될 것이고
이에 따라 노동일을 10시간으로 늘리게 되면 상품은 4일만에 완성될 것
이다. 즉 총노동시간은 그대로 4,000시간(=10시간×4일×100명)이고 생산
시간은 9,600시간(=24시간×4일×100명)으로 낮추어지게 된다. (나머지 1일
동안 자본은 다음 상품 공정의 1/4을 수행할 수 있다. 이것은 절대적 잉여가치 생산
의 부수적 효과이다. 반면 상품이 완성될 때까지 필요한 노동시간인 4,000시간을, 예
컨대 노동생산성 향상을 통해 3,500시간으로 단축할 수 있다면, 그 기업은 특별 잉여

가치를 누릴 수 있을 것이다.) 그러나 노동일을 연장하고 정상적 생산중단시간을 단축시키는 것으로는 해소할 수 없는 장벽이 있다. 첫째, 분업화된 작업장에서는 각각의 생산단계 중간에 불가피하게 휴지기를 갖는 경우가 있다. 예컨대 생산투입대기시간이 여기에 해당한다. 포드주의는 컨베이어 벨트를 활용하여 이러한 휴지기를 최소화한다(커스터스 2015: 401). 둘째, 상품의 특성상 필연적으로 필수적 노동중단시간을 거쳐야만 하는 상품의 경우가 그것이다. 농산물의 생장, 와인의 발효, 치즈의 숙성과 같은 경우는 노동의 수행 이후에 특정한 유보시간을 갖기 마련이다. 이러한 유보시간은 기술 발달로 축소될 수도 있다. 결과적으로 자본에게, 생산시간은(비노동생산시간을 최소화하는 것을 통해) 노동시간과 같아지는 것, 그리고 상품 생산에 필요한 노동시간은(특별 잉여가치 생산을 위해) 최소화하는 것이 이익이다. 생산지체의 단축(따라서 생산반복율의 상승)은 장기적으로는 생산기술 향상 및 생산조직 개선에 따른 생산성 상승으로 달성될 것이다. 생산지체에 단기적으로 영향을 미치는 변수 중 흥미로운 것은 가동율이다. 가동율은 마르크스가 말한 생산투입대기시간과 관련되어 있다. 가동율이 생산능력을 밑돌 때 생산투입대기시간은 증가하기 시작하고, 가동율이 떨어질수록 생산투입대기시간 따라서 생산지체는 증가한다.

유통지체는 크게 두 가지 시기로 구분된다. 상품이 출하되어 매대에 진열된 시점부터 판매되어 화폐로 전환되는 시점까지의 실현지체와 화폐가 판매대금으로 획득된 시점에서 새로운 노동수단, 노동재료 및 노동력으로 전환되는 시점까지의 재투하지체가 그것이다. 앞서 살펴봤듯, 이러한 유통시간은 자본순환에 필수적이기는 하지만 그 기간동안 가치를 생산하지 못하기 때문에, 0으로 수렴하도록 만드는 것이 자본에게 최대한의 이익이다.

실현지체는 장기적으로는 도소매업 조직 및 기술의 발달 그리고 운송 및 통신 수단의 발전수준에 따라 단축될 수 있을 것이다. 반면 단기적으로는 그 이외의 복잡한 요인들이 영향을 미칠 수 있다. 대표적 요인으로 유효수요를 들 수 있다. 수요가 공급에 완전히 조응한다면, 실현지체는 순전히 기술적 요인에 의해 결정될 것이다. 반면 유효수요가 부족하다면 상품이 팔리지 않게 되고 실현지체는 연장될 것이다. 이에 자본은 (고용율을 포함한) 축적률 혹은 가동율을 낮추어 대응할 수 있으나 이는 다시 다른 지체의 연장으로 이어질 수 있다. 또다른 요인으로는 기업간 상거래신용 및 소비자신용의 수준을 들 수 있다. 신용의 발전은 각각 생산재와 소비재의 구매속도를 높일 수 있기 때문이다.

실현지체와 비교하였을 때 재투하지체는 생산수단 및 노동력 공급에 문제가 없다면(여기서는 특히 원자재 공급이 문제가 된다.) 그리고 실현 단계에서의 예상치 못한 충격에 대응해야만 하는 경우가 아니라면, 적절하게 통제될 수 있다. 장기적 변수로는 금융 서비스 발전 수준을 들 수 있다. 자본순환에 예기치 못한 문제가 발생하여 화폐가 환류되지 못하고 재투하에 어려움을 겪는 상황을 모면해줄 수 있게 하기 때문이다. 고도화된 산업의 경우, 도요타주의의 간판(看板) 방식은 적기에 자재 공급을 하도록 납품업체에 부담을 넘김으로써 주문기업이 재투하지체를 최소화할 수 있도록 해준다(커스터스 2015: 401). 다른 한편으로는 기업들이 실물투자 혹은 금융투자에 대해 갖는 전망도 재투하지체의 길이에 영향을 줄 수 있다. 실물자본에 대한 축적률, 그리고 이용가능한 유휴화폐자본의 규모 및 이자율은 기업가들의 투자전망과 밀접한 관계를 갖는다.

금융화 현상을 단순히 자금을 효율적으로 배분하는 시스템의 구축 과정으로 보고 재투하지체를 단축시키는 요인으로 이해해서는 안 된다. 금융화는 한편으로는 유휴화폐자본을 "계급의 공동자본(마르크스 2015:

469)"로 만들어 일국내에서든 세계적으로든 적재적소에 이용될 수 있도록 할 수 있다. 이 경우 재투하지체는 물론이고 실현지체 역시 단축될 수 있다. 그러나 다른 한 편으로 금융화는 이러한 자금 배분과정에서 발생하는(잉여가치의 일부가 이전되어 취하는 형태로서의 이자 및 배당금과 같은) 금융수익을 토대로 하는 단순한 청구권에 불과한 가공자본 형성을 가속화하는 기술의 발전을 의미할 수도 있다.[6] 후자의 경우 실물부문의 재투하지체 단축과는 무관할 것이고 심지어는 이를 연장시킬 수도 있다. 또한 금융화의 세계화는 일국에서의 유휴화폐자본이 타국으로 이동하여 투자될 기회를 확대하는 것이며, 이 경우에도 금융화는 해당국가에서의 재투하지체 단축과는 무관할 것이다.

결과적으로, 생산지체와 유통지체는 생산 및 유통의 기술 및 조직 발전 수준에 따라 장기적으로는 감소할 것이지만, 단기적으로는(특히 유통지체에서는) 복잡한 요인에 의해 특정한 추세를 갖는다고 보기 어렵다. 게다가 금융자유화 및 금융세계화 현상은 금융기술의 발전을 의미하지만 재투하지체를 단축시키는 기술의 발전이라고 단언할 수는 없다. 따라서 자본의 시간구성과 생산반복율 역시 특정한 경향을 갖는다고 보기 어렵다.

6　금융화 현상의 이러한 특징이 '금융의 생산 지배' 혹은 '착취를 대신하는 수탈'이라는 주장으로 요약되는 '금융화 테제'를 지지하게 만드는 것은 아니다. 포스트케인지언 경제학의 전통에서, 금융화 현상은 실물투자를 대신하는 금융투자나 실물부문 이윤을 감소시키는 금융수익 증가로 이해된다(Stockhammer 2008; Orhangazi 2008; Crotty 2003). 그러나 금융화 현상이 이와 같은 '생산에 대한 금융의 우위'로 나타나지 않았다는 점은 미국 경제의 경우 클라이먼(2012: 23-24), 한국 경제의 경우 정구현과 정성진(Jeong & Jeong 2020: 274-277)이 실증한 바 있다.

4. 1980–2018년 한국의 사례와 그 함의[7]

그림 3은 1980년에서 2018년까지 한국의 이윤율 추세를 보여준다.[8] 한국에서 이윤율은 장기적 저하 추세를 뚜렷하게 보이고 있는데, 이는 다수의 실증연구에서 공통적으로 검증된 사실이다(김덕민 2022; Jeong & Jeong 2020; 류동민, 주상영 2014).

그림 4와 5는 이윤율과 양의 상관관계를 갖는 두 변수인 잉여가치율과 생산반복율의 추세를 각각 보여준다. 잉여가치율은 1997년 동아시아 외환위기 이후 하락했다가 2000년부터 2007년까지 가파르게 성장한다. 외환위기 직후 잉여가치율의 하락은 위기 전후로 가파르게 떨어졌던 실질임금이 일시적으로 빠르게 재반등했기 때문인 반면, 그 이후 잉여가

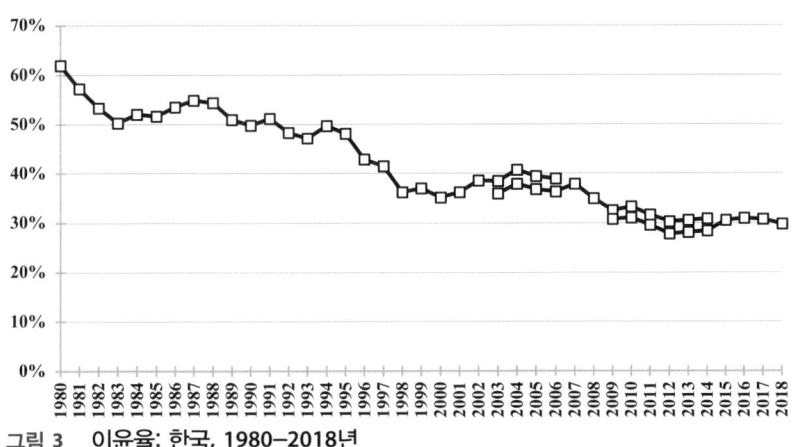

그림 3   이윤율: 한국, 1980–2018년

---

7   이 절의 추계를 위한 방법은 정구현(2021: 17-35)을 참조하라.

8   이 그래프는 이윤율을 3개의 선으로 표시하고 있는데, 이는 자본순환 중 화폐자본을 추정하기 위해 이용한 자금순환표 통계의 시계열이 해당 기간에 3개(1975-2006년, 2003-2014년, 2009년 이후)로 단절되어 있기 때문이다.

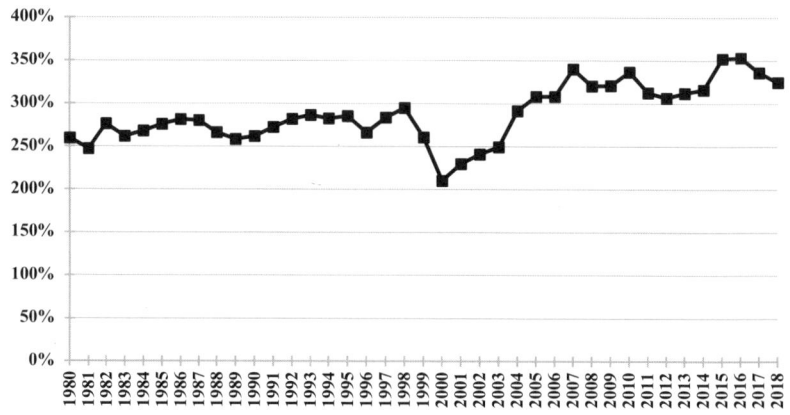

그림 4   잉여가치율: 한국, 1980–2018년

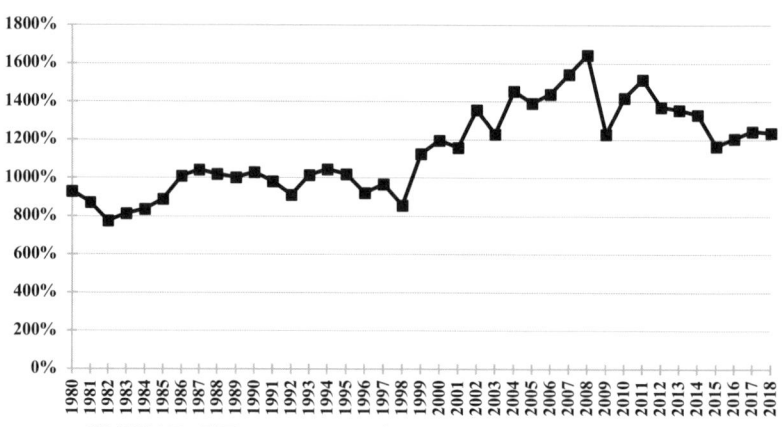

그림 5   생산반복율: 한국, 1980–2018년

치율 상승은 실질임금의 답보 상태에 그 주된 원인이 있다(Jeong & Jeong 2020: 267-269). 생산지체의 역수인 생산반복율의 경우, 1990년대 말 이후 2008년까지 대체로 상승세를 보이다가 그 이후 2015년까지 하락세를 보인 후 반등하고 있다.

　　그림 6, 7, 8은 이윤율과 음의 상관관계를 맺는 세 변수인 자본의 가치구성, 자본의 시간구성, 비용의 가치구성을 보여준다. 자본의 가치

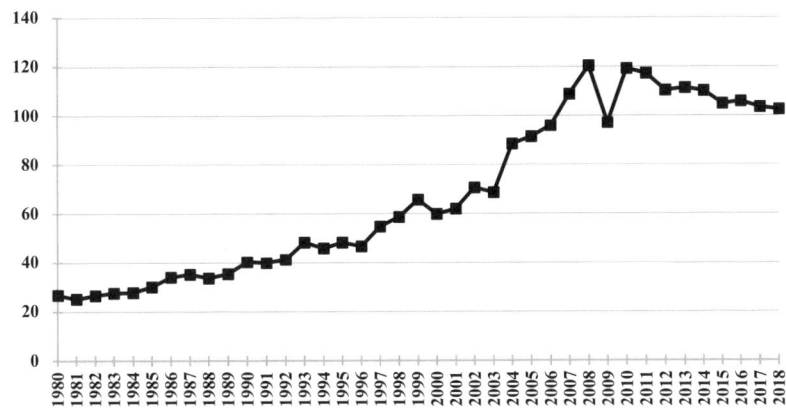

그림 6   자본의 가치구성: 한국, 1980–2018년

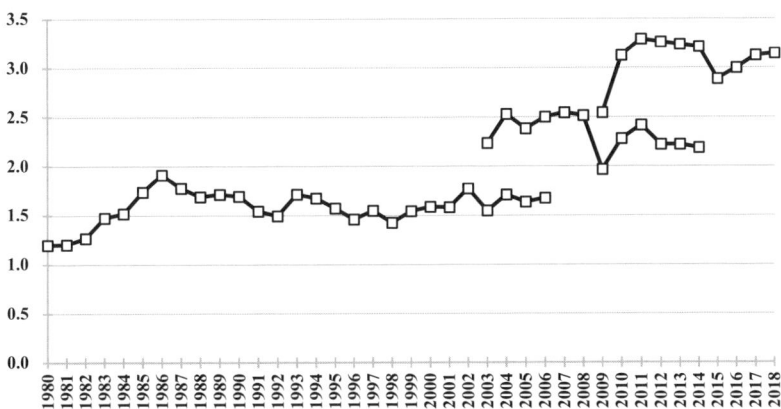

그림 7   자본의 시간구성: 한국, 1980–2018년

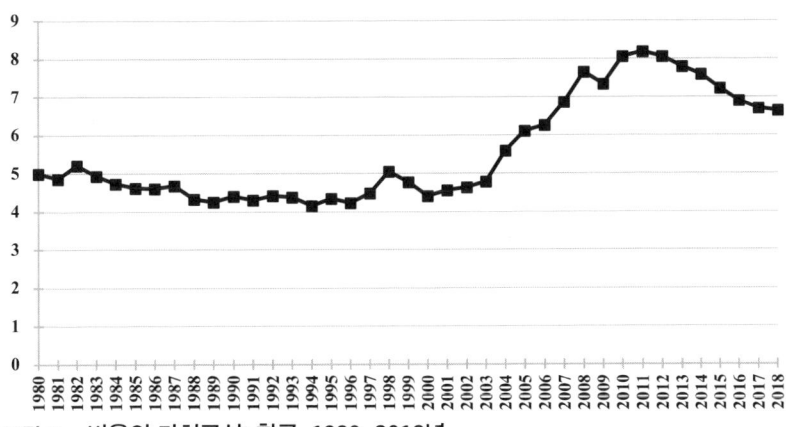

그림 8   비용의 가치구성: 한국, 1980–2018년

구성은 이윤율에 영향을 미치는 변수 중 가장 뚜렷한 추세를 보인다. 가치구성은 2008년까지 빠른 성장세를 보이다가 2010년 이후 소폭 하락하는 모습을 보인다.[9] 반면 자본의 시간구성은 1986년까지의 성장세, 이후 1992년까지의 하락세를 제외하면 상승 혹은 하락이라는 한 방향으로의 특징을 보이지 않고 대체로 정체하고 있다. 마지막으로 비용의 가치구성은 2000년대 초반 이전까지 안정적이다가 2010년까지 가파르게 상승, 그 이후 하락하고 있다.

표 1은 이윤율 변동과 그 결정요인들의 구간별 평균 변화율을 제시한다. 모든 구간에서, 이윤율 저하에 가장 크게 기여한 것은 자본의 가치구성 상승이었다. 자본의 시간구성은 그것이 대폭 상승했던 1981-1986년 시기를 제외하면 이윤율에 큰 영향을 주지 못했다. 이와는 대조적으로 이윤율 저하를 상쇄한 가장 큰 원인은 생산반복율 상승이었다. 2008-

표 1 이윤율과 그 결정요인들의 구간별 평균 변화율: 한국, 1981–2018년

	이윤율	잉여 가치율	생산 반복율	자본의 가치구성	자본의 시간구성	비용의 가치구성
1981–2006	−1.64%	0.91%	2.16%	5.36%	1.60%	1.03%
1981–1986	−2.30%	1.49%	1.75%	4.33%	8.25%	−1.26%
1987–1996	−2.08%	−0.05%	−0.74%	3.43%	−2.49%	−0.78%
1997–2006	−0.79%	1.98%	5.31%	7.93%	1.70%	4.22%
2004–2014	−1.26%	2.38%	1.45%	5.17%	0.30%	4.50%
2004–2007	1.43%	8.21%	6.20%	12.65%	3.52%	9.52%
2008–2014	−2.80%	−0.95%	−1.27%	0.89%	−1.54%	1.64%
2010–2018	−0.30%	0.28%	0.38%	0.92%	2.71%	−1.02%

---

9 이러한 자본의 가치구성 상승의 저하 혹은 둔화 중 전자는 김덕민(2022)도 보고하고 있는 바인데, 김덕민은 이를 1990년대 이후 설비 투자 비중 감소 및 지식생산물 투자 비중 증가와 연결시키고 있다.

2014년은 매우 이례적인 기간이다. 잉여가치율이 하락세를 보였으며, 생산반복율은 2009년 일시적으로 크게 하락하여 이윤율을 저하시킨 반면, 반대로 자본의 가치구성 상승폭의 둔화는 이윤율 저하폭을 축소시켰다. 뒤따른 2010-2018년 기간에는 이윤율 저하 폭이 감소했다. 이 구간에 들어서는, 이전 두 구간과 달리, 자본의 가치구성이 하락하기 시작했기 때문이다.

자본의 시간구성 변동에 영향을 미치는 생산지체, 실현지체, 재투하지체는 어떠한 추세를 보였는가? 그림 9는 생산지체의 추세를 보여주고 있다. 생산지체는 1982년 0.13을 기점으로 하여 2008년 0.06까지 대체로 단축되는 추세를 보이다가 그 이후 서서히 연장되어 2018년에는 0.08을 기록하고 있다. 그림 10에 제시된 실현지체는 연장과 단축을 반복하다가, 2000년대 초반부터는 큰 변화를 보이지 않고 있다. 단기적 요인에 집중하면, 예컨대 2000년대 초 소비자신용에 관한 규제 철폐 및 신용 발전은 실현지체의 중·단기적 변동을 안정화하는 데에 영향을 주었을 수 있다.

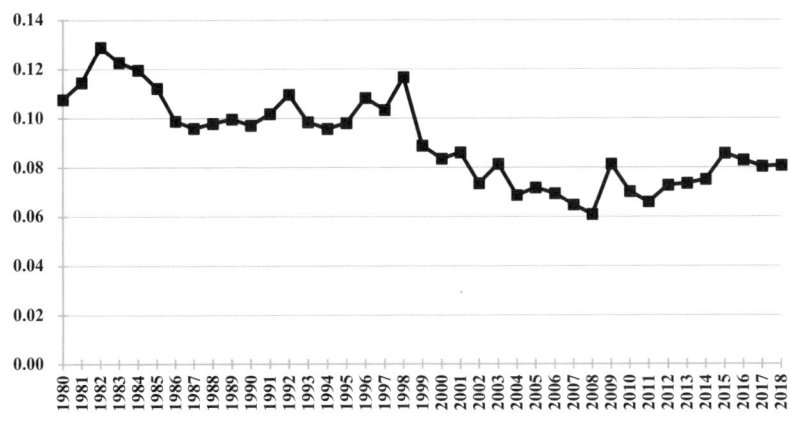

그림 9 생산지체: 한국, 1980—2018년

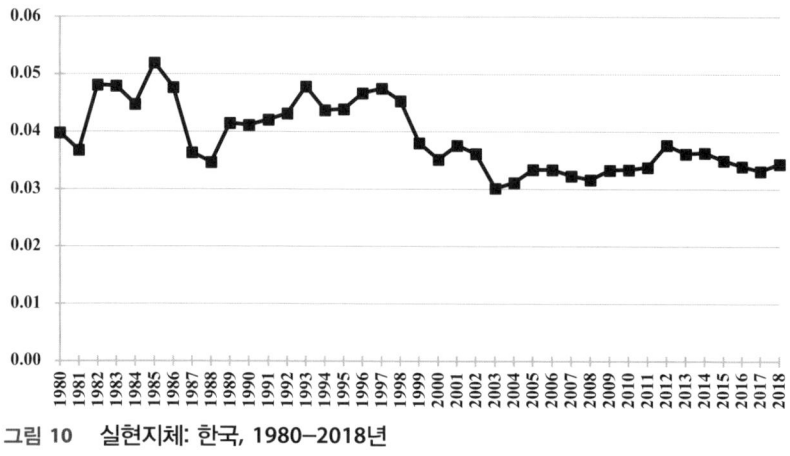

그림 10 실현지체: 한국, 1980–2018년

재투하지체는 1985년까지 연장, 이후 2000년대 후반까지 단축, 2010년 이후 반등하는 경향을 보인다. 그 수준으로 보자면 재투하지체는 전기간 세 순환지체 중 가장 긴 지체를 보이고 있다. 재투하지체는 총 순환지체의 38-66%에 달하며, 평균적으로는 51%의 비중을 차지하고 있다. 이렇게 재투하지체가 모든 지체 중 큰 비중을 차지하는 것은 본 연구와는 상이한 방식으로 시간지체를 추계한 알레미와 폴리(Alemi & Foley 2010)가 미국 경제를 대상으로 수행한 실증 연구에서도 마찬가지로 나타나고 있다. 알레미와 폴리의 연구에 따르면, 1966-2009년 미국 경제에서 재투하지체(약 25-75개월)는 생산지체(비금융법인 약 8-13개월, 제조업 약 9.5-15.5개월), 실현지체(비금융법인 약 1.8-2.4개월, 제조업 약 1.4-2.8개월)보다 훨씬 길게 나타난다. 이렇게 재투하에 가장 많은 시간이 소요된다는 사실은, 금융기법의 발달이 필연적으로 생산적 경제활동으로의 재투하를 용이하게 만드는 것이 아니며, 확대되는 신용의 성격에 따라 오히려 축적 저하가 뒤따를 가능성이 있음을 시사한다(정상준 2018: 51).

표 2는 자본의 시간구성과 그 세 결정요인들의 구간별 평균 변화율

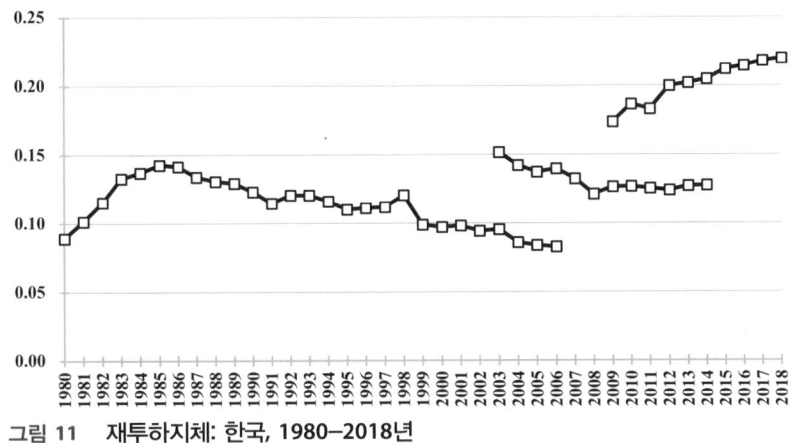

그림 11 　재투하지체: 한국, 1980–2018년

표 2 　자본의 시간구성과 그 결정요인들의 구간별 평균 변화율: 한국, 1981–2018년

	자본의 시간구성	실현지체	재투하지체	생산지체
1981–2006	1.60%	–0.04%	–0.03%	–1.25%
1981–1986	8.25%	4.02%	8.18%	–1.07%
1987–1996	–2.49%	0.42%	–2.33%	1.08%
1997–2006	1.70%	–2.94%	–2.66%	–3.68%
2004–2014	0.30%	1.82%	–1.49%	0.03%
2004–2007	3.52%	1.87%	–3.30%	–5.28%
2008–2014	–1.54%	1.79%	–0.46%	3.06%
2010–2018	2.71%	0.44%	2.71%	0.24%

을 보여준다. 시간구성이 가장 뚜렷한 추세를 보이는 1986년까지의 상승, 이후 1992년까지의 하락뿐만 아니라 전 기간에 걸친 시간구성 변동에 대한 영향력은 생산지체, 재투하지체, 실현지체 순으로 컸다. 또한 시간구성이 세 구간 중 2010-2018년에 가장 가파르게 상승한 것으로 나타나는데, 이는 2010년의 일시적인 급상승 때문으로, 이를 제외한다면 이 시기 시간구성은 2015년 이후에 들어서야 완만히 성장했다.

5. 결론

자본은, 자기증식하는 가치이자 특정한 사회적 관계를 표현하는 생산관계이면서도 동시에, 생산수단 및 노동력 형태, 상품 형태, 화폐 형태를 순차적, 반복적으로 거치는 운동이다. 또한 이러한 순차적 운동 계열 다수가 동시적으로 존재하기 때문에, 특정 시점에서 자본을 관찰하면, 자본은(그것이 개별자본이든 사회적 총자본이든) 그 일부가 각각 생산자본, 상품자본, 화폐자본의 형태에 묶여 있다. 그리고 그 각각의 자본 저량은 생산지체, 실현지체, 재투하지체의 길이에 비례한다. 따라서 특정한 지체가 어떠한 이유로 단축 혹은 연장된다면, 예컨대 실현지체가 그렇다면, 그 영향을 받는 순환 형태 상의 자본, 즉 앞의 예에서는 상품자본량이 축소 혹은 확대된다. 자본의 입장에서는 전체 순환지체를 단축시키는 것이 이익이다. 생산지체를 단축시키면 (1) 생산자본에 묶여야 할 가치량을 줄일 수 있고 (2) 생산반복율이 향상되며 (3)(만약 그 생산지체 단축이 상품단위당 노동시간 단축에서 기인할 경우) 특별 잉여가치를 획득할 수 있기 때문이며, 유통지체(실현지체와 재투하지체의 합)를 단축시키면 (4) 상품자본 및 화폐자본에 묶여야 할 가치량을 줄일 수 있기 때문이다. 이 모든 경우가 순환상의 어떠한 형태로든 투하되어 있어야 할 자본량을 줄이고 특히 생산지체 단축은 연간 잉여가치량을 늘이는 데에 도움을 주므로 이윤율 상승을 불러온다.

생산지체와 유통지체는 자본의 이해관계에 따라 장기적으로는 단축되는 방향으로 움직일 동기를 갖고 있으나, 이외의 복잡한 단기적 요인에 의해 단축 경향이 상쇄될 수 있다. 따라서 자본의 시간구성이나 생산반복율이 이윤율에 미칠 영향은, 자본의 가치구성과는 달리, 불분명하다. 또한 소위 금융화 현상은 실물투자를 구축하는 금융투자의 확대 혹은 실물부문 이윤으로부터 유출된 금융수익의 증가가 아니지만(실물투자에서 비롯되는 착취 없이는 금융수익도 그 본원적 출처를 찾을 수 없기 때문에), 반대로 일방적으로 실물투자를 돕는 금융기술의 발전도 아니다. 금융화는 실물부문의 재투하지체를 연장시킬 수도, 혹은 단축시킬 수도 있다.

1980년에서 2018년까지 한국경제의 이윤율과 그 결정요인들을 살펴보면, 이윤율은 장기적으로 저하하는 경향을 보이되, 2010년대에 들어서는 정체하고 있다. 이윤율 저하의 가장 주된 원인은 자본의 가치구성 상승이었으며, 2010년 이후의 정체 역시 자본의 가치구성의 하락으로 설명될 수 있다. 자본의 시간구성은 1980년대 중반까지의 상승, 1992년까지의 하락, 2010년대 중반 이후로의 상승을 제외하면 분명한 추세를 보이지 않았으며, 이윤율에도 큰 영향을 미치지 못했다. 자본의 시간구성에 가장 큰 영향을 미친 변수는 생산지체였다. 재투하지체는 전체 순환지체 중 가장 큰 비율을 차지함과 동시에 1980년대 중반부터 2000년대 중반까지 저하하다가 그 이후로는 다시 상승세를 보이고 있다. 이러한 추세로부터, 1997년 금융위기 이후 한국경제의 금융화 현상이 재투하지체의 단축을 가속화하지는 못했음을 짐작할 수 있다.

참고문헌

김덕민. 2022. "한국경제: 기술과 분배(1970-2019)." 『사회경제평론』 67: 1-40.

류동민, 주상영. 2014. "피케티 이후의 마르크스비율." 『사회경제평론』 45: 161-183.

마르크스, 카를. 2016. 『자본론: 정치경제학 비판』 II. 김수행 옮김. 비봉출판사: 144, 148-149, 189.

마르크스, 카를. 2015. 『자본론: 정치경제학 비판』 III(상). 김수행 옮김. 비봉출판사: 263-264.

아카시, 히데토. 2021. "Rate of Profit, Cost Price, and Turnover of Capital." 『마르크스주의 연구』 18(3): 140-176.

정구현. 2021. 1980-2018년 한국의 자본순환과 이윤율: 국민계정을 활용한 실증 분석. 경상국립대학교 대학원 정치경제학과 박사학위논문.

정상준. 2018. "마르크스와 자본의 시간: 자본순환과 회전의 화폐이론." 『한독사회과학논총』 28(3): 33-58.

정이근. 2017. "미국 경제의 이윤율 추이와 변동요인." 『경제연구』 35(3): 43-74.

커스터스, 피터. 2015. 『자본은 여성을 어떻게 이용하는가』. 박소현과 장희은 옮김. 그린비.

클라이먼, 앤드루. 2012. 『자본주의 생산의 실패: 세계대침체의 원인』. 정성진과 하태규 옮김. 한울: 200-206.

폴리, 던컨. 2015. 『자본의 이해』. 강경덕 옮김. 유비온: 107-151.

Alemi, Piruz, and Duncan K. Foley. 2010. "The Circuit of capital, U.S. Manufacturing and Non-Financial Corporate Business Sectors 1966-2009." NSSR-JJCUNY(New School for Social Research and John Jay College of Criminal Justice - City University of New York) Working Paper.

Crotty, J. 2003. "The Neoliberal Paradox: The Impact of Destructive Product Market Competition and Impatient Finance on Nonfinancial Corporations in the Neoliberal Era." *Review of Radical Political Economics* 35(3): 271-279.

Duménil, Gérard. and Dominique Lévy. 2016. "Technology and Distribution in Managerial Capitalism: The Chain of Historical Trajectories à la Marx." *Science and Society* 80(4): 530-549.

Fichtenbaum, Rudy. 1988. "'Business Cycles', Turnover and the Rate of Profit: An Empirical Test of Marxian Crisis Theory." *Eastern Economic Journal* 14(3): 221-228.

Jeong, Guhyeon and Seongjin Jeong. 2020. "Trends of Marxian Ratios in South Korea, 1980 – 2014." *Journal of Contemporary Asia* 50(2): 260-283.

Orhangazi, Ö. 2008. "Financialisation and Capital Accumulation in the Non-financial Corporate Sector: A Theoretical and Empirical Investigation on the US Economy: 1973 – 2003." *Cambridge Journal of Economics* 32(6): 863-886.

Passarella, Marco Veronese, and Hervé Baron. 2015. "Capital's humpback bridge: 'financialisation' and the rate of turnover in Marx's economic theory." *Cambridge Journal of Economics* 39(5): 1415-1441.

Stockhammer, E. 2008. "Some Stylized Facts on the Finance-dominated Accumulation Regime." *Competition and Change* 12(2): 184-202.

· · · · ·

제7장

21세기 한국 자본주의와 여성 노동

권정임(경상국립대학교 SSK연구단 선임연구원)

1. 들어가며

이 장에서는 21세기 한국 자본주의에 대한 연구에 연계하여 한국 노동
시장에 젠더화된 차별을 낳는 젠더 불평등 구조가 있음을 주장한다. 현
재 한국 노동시장의 젠더화된 차별은 경제활동 참여율과 고용율의 성별
격차, 여성의 경력단절과 M자형 커브, 임금 격차와 근속기간 격차, 여성
노동의 상대적으로 강한 불안정화 경향 등으로 대변된다. 이러한 차별
을 낳는 젠더 불평등 구조는 젠더화된 사회적 재생산과 남성중심의 기업
내부 노동시장 및 수직적·수평적 성별 직종분리로 제시된다. 이 장에서
는 이러한 젠더불평등 구조의 기초가 젠더화된 사회적 재생산이라는 문
제의식 아래, 한국 사회경제에서의 젠더 불평등 구조와 젠더화된 차별을
극복하기 위해 무엇보다 젠더화된 사회적 재생산의 극복을 주장한다. 이
러한 취지 아래 이 장은 다음과 같이 전개된다.

이어지는 2절에서는 21세기 한국 여성 노동의 현황과 구조적 특징을 고찰한다. 21세기 한국 노동시장의 젠더불평등 구조의 기초가 젠더화된 사회적 재생산이라는 문제의식 아래, 3절에서는 여성억압을 젠더화된 사회적 재생산의 관점에서 해명하는 사회적 재생산 여성주의의 기본 입장에 대해 고찰한다. 아울러 21세기 한국 경제와 여성노동의 특징을 보다 체계적으로 이해하기 위해, 한국에 자본주의가 도입된 이후부터 현재까지의 사회적 재생산 체제 및 그 변화를 생산·축적체제 및 그 변화에 연동하여 고찰한다. 그 결과 현재의 한국의 사회적 재생산 체제를 신자유주의적 사회적 재생산체제와 여성화된 사적 재생산 체제의 결합 형태로 제시한다. 4절에서는 결론을 대신하여 한국의 여성 노동의 미래를 '4차 산업혁명' 또는 '디지털 경제'와 관련하여 전망하다. 그 결과 현재와 같은 신자유주의적인 생산·축적 체제 아래, 또한 현재와 같은 젠더불평등 구조 아래 디지털 전환이 진행될 경우, 디지털 전환이 특히 다수 여성 노동자들에게 불리하게 전개될 것임을 보인다. 마지막으로 이러한 위험을 예방하기 위해 여성, 노동자들을 비롯한 광범한 사회적 연대와 운동을 통해 관대한 보편복지와 좋은 노동조건을 담보하여 현재의 사회적 재생산의 위기, 나아가 사회 재생산의 위기를 돌파할 것을 주장한다.

2. 21세기 한국 여성 노동의 현황과 구조적 특징

이 절에서는 21세기 한국 여성 노동의 현황에 대해 고찰한다. 먼저 인구통계학적 관점에서 살펴본 다음 젠더 불평등 구조의 관점에서 고찰한다.

1) 인구통계학적 고찰

코로나 19가 결혼과 출산에 모두 부정적 영향을 미친 2020년 현재, 한국 인구는 5,183만 명으로 인구의 자연적 감소가 시작되었다. 이 중 남성은 49.8%, 여성은 50.2%로 여성이 남성 보다 0.2% 더 많다(통계청, 2021a: 26-7).

15세 이상 인구는 2021년 현재까지 증가해 왔다. 2020년 기준 4,478만 명으로 남성이 22,035천 명, 여성이 22,750천 명이다(통계청, 2020b). 2021년에는 총 4,508만 명이다. 남성이 49.2%인 22,198천 명, 여성이 50.8%인 22,882천 명으로 여성이 1.6% 더 많다(통계청, 2021b). 전반적인 고학력화가 진행되었고, 특히 2009년부터 여성의 대학진학률(82.4%)이 남성의 대학진학률(81.6%)을 앞지르기 시작하였다. 2021년 현재 여성의 대학진학률은 81.6%, 남성은 76.8%로 그 격차가 확대되었다.

산업화 초기인 1963년부터 현재까지 15세에서 64세 여성의 경제활동참가율은 꾸준히 상승해 왔다. 1963년 여성의 경제활동참가율은 37.0%였지만, 2019년에는 60%로 23% 상승했다. 이에 비해 남성의 경제활동참가율은 1963년 78.4%에서 2019년 78.8%로 큰 변화를 보이지 않았다(통계청, 2019). 그 결과 경제활동참가율 성 격차는 1963년 41.4%에서 2019년 18.8%로 22.6% 감소하였다.

그러나 코로나 팬데믹으로 인한 타격이 가장 컸던 2020년에는 경제활동참가율 성 격차가 19.8%로 증가하였다. 2020년 경제활동인구는 총 28,012천명으로, 남성이 72.6%인 16,005천명, 여성이 52.8%인 12,007명이다(통계청, 2020b: 25). 2021년에는 이 성 격차가 19.3%로 좁혀지기는 했지만 팬데믹 이전 시기보다는 여전히 높다. 전체 경제활동 인구 28,310천 명 중 남성이 72.6%, 여성이 53.3%에 달했다(통계청, 2021b: 25). 이를 통해 코로나 팬데믹이 양성 모두의 경제활동참가에 타격을 주였지만, 여성의 경제활동 참가에 더 심대한 타격을 입혔음을 알 수 있다. 그 원인으로는 팬데믹에 가장 취약한 직군인 대면 서비스업이 여성 노동자의 비중이 높은 성별 직업분리직군이라는 점, 돌봄 서비스의 감축이나 중단으로 인해 어린 자녀가 있는 기혼여성이 돌봄부담으로 인해 경제활동에 참가하기 어려웠다는 점 등을 들 수 있다(신경아, 2021: 15).

15세에서 64세 취업자 및 고용률은 1963년 756만 3천명으로 전체 인구의 52%에서 꾸준히 증가해 오다가 1997년 외환위기 직후 급락했다. 하지만 2000년대 들어 다시 상승해 왔다. 2000년 고용률은 61.5%로 남성이 73.6%, 여성이 52.7%다. 2019년에는 전체 고용률은 65.9%로 증가했고, 남성은 74.8%, 여성은 57.8%였다(통계청, 2020b). 경제활동 참가율 성 격차와 마찬가지로 고용률 성 격차 역시 감소하여 왔음을 확인할 수 있다. 팬데믹 기간(2020년에서 2021년 6월 기준) 취업자 및 고용률은 양성 모두 감소하였다. 2020년 고용률은 전년 보다 0.9% 감소한 65.9%를, 남성 고용률은 전년보다 0.9% 감소한 74.8%를, 여성 고용률은 1.1% 감소한 56.7%를 기록하였다. 2021년에는 고용률이 66.5%, 남성 고용률이 75.2%, 여성 고용률이 57.7%로 2020년에 비해서는 다소 회복되었지만, 2019년에는 미치지 못하였다. 경제활동참가율과 마찬가지로 고용률에 대한 코로나의 타격도 여성에게 보다 심대하였다.

결국 자본주의적 산업화 초기 이후 양성 간 경제활동참여율과 고용율 격차는 좁혀져가고 있다고 할 수 있다. 그러나 여성 인구가 더 많다는 점을 고려할 때, 나아가 2009년부터 여성의 대학 진학률이 남성보다 높아졌음을 고려할 때, 21세기 현재 양성 간 노동 불평등은 단순한 인구통계학적인 고찰만으로도 명백하게 드러난다. 고용형태와 종사상 지위, 임금 격차 같은 노동의 질적인 측면까지 고려할 때, 양성 격차는 더욱 심각한 양상을 드러낸다. 사실 21세기 한국에는 노동과 관련된 젠더화된 구조적 불평등이 존재한다. 이에 대해 살펴보자.

2) 21세기 한국의 여성 노동과 젠더 불평등 구조

(1) 임노동자 중심의 노동 시장 구조와 노동의 불안정화 및 여성 노동

21세기 한국 노동시장의 두드러진 특징의 하나는 남녀 모두 비임금 노동자 비중이 감소하고 임노동자 중심으로 노동시장이 구조 조정되는 경향이다. 이러한 경향은 여성에게서 더욱 강하다(김영옥 외, 2011: 23). 임노동자의 규모는 2008년 16,357천명에서 2019년 기준 20,440천명으로 지속적으로 증가하고 있다. 여성에 비해 남성 임노동자 규모가 더 크다. 그러나 증가양상은 여성에게서 두드러진다. 여성 임노동자 규모는 2008년 6,922천명에서 2019년 9,085천명으로 증가하였다(오은진 외, 2020: 26).

반면 자영업과 무급가족종사자 등의 비임금 노동자 규모는 점차 감소하고 있다. 즉 2008년 7,418천명에서 2019년 기준 6,683천명으로 감소하였다. 비임금 노동자 규모 역시 여성에 비해 남성의 규모가 큰데, 여성 비임금 노동자의 감소가 남성에 비해 두드러진다(오은진 외, 2020: 26, 김영옥 외, 2011).

그 결과 여성의 종사상 지위 측면에서 임노동자 비중은 1980년 39.5%에서 2018년 77.3%로 대폭 증가하였다(윤자영, 2020: 38). 이는 자본주의가 처음 이식되기 시작한 일제 강점기부터 시작된 "여성의 노동자화"(최미진, 2012: 245)가 자본주의의 확대재생산과 함께 21세기 현재까지 확대재생산되고 있음을 보여준다.

그런데 21세기 임노동자 중심의 노동시장 구조 조정은 동시에 고용상태의 불안정성 강화경향을 동반한다는 특성을 보인다. 비정규직 비율이 높을 뿐만 아니라, 비정규직 고용형태도 임시직, 일용노동자, 시간제근로자, 파견근로자 등으로 다양화, 중층화되고 있다. 여성 노동과 관련하여 특기할 만한 사정은 남성에 비해 여성 중에 이러한 비정규직 비율이 높고 증가속도도 빠르다는 점이다. 경제활동인구조사 8월 부가조사가 실시된 2003년에 임노동자 남성 중 비정규직 비율은 27.6%로, 코로나 팬데믹 발생 전인 2019년에는 1.8% 증가하여 29.4%에 이른다. 2003년 임노동자 여성 중 비정규직 비율은 37.5%로, 2019년에는 7.5% 증가한 45.0%에 달한다.

'비정규직의 정규직화'와 '페미니즘'을 표방한 문재인 정부에서도 여성 노동의 불안정화는 더욱 심화되었다. 예를 들어 1주일 기준 15시간 미만으로 노동한 여성 노동자는 2014년 3.2%에서 2018년 4.2%로 증가했다. 2018년 기준 15시간 미만 노동자의 73.3%가 여성이다(윤자영, 2019: 25).

팬데믹이 본격화되어 경제에 가한 타격이 가장 컸던 2020년에는 2019년에 비해 비정규직이 소폭 감소한다. 그러나 2021년 비정규직은 2%p 이상 증가한다. 이는 2021년 경기회복과 함께 늘어난 일자리가 주로 비정규직으로 채워졌음을 의미한다. 남녀 모두 한시적(기간제), 시간제, 비전형 노동자가 늘었지만, 기간제 및 시간제 노동자 증가는 여성에게서, 비전형 노동자 증가는 남성에게서 상대적으로 두드러졌다(통계청, 2021a: 166-7). 2021년 여성 임노동자는 모두 947만 6000명으로 비정규직이 449만 1000명으로 47.4%를 차지하고 있다. 이는 남성의 비정규직 비율인 31%에 비해 16.4%p 높다.

표 1 성별 비정규직 비중(%)

성별	2015.08	2016.08	2017.08	2018.08	2019.08	2020.08	2021.08
전체	32.4	32.8	32.9	33.0	36.4	36.3	38.4
남자	26.4	26.3	26.3	26.3	29.4	29.4	31.0
여자	40.2	41.1	41.2	41.5	45.0	45.0	47.4

출처: 통계청, 「성/근로형태별 임금근로자 규모 및 비중(총괄)」, 2022

표 2   근로형태별 비정규직 노동자 수 변화, 2019–2021　　　　　　　　(단위 : 1,000명)

구분	연도	비정규		한시적		시간제	비전형
				전체	기간제		
전체	2019	7,481	(36.4)	4,785	3,799	3,156	2,045
	2020	7,426	(36.3)	4,608	3,933	3,252	2,073
	2021	8,066	(38.4)	5,171	4,537	3,512	2,278
남성	2019	3,356	(29.4)	2,238	1,786	846	1,125
	2020	3,335	(29.4)	2,079	1,800	915	1,212
	2021	3,575	(31.0)	2,234	1,964	1,011	1,342
여성	2019	4,125	(45.0)	2,547	2,013	2,310	920
	2020	4,091	(45.0)	2,529	2,133	2,337	861
	2021	4,491	(47.4)	2,938	2,573	2,502	936

주: 괄호 안의 수치는 임금근로자 중 비정규직 근로자의 비율(%)임

출처: 통계청, 「경제활동인구조사 근로형태별 부가조사」, 각 연도 8월. 통계청, 2021a: 166에서 재인용

표 3   임금노동자의 노동형태별 규모　　　　　　　　(단위: 천명, %)

구분	2014	2015	2016	2017	2018	2019	2020	2021
○임금 근로자	18,992	19,474	19,743	20,006	20,045	20,559	20,446	20,992
남성	10,796	11,007	11,086	11,188	11,171	11,396	11,361	11,517
여성	8,196	8,468	8,658	8,818	8,874	9,163	9,085	9,476
정규직	12,869	13,166	13,262	13,428	13,431	13,078	13,020	12,927
남성	7,944	8,103	8,166	8,242	8,236	8,040	8,027	7,941
여성	4,925	5,063	5,096	5,186	5,195	5,038	4,994	4,985
비정규직	6,123 (32.2)	6,308 (32.4)	6,481 (32.8)	6,578 (32.9)	6,614 (33.0)	7,481 (36.4)	7,426 (36.3)	8,066 (38.4)
남성	2,582 (26.4)	2,903 (26.4)	2,919 (26.3)	2,946 (26.3)	2,936 (26.3)	3,356 (29.4)	3,335 (29.4)	3,575 (31.0)
여성	3,271 (39.9)	3,405 (40.2)	3,562 (41.1)	3,632 (41.2)	3,678 (41.5)	4,125 (45.0)	4,091 (45.0)	4,491 (47.4)
한시적	3,529	3,655	3,671	3,725	3,823	4,785	4,608	5,171
남성	1,740	1,760	1,713	1,729	1,748	2,238	2,079	2,234
여성	1,789	1,895	1,958	1,996	2,075	2,547	2,529	2,938
시간제	2,035	2,236	2,488	2,663	2,709	3,156	3,252	3,512
남성	584	684	707	761	737	846	915	1,011

구분		2014	2015	2016	2017	2018	2019	2020	2021
	여성	1,450	1,553	1,780	1,902	1,971	2,310	2,337	2,502
비전형		2,137	2,229	2,245	2,112	2,071	2,045	2,073	2,278
	남성	1,131	1,150	1,185	1,157	1,148	1,125	1,212	1,342
	여성	1,006	1,079	1,060	954	923	920	861	936

( )안은 임금근로자 중 비정규직이 차지하는 비중임

근로형태별 비정규직 근로자(한시적, 시간제, 비전형)의 규모는 유형간 중복인원이 포함되기 때문에 합계가 불일치함

기존 미포착 기간제 규모가 반영되어 한시적 근로자를 포함한 비정규직 규모의 경우 2018년 이전과 2019년 이후는 증감 비교 불가함

출처: 통계청, 2021c: 27

(2) 여성 노동의 불안정화와 임노동 영역의 젠더 불평등 구조

이러한 노동의 불안정화는 1997년 외환위기를 기점으로 고착화된 신자유주의를 통해 설명할 수 있다. 그러나 신자유주의만으로 비정규직 비율이 특히 여성에게서 높고 그 증가속도 또한 빠르다는 사실을 설명할 수는 없다. 이 사실, 나아가 성별 경제활동참가율과 고용율을 비롯한 다른 성별 격차를 설명하기 위해서는 노동 시장에 고착화된 젠더 불평등 구조에 대한 고찰이 필요하다.

여성 노동자의 비정규직 비율이 높다는 사실은 여성 노동자의 주 취업처가 영세기업이라는 사실과 중첩된다. 즉 고용안정과 노동조건이 열악한 영세기업, 연매출 100백만 원 미만의 매출액 하위그룹에 여성 노동자의 규모와 비중이 높다(오은진 외, 2020: 51)는 사실과 중첩된다. 여성들이 주로 영세기업에 취직하게 되는 주된 이유의 하나는 한국에 남성 중심의 기업내부노동시장이 강하게 발달해 있기 때문이다(정이환·김영미·권현지, 2012: 164). 한국의 기업내부노동시장은 일본만큼은 아니지만 외부노동시장에 비해 상대적 고임금과 고용안정을 제공한다. 내부노동시장은 주로 남성을 충원하여 가족 부양을 위한 연공임금과 비교적 안정

된 일자리를 제공해 왔다. 내부노동시장 진입이 제약된 여성들은 고용안정과 노동조건, 직업전망이 크게 떨어지는 비정규직이나 영세기업에 취업하여 외부노동시장을 채워왔다(신경아, 2016: 336). 한국 정부의 전통적인 대기업 위주의 발전전략으로 인해 상황은 더욱 악화된다(같은 글: 348). 남성 중심의 기업내부노동시장은 노동 시장에 고착화된 대표적인 젠더 불평등 구조의 하나다.

　　노동 시장에 고착화된 또 다른 젠더 불평등 구조는 수직적 및 수평적 성별 직종분리다. 사실 남성 중심의 기업내부노동시장 문제 또한 이 수직적 및 수평적 성별 직종분리의 일환이라 할 수 있다. 여성운동과 노동운동을 비롯한 다양한 사회운동의 결과, 한국의 노동관련 법은 성별에 따른 차별을 금지하고 있다. 대표적으로 근로기준법 제5조(균등처우)와 남녀고용평등법 제2조 1항은 성별, 혼인, 임신, 출산 등의 이유로 불이익한 조치를 취하는 것을 차별로 정의한다. 또한 남녀고용평등법 제8조(임금) 제1항은 동일한 사업 내에서 동일가치 노동에 대하여 동일한 임금을 지급하여야 한다고 규정하고 있다(동일가치 노동, 동일임금 원칙). 2006년에는 노동시장에서 채용과 관리자급에서의 여성 비중 확대를 목표로 300인 이상 대규모 기업과 300인 미만 지방 공사 및 공단을 중심으로 적극적 고용개선조치가 도입·시행되었다. 그 결과 성별 임금차별과 성별 수직적 직종분리와 유리천장이 다소 낮아지기도 하였다.

　　그러나 이러한 법적 조치들은 사용자의 회피전략의 일환으로 여성의 일과 남성의 일을 나누어 성별로 채용하면서, 여성 직종에 낮은 임금을 책정하는 성별 직종 분리에 대해서는 별다른 조치를 취할 수 없다는 한계를 보인다(신경아, 2016: 346, 윤자영, 2020: 75). 또한 기존의 성별화되어 구조화된 수평적 직종분리의 한계를 극복할 수 없다는 점에서도 한계를 보인다. 즉 여성노동자 다수가 근무하는 영세기업이나 돌봄 서비스

직종 같은 노동시장 하층에서의 개선을 견인하는 데는 한계를 갖는다. 예를 들어보자. 2006년 노무현 정부는 비정규직 보호법을 통해 기간제 근로의 사용기간을 2년으로 제한하고 이를 초과한 경우 무기계약직화를 강제하였다. 그러나 그 결과 사용자의 회피전략으로 서비스직 저임금 임시직 여성노동자 대부분이 계약 해지와 해고, 외주화를 통해 고용의 질이 더욱 악화되었다. 특히 금융업에서 두드러졌듯이, 무기계약직으로 전환된 여성 노동자의 경우에도 저임금의 승진과 경력개발이 불가능한 무기계약직 여성 노동자의 분리직군화를 피할 수 없었다(이주희, 2012: 48).

노동 시장에 고착화된 세 번째 젠더 불평등 구조는 여성에게 출산·육아로 대표되는 재생산의 주된 책임과 부담을 여성에게 전가하는 것이다. 그 결과 여성의 노동참여 유형은 출산·육아기 여성의 노동시장 이탈과 이후 비정규직 노동자로서의 재취업을 의미하는 M자형 커브를 보이고 있다. 학력과 혼인상태가 여성의 고용률 변화를 설명하는 핵심적 요인이며, 특히 30대 여성의 노동 참여 여부는 혼인상태에 의해 가장 큰 영향을 받는다(신경아, 2016: 328). 여성의 고학력화와 돌봄 사회화의 영향으로 2000년대 이후 20·30대 여성의 경제활동참여가 현격하게 증가하고 M커브가 완화되기는 했지만, 여전히 M커브가 유지되고 있다.

M커브와 함께 고학력 여성의 낮은 경제활동 참여율 또한 유지되고 있다. 서구의 사례로 예시되듯, 고학력화는 경제활동참여율을 높인다. 그러나 한국에서 여성의 고학력화로 인한 취업증가 효과는 최종학교 졸업 이후 결혼·출산 전 시기에만 유효하고 이후 연령구간에서는 효과가 없다. 생애주기 상 후자의 기간이 길기 때문에 종합하여 볼 때 여성의 고학력화 효과가 묻히게 되는 것으로 해석된다(김영옥 외, 2011: 29).

(3) 성별 임금 격차와 성별 근속기간 격차

노동 시장에 고착화된 젠더 불평등 구조는 경제활동 참여율·고용율의 성 격차, 여성 노동의 상대적으로 강한 불안정화 경향만이 아니라 성별 임금 격차와 성별 근속기간 격차로 귀결된다. 2010년 이래 여성 임금은 평균적으로 남성 임금의 60% 중반에 머무르고 있다. 아래 〈표 4〉와 〈표 5〉를 통해 수직적 직종분업을 확인할 수 있다.

한국의 경우 전문가 중 여성 비율이 전체 남성 취업자 대비 여성 취업자 비율보다 상대적으로 높다. 그러나 〈표 5〉가 보여주듯, 여성 전문가의 임금은 월 평균 285.1만원으로 남성 전문가의 월평균 임금 425.5만원에 크게 미치지 못하고 있다. 이러한 여성의 상대적 저임금이 전 직종에서 관찰된다. 이는 여성 취업자 대다수가 수직적 직종분업체계의 하위에 놓여 있음을 의미한다.

근속년수는 1997년 외환위기 이후 하락 후 2000년대 들어 회복·증가추세다. 그러나 여성의 회복속도가 약하며 성별 근속격차는 유지되고

표 4 　**직종별 임금 및 성별 임금격차의 변화, 2019, 2020.**

구분	월평균 임금총액(천원)			남성임금 대비 여성임금(%)		
	2019	2020	상승률(%)	2019	2020	증감(%p)
전체	3,720	3,787	1.0	66.1	66.3	0.2
관리직	9,829	10,385	5.7	80.1	79.1	-1.0
전문직	4,221	4,347	3.0	62.6	62.6	0.0
사무직	4,131	4,185	1.3	67.4	68.7	1.4
서비스직	2,114	1,928	-8.8	67.0	64.4	-2.6
판매직	3,223	3,399	5.5	61.3	61.1	-0.2
기능직	3,360	3,480	3.6	61.4	63.0	1.6
장치·기계조작·조립직	3,421	3,405	-0.5	79.0	76.5	-2.5
단순노무직	2,197	2.199	0.1	76.1	76.9	0.8

상승률(%)과 증감(%p)은 2019년 대비 2020년의 변화임
출처: 고용노동부, 「고용형태별근로실태조사」, 각 연도. 통계청, 2021a: 169에서 재인용

표 5 직종별 · 성별 임금, 2020.

직종별	성별	2020년 정액급여(천원)
전 직종	남	3,498
	여	2,509
관리자	남	8,986
	여	7,386
전문가 및 관련종사자	남	4,255
	여	2,851
서비스 종사자	남	2,290
	여	1,597
판매 종사자	남	3,439
	여	2,205
단순노무 종사자	남	2,084
	여	1,709

출처: 고용노동부, 2022. 고용형태별근로실태조사(2022년 3월 조회 기준)

있다. 1993-2009년 동안 남성 노동자의 근속년수는 5.4년에서 7.1년으로 증가하고 여성은 2.8년에서 4.4년으로 증가한다. 여성 노동자의 회복 속도가 약해서 2009년 평균근속년수가 4.4년으로 1998년의 4.3년에서 크게 변하지 않았다(김영옥 외, 2011: 27). 2018년 남성의 평균 근속기간은 7.4년, 여성은 4.9년이다(통계청, 2019).

그런데 전문성과 직업 위신 측면에서 여성노동시장의 양극화 현상 또한 나타난다(김영옥 외, 2011: 23). IMF 외환위기 이후 강화된 여성노동 시장의 양극화는 1990년대에는 중간 일자리가 감소하고 하위·상위 일자리가 증가하는 U자형 고용형태를 보였다. 2000년 이후에는 하위수준 일자리층이 보다 두터워지면서 완만한 양극화가 진행되고 있다(김영옥 외, 2006). 그렇지만 개별여성들의 이러한 직업적 '성공'이 노동시장에 '다수' 여성을 구속하는 젠더화된 불평등 구조가 존재한다는 사실을 부정하지는 못한다.

3. 21세기 한국의 여성노동과 사회적 재생산 체제

1) 노동시장의 젠더 불평등 구조와 사회적 재생산

지금까지 21세기 한국 노동시장에 젠더 차별이 존재함을 보였다. 이러한 젠더 차별의 특징과 징표로 경제활동 참여율·고용율의 성 격차, 여성 노동의 상대적으로 강한 불안정화 경향, 경력단절과 M자형 커브, 성별 임금 격차와 근속기간격차 등을 제시하였다. 차별의 원인으로 노동시장의 젠더 불평등 구조를 제시하였다. 또한 이 젠더 불평등 구조를 남성중심의 기업내부노동시장, 수직적 및 수평적 성별 직종분리 및 여성에게 재생산의 책임과 부담을 떠넘기는 젠더화된 재생산으로 구체화하였다.

이러한 젠더 불평등 구조를 그 요소들 간의 논리적 연관에 따라 엄밀하게 고찰할 때, 이 불평등 구조의 기초는 젠더화된 재생산이다. 자본주의 이전부터 '재생산'은 그 책임과 부담이 여성에게 지워져왔다. 이는 자본주의 사회에서도 재생산의 책임과 부담이 여성에게 전가되는 것을 '자연스럽게' 만든다. 자본은 여성의 재생산 노동의 최대 수혜자다. 여성에게 그 대가를 지불하지 않고도 여성의 재생산 노동의 산물, 곧 건강한 노동력을 세대를 넘어 부단하게 공급받기 때문이다. 이런 측면에서 자본에게 여성은 일차적으로 무상의 재생산 노동자다.

자본의 목표는 총이윤 극대화다. 이를 위해 자본은 여성의 노동력 또한 동원한다. 이러한 동원은 여성에게 여전히 재생산의 부담을 전가하는 구조 속에서 진행된다. 이는 노동시장에서 여성이 남성과 평등할 수 없는 조건이 된다. 나아가 자본은 이러한 상황, 즉 여성이 일차적으로는 무상의 재생산 노동자이며 가정 경제에서는 대체로 이차적·보조적 소득자라는 사실을 활용한다. 즉 주된 생계부양자가 아니라는 이유로 여성의 노동력을 아주 저렴한 노동력으로 초과 착취한다. 노동시장에서의 젠더

불평등 구조의 다른 요소들, 즉 남성중심의 기업내부노동시장, 수직적 및 수평적 성별 직종분리는 일차적으로 무상의 재생산 노동자이며 따라서 가정경제에서는 대체로 이차적 소득자라는 여성의 이러한 위상에서 파생되는 가능한 귀결이다. 결국 총이윤 극대화를 위한 자본의 논리라는 추상적·논리적인 측면으로 한정하여 고찰할 때, 자본주의에서 여성은 일차적으로 '재생산을 위한 노동력'의 무상의 공급자이고 이차적으로 '저렴한 임금 노동력'의 공급자다. 21세기 한국 자본주의는 이 틀을 여전히 벗어나지 못하고 있다.

(1) 사회적 재생산

여성억압을 이처럼 '젠더화된 사회적 재생산'의 관점에서 해명한다는 점에서 필자의 분석은 사회적 재생산 여성주의의 관점에 기초하고 있다. 사회적 재생산 여성주의는 1980년대 이후 사회주의 여성주의, 특히 마르크스의 이론을 비판적으로 계승하는 마르크스주의 여성주의의 주도적 조류가 된다. 이 조류에서는 자본주의 사회의 재생산, 곧 사회 재생산(societal reproduction)(Laslett·Brenner, 1989: 383)에 대한 『자본』의 분석에 연계하여, 다수 노동자 또는 무산자의 노동력·역량의 생산·재생산, 곧 사회적 재생산(social production)(Laslett·Brenner, 1989: 383)이 자본과 자본주의 사회의 재생산의 필수적인 계기임을 보인다(Vogel, 1983, Bahattacharya, 2015). 또한 자본주의 사회에서 여성억압을 이러한 재생산, 즉 한편에서의 노동력의 일상적 재생산과 다른 한편에서의 세대 재생산, 곧 임신·출산을 통한 노동자의 생물학적 재생산과 양육·교육 부담의 여성화 또는 젠더화에 연계하여 설명한다.

사회적 재생산 여성주의의 선구자 중의 한 사람인 보겔은 사회적 재생산, 특히 출산·육아·양육을 동반하는 세대 재생산과 관련된 여성들의 특수성을 자본주의 사회를 비롯한 모든 계급사회에서의 여성억압의 근원으로 본다(Vogel, 1983: 135). 즉 역사적으로 지배계급은 잉여노동 취득의 극대화에 대한 즉각적 요청과 함께 생산계급의 재생산에 대한 장기적 요청 또한 동시에 충족하기 위해(같은 책, 1983: 151), 남성에게는 생존수단을 위한 노동에, 여성에게는 노동력의 재생산을 위한 노동에 더 많은 책임을 부여해 왔다는 것이다. 아울러 노동력의 재생산을 위한 노동을 적절한 수준에서 유지하고자 남성의 여성 지배를 제도화해 왔다는 것이다(같은 책: 153-154). 곧 "가부장적 제도"를 발전시켜왔다는 것이다(같은 책: 155).

계급사회에 대한 이러한 일반적 관점에 따라 보겔은 자본주의 사회에서의 여성 억압의 물질적 기초를 자본의 헤게모니 아래 진행되는 사회적 재생산의 여성화로 본다(같은 책: 177). 또한 이러한 관점에 걸맞게 보겔은 자본주의 사회에서의 사회적 재생산에 대한 연구를 사회적 재생산과 관련된 자본과 노동계급 간의 모순을 중심으로 진행한다.

보겔은 특히 재생산노동과 관련하여 자본이 갖는 양가성(ambivalance)에 주목한다. 자본에게 재생산노동은 필수불가결한 동시에 축적의 장애요인이기도 하다(같은 책: 163). 재생산노동이 축적의 장애요인인 이유는 가구 내 재생산노동으로 인해 잉여노동 취득의 기회가 감소하기 때문이다. 이런 측면에서 보겔은 여성의 시장노동 참여가 무급재생산노동 참여보다 자본에게 이득이 되는 상황에서는 재생산 영역에 대한 국가 개입이 증대하기도 한다고 본다(같은 책: 168). 보겔에 따르면 자본가 계급은 장기적으로는 낮은 임금과 재생산 노동의 최소화를 통해 사회적 재생산을 안정적으로 유지하고자 한다(같은 책: 163). 반면 노동계급은 임금과 재생산 영역 모두에서 자기재생산을 위한 최선의 조건을 추구한다(같은 글). 이처럼 자본이 가급적 낮은 임금을 지급하고자 한다는 사실을 고려할 때, 자본주의 사회에는 무급의 재생산 노동자, 곧 여성이 이차적 소득자로서 초과착취당할 가능성이 상존한다.

결국 사회적 재생산 여성주의에 따를 때, 자본과 노동계급은 사회적 재생산과 관련하여 모순을 형성한다. 사회적 재생산이 젠더화되어 있다는 점에서, 이 모순은 동시에 자본과 여성 또는 여성의 다수인 노동계급 여성 간의 모순과 중첩된다. 이에 따라 자본주의 사회에서 사회적 재생산은 계급투쟁의 중요한 장이자 여성해방투쟁의 중요한 장이다.

계급투쟁과 여성해방투쟁의 중요한 장으로서의 사회적 재생산은 구체적으로는 가정, 국가, 학교 같은 다양한 제도들을 통해 사회적으로 조직되는 것이기도 하다. 그 결과 한편으로는 "가정, 시장, 공동체 및 국가 사이의", 다른 한편으로는 젠더 사이의 사회적 재생산 "노동의 분배"가 "핵심 문제들"로 대두된다(Laslett·Brenner, 1989: 384). 전문적 또는 숙련된 노동력의 재생산을 고려할 때, 사회적 재생산의 영역은 더욱 확장된다. 예를 들어 카츠는 전문적 또는 숙련된 노동력의 재생산과 관련하여 역사적·지리적 실천들과 함께 지식·학습·미디어·사회정의 등을 비롯한 문화적 형태들과 실천들을 부각한다(Katz, 2001: 711). 이에 따라 그녀는 가구, 국가, 학교, 자본만이 아니라 사적 자선단체, 이민자 서클이나 노동자 서클 등과 같은 시민사회도 사회적 재생산의 영역으로 본다(같은 글). 나아가 사회적 재생산의 영역을 노동에 필요한 지식·기술 및 계급적 하비투스를 재생산하는 "정치-경제적" 영역, 지식과 가치 및 소속 그룹의 실천을 획득·공유하는 "문화적" 영역 및 환경과 연관되는 "환경적" 영역으로 분류한다(같은 글: 712-715).

이는 배커와 질이 시사하듯(Bakker·Gill, 2003: 33-39), 사회적 재생산이 연관 정책과 제도들의 조직방식과 결합방식 및 특성 등에 따라 특정 시기 동안 관철되는 특정한 체제를 형성함을 의미한다. 자본주의적 생산과 축적의 주도적 형태가 변화해 가듯 사회적 재생산 체제 역시 변화해 간다. 이때 생산·축적 체제와 사회적 재생산 체제는 밀접히 연관·통합되어 변화한다.

사회적 재생산을 이처럼 전체 사회 차원에서 제도화·조직화되는 것으로 고찰할 때, 또한 노동계급에 대한 확장적 관점을 견지할 때, 여성주의 주제는 보편적인 주제로 설정된다. 사회적 재생산의 관점에 기초할 때, 저임금, 보편적 의료제도와 보육정책, 공교육, 생태(Bhattacharya, 2015: 13), 복지, 연금(같은 글: 20), 이민, 나아가 섹슈얼리티의 사회적 구성(Bhattacharya, 2017: 7, Brenner·Laslett, 1991: 314) 등을 비롯한 사회적 재생산과 관련되는 모든 이슈들이 여성주의 정치학의 중심문제로 재구성된다. 뿐만 아니라 필요에 따라 사회적 재생산의 이슈들에 대한 연구는 전 지구적 차원에서 전개된다. 이는 여성주의에 "인류와 위험에 처한 지구의 복지를 돌보는, 새로운 공동선을 구축하는 소명"을 부여하고 여성주의를 "보편적인 것"으로 만든다(Bhattacharya, 2015: 13). 동시에 이는 생산·재생산의 이분법 너머로 '경제'를 최대한 확장한다(Bhattacharya, 2017: 2).

21세기 한국 경제와 여성노동의 특징을 보다 체계적으로 이해하기 위해, 한국의 자본주의 발전과정에서 사회적 재생산 체제 및 그 변화를 생산·축적체제 및 그 변화와 연동하여 고찰해 보자. 사회적 재생산을 일단 아동과 노인의 돌봄과 가사노동으로 한정하여 고찰해 보자.

2) 한국의 사회적 재생산 체제와 여성 노동

한국에서는 자본주의의 시작과 거의 동시에 여성의 임노동 또한 시작하였다. 한국에서 자본주의는 일제 강점기에 도입되었다. 이 시기 여성들 다수는 여전히 농업에 종사하였지만, 일부 여성들은 공업에 진출하였다.

공장 노동자 중 여성의 비중은 일제 강점기 내내 1/3 수준이었다(강이수, 2011: 266-269). 해방과 한국전쟁 이후 농·어업 분야에 집중 분포됐던 여성 취업자 비율은 판매직·생산직·서비스직으로 조금씩 분산되기 시작하였다(강이수, 2011: 291, 297).

자본주의적 산업화가 독자적 발전기반을 갖추기 시작한 1960년대부터 21세기 현재까지 한국 자본주의의 생산·축적체제와 사회적 재생산 체제는 크게 다음과 같은 세 체제로 분류할 수 있다.

(1) 1960-70년대 초: 경공업 중심의 축적체제 + 여성화된 사적 사회적 재생산 체제

1960-70년대 초반까지의 한국 자본주의의 축적체제는 섬유·의복 같은 경공업 중심의 노동집약적 수출품 생산 제조업 중심의 축적체제다. 이 체제는 권위주의적인 군부정권이 주도하였다. 이 시기 자본주의적 경제성장의 기초는 저임금으로 상징되는 노동력의 초과착취다.

사회적 재생산 체제는 가부장적인 남성 생계부양자 모형이라는 규범적 기초 아래 여성이 대부분의 재생산 노동을 가정 내에서 사적으로 전담하는 체제다. 그런데 남성 노동자의 임금수준이 낮았으며 축적이 주로 노동력의 초과착취에 기초하였기에, 이 시기에는 노동계급을 중심으로 여성 노동력 또한 광범위하게 동원되었다. 이에 따라 이 시기 노동계급 여성들은 일차적으로는 무상의 재생산 노동자로서, 2차적으로는 가정의 보조소득자로서 노동하였다.

보조소득자라는 여성들의 위상은 여성 노동자와 그 노동력이 남성 노동자 및 그 노동력 보다 저평가되는 요인의 하나가 된다. 이미 일제 강점기 때부터 여성 노동자들의 노동력은 남성들보다 저평가되어 왔다(신경아, 2005: 4). 1960-70년대 초반 여성 노동자들의 임금은 최저생계비에도 훨씬 못 미치는 초저임금이었고, 여성 노동자들은 장시간 노동, 인권 유린에 시달렸다(최미진, 2012: 269). 1960-70년대 내내 여성 노동자들은 임금 인상투쟁과 노조 인정투쟁을 전개하였다.

1960년대 섬유·의류업 총고용의 75%가 여성 노동자였고, 고무, 전기·전자 산업에서도 여성의 비중이 늘었다(최미진, 2012.: 246). 15-24세 여성의 경제활동 참여율은 1975년에 55% 이상에 이르렀고, 전체 여성의 경제활동참여율도 1975년에 50%에 근접하였다(신경아, 2005: 6).

(2) 1970년대 중반–90년대 초반: 중화학 공업 중심의 축적 체제 + 여성화된 사적 사회적 재생산 체제

한국 자본주의의 두 번째 축적체제는 1970년대 중반 이후 진행된 중화학공업 중심의 체제다. 중화학공업 중심의 산업 구조조정으로 1980년대부터는 여성 노동자들의 주요 일자리였던 노동집약형 제조업 비중이 급격히 감소하였다. 중화학 공업에는 남성 노동자들이 집중 되었고, 성별 임금 격차 또한 더욱 커졌다. 다른 한편 여성들은 이 시기에 성장하고 있던 서비스업에 새로 진출하여, 사무직·판매직·전문직에 종사하는 여성 비율이 크게 증가했다(최미진, 2012: 246). 남성 생계부양자 모형이라는 규범적 기초 아래 여전히 여성들이 가정 내에서 사회적 재생산 노동 대부분을 사적으로 전담하였다.

(3) 1990년대 중반–현재: 신자유주의적 축적체제+신자유주의적 사회적 재생산과 여성화된 사적 사회적 재생산의 결합 체제

세 번째 축적체제는 신자유주의 체제다. 신자유주의가 지구적인 차원에서 확장하기 시작한 것은 1980년대부터다. 한국에서 신자유주의는 1990년대 초반 김영삼 정부에서 도입된다. 이후 신자유주의 체제는 한국에서

1997년 외환위기를 기점으로 고착화되어 현재까지 이어지고 있다.

신자유주의는 무엇보다 노동의 불안정화를 야기하였다. 지구적인 차원에서 확산된 노동의 불안정화는 한국에서도 유연화 압력을 초래하였다. 그 결과 위계적·집합적이지만 안정적이던 고용모델이 급격하게 쇠퇴한다. 외주화와 하청이 부활하면서 규제를 피하고자 하는 사용자의 능력이 핵심적인 경쟁력이 됨에 따라, 기존 고용관계가 보장해 준 노동자의 권리가 상당 부분 해체되었다(이주희, 2012: 52). 2006년 노무현 정부는 기간제 및 단시간 노동자, 파견 노동자 같은 비정규직을 보호하고자 비정규직 보호법을 제정·개정했지만, 이는 오히려 하청노동자와 특수고용직 노동자의 양산이라는 부작용을 초래하였다. 이러한 노동의 비정규직화, 불안정화는 과거의 풍부한 노동력과 저임금에 기초한 축적방식의 한계를 돌파하고자 하는 자본의 시도라고 할 수 있다. 이러한 시도는 인구위기를 배경으로 자본축적과 관련하여 더욱 중요해진다.

불안정하고 저렴한 노동력의 동원은 특히 여성, 그 중에서도 기혼여성을 목표로 행해졌다. 신자유주의 체제 아래 남성 가장 노동자들에게 제공되었던 안정적인 고용모형이 쇠퇴하여 남성 가장의 임금이 가족의 재생산비용을 충당하지 못하는 경우가 많아지게 됨에 따라, 기혼여성들의 취업 욕구가 커졌다는 점은 이러한 동원에 유리하게 작용하였다. 남성생계부양자 가족모형의 약화를 배경으로, 가정 내 재생산노동자이자 저렴한 보조소득자로서의 여성의 이중적 부담은 이전 시기보다 강화된다.

이미 1990년대 초에 김영삼 정부는 저렴한 노동력의 확보를 통해 기업의 인건비를 절감하기 위해 기혼여성을 산업인력화하는 정책을 전개했다(노동부, 2001: 118-9). 기혼여성노동자의 노동시장 지위는 부차적이며, 따라서 주변적 업무와 저임금에 만족하리라는 것이다. 이러한 판단은 기혼여성노동자를 잔여 노동자로 범주화하고 이들에 대해 임시적인 시간제나 재가노동제, 또는 가변출근을 가능하게 하는 플렉스 타임제 같은 불안정 고용을 중심으로 하는 고용 정책을 수립하게 하였다. 기혼 여성을 불안정 노동자로 양산하고자 하는 정책은 이후 노무현 정부, 이명박 정부, 박근혜 정부에서도 일관되게 추진되었다(신경아, 2014: 87-8). 관계부처 합동(2011)으로 작성된 2011년부터 2015년까지의 여성인력개발종합계획이 명시하듯, 정부는 "안정적인 경제성장"(관계부처 합동, 2011: 31), "지속적인 국가성장"(같은 글: 38)을 위해 여성 노동력을 동원하였다.

기혼여성의 노동력 활용과 인구위기의 극복을 위해 이 시기 정부는 육아휴직 같은 일·가정 양립제도와 돌봄 사회화 정책 또한 추진하였다. 2004-2005년 제 1-2차 육아지원정책에서 시작하여, 2006년 제1차 중장기보육계획인 '새싹플랜' 및 저출산고령사회위원회의 '새로마지 플랜', 2007년 사회서비스바우처사업, 2008년 노인장기보험요양제도, 2011년 장애인활동지원제도 등을 통해 정부는 아동 보육에서 시작해 노인 요양 보호와 장애인활동지원으로 돌봄 서비스를 확대해 왔다. 여성, 특히 기혼여성의 경제활동을 지원하기 위한 이러한 돌봄 서비스정책의 확장은 다른 한편, 서구 복지국가에서와 유사하게, 보건·교육·사회서비스업에서의 여성 고용 증대를 통해 여성의 고용기회를 확대하였다. 그 결과 2010년부터는 보건·교육·사회서비스업의 여성 고용율(36.7%)이 이전까지 여성고용율 1위였던 도소매 음식 숙박업(29%)을 제치고 여성 고용율 1위 업종이 되었다(김영옥 외, 2011: 22).

그러나 이러한 돌봄서비스 확대는 서비스의 질과 돌봄노동자 고용의 질 양자 모두와 관련하여 근본적인 한계를 갖는 것이었다. 이 확대가 이용자(소비자) 중심주의와 선택권 강화담론을 기반으로 이루어졌고 공공 부문보다는 민간 부문과 영리 부문을 중심으로 확대(송다영, 2014)되었기 때문이다. 시장화의 결과로 난립하게 된 서비스제공 기관들의 과다

경쟁은 인건비의 축소로 이어졌다. 이에 더하여 정부는 돌봄서비스 확대 과정에서 그동안 비공식 부문에서 이루어졌던 임금관행이나 특징을 그대로 유지하면서 돌봄서비스를 저임금 일자리로 제한했다(신경아, 2016: 340-1). 그 결과 돌봄서비스 업종은 여성들이 집중되어 성별화되고 비정규직화가 뚜렷한 저임금·불안정 고용 업종으로 고착되었다. 예를 들어 2012년 3월 기준 공공행정서비스의 비정규직 비율은 49.0%이며 사회복지업은 56.1%에 이른다. 또한 사회서비스업의 임금수준은 전체 여성 취업자 평균 임금의 80% 수준에 그친다(정성미, 2012). 육아휴직제도 역시 여성고용과 육아휴직 후 동일직장 복귀에 부정적 영향을 미친다는 점에서 '실효성' 문제를 갖고 있다(신경아, 2016: 337-8).

1990년대 초에서 박근혜 정부 때까지 한국에서의 사회적 재생산 체제를 정리해 보자. 이 시기 한국에서는 돌봄을 비롯한 사회적 재생산의 사회화가 본격적으로 전개된다. 그러나 이는 여성을 비롯한 다수 개인들의 실질적인 복지 향상을 위해서가 아니라 경제성장 또는 자본축적이라는 목표 아래 전개된다. 그 결과 사회적 재생산의 사회화는 주로 민간 부문과 영리 부문을 중심으로 '신자유주의적으로' 전개된다. 신자유주의적인 생산·축적 체제에 걸맞게 이 시기 한국의 사회적 재생산 체제는 신자유주의적 사회적 재생산과 여성화된 사적 사회적 재생산이 결합한 체제 또는 신자유주의에 기반한 약화된 남성생계부양자 체제로 요약할 수 있다.

이러한 상황은 문재인 정부 시기에도 크게 변화하지 않았다. 물론 문정부는 비정규직의 정규직화 정책, 장시간 근로환경 개선, 최저임금 인상 같은 임금불평등 해소 정책 등을 통해 신자유주의와 일정 정도 거리를 취하였다. 또한 비록 소극적으로라도 미투운동을 인정했던 사실이 보여주듯, 명시적으로 페미니즘 정부를 표방하였다. 그 결과 '노동'과 관련하여서는 성별 임금격차, 비정규직 여성노동 등을 의제화하고, 노동시장에서의 성별 격차의 해결을 위해 출산·육아·가족 책임의 여성화를 해결하고자 하였다. 나아가 사회서비스공단을 통해 민간화·영리화된 사회서비스를 공영화하여 공공성을 강화하고자 하였다.

그러나 이러한 정책들이 성공하였다고 보기는 어렵다.

첫째, 문정부의 정규직 전환 정책은 단기적인 성과 창출에 치중하여 졸속으로 행해진 나머지, 인천국제공항 사태가 보여주듯이 새로운 갈등을 유발하였다. 또한 문정부는 공공기관이 민간위탁기관에 업무를 위임 계약한 경우인 3단계 민간위탁부문의 정규직 전환과 관련해서는 대상 인원조차 파악하지 않은 채 정책결정 당사자로서의 책임을 회피하면서 소관 부처에 책임을 전가하였다.

둘째, 특히 여성의 상당수가 정규직 전환에서 제외되었다. 이는 한편에서는 정규직 전환에서 제외하기로 한 대표 집단이 60세 이상과 여성비중이 높은 교육서비스업의 교·강사이기 때문이다. 다른 한편 이는 민간위탁 부문 비정규직종의 대표직종이 여성 노동자가 집중 고용되어 있는 어린이집, 사회복지관, 아이돌봄, 치매안심센터 같은 돌봄서비스 직종이기 때문이다. 여성이 다수인 직종은 여성이 주된 생계부양자가 아니라 2차 소득자로 간주되는 성별 고정관념으로 인해 정규직화의 우선순위에서도 밀릴 위험이 상존한다(윤자영, 2019: 26).

셋째, 민영화, 시장화에 기초한 우리나라 사회서비스 정책을 공영화하여 공공성을 강화하기 위한 사회서비스공단 기획 역시 한계를 드러냈다. 사회서비스 공단에서 연기금을 활용하여 국공립 어린이집, 공공요양시설을 확충하자는 공공투자의 아이디어(김연명, 2017)는 시·도 사회서비스원 설립 보조금 수준으로 쪼그라들었다. 사회서비스원에서 직접 운영할 공공 인프라나 인력 등에 대한 구체적 논의는 실종되었다. 새로운 공공서비스를 지역에 어떻게 안착시킬지 전략을 짜기보다 기초자치체로부터 국공립어린이집이나 공공요양시설을 수탁받기 위해, 민간위탁을 전제로 만들어진 조례에 맞춰 광역 사회서비스원이 고군분투하는 상황이 전개되었다(양난주, 2021).

문정부는 이전 정부들의 신자유주의적인 생산·축적 체제와 사회적 재생산 체제를 개혁하고자 시도하였다. 그러나 이 시도들은 결국 실패하였다. 문정부 시대 때 여성 노동이 이전보다 더한 불안전성을 드러냈다는 사실은 이러한 '개혁' 실패에 대한 단적인 일례다. 물론 현재의 윤석열 정부에 대해 이러한 개혁, 나아가 그 성공을 기대하는 것은 더욱 어려워 보인다.

4. 나가며: 디지털 전환과 여성 노동

여성 노동의 미래를 '4차 산업혁명' 또는 '디지털 경제'와 관련하여 전망해 보자. 디지털 경제란 "기업의 사업모델이 정보기술, 인터넷, 데이터에 점점 더 의존하게 되는 사업방식 일체"(Srnicek, 2016: 12)를 의미한다. 이러한 디지털 경제의 기반이 디지털 플랫폼이라는 의미에서 디지털 경제는 플랫폼 경제, "플랫폼 자본주의"(Srnicek, 2016)로도 불린다.

한국에서는 4차 산업혁명에 대한 대응이 19대 대선 공약으로 제시되어 이후 국정전략으로 추진되었다. 그렇지만 현재 한국에서 산업의 디지털화에 따른 가시적 변화는 통계상 파악되지 않고 있다(오은진 외, 2020: 52). 2020년을 기점으로 지난 10년 간의 사업체 인력구조의 추이분석을 통해 디지털 전환 시점의 변곡점을 확인하고자 한 한국여성정책연구원의 연구에 의하면, 인력구조의 추이에는 디지털 전환으로 인한 변화보다는 임노동자 확대, 정규직 확대 등 일반 노동시정 정책 효과가 더 크며 매출액 규모 증가 또한 여전히 임노동자 규모 증가와 비례하는 것으로 확인되었다(오은진, 외, 2020: iv). 이에 따라 해당 연구에서는 디지털 전환이 어느 시점을 계기로 완전히 다른 추이를 보이는 것이 아니라 서서히 조금씩 변화되는 산업 트렌드라는 결론을 내리고 있다(오은진 외, 2020: 52).

디지털 전환이 일부에서 예상하듯이 대량실업을 불러일으킬 지에 대해서는 불확실하다. 세계경제포럼(World Economic Forum, WEF)에서 2018년에 발간한 *Future of Jobs Report*는 일자리가 감소하는 만큼 신규 일자리가 창출될 것으로 예상한다(WEF, 2018: 8). 또한 이 보고서는 자동화에 대한 통념과는 달리, 2/3 이상의 직업이 30% 정도만 자동화가 가능하며 70% 이상 자동화가 가능한 직종은 전체 1/4 정도 밖에 안 될 것으로 예상한다(WEF, 2018: 10). 성재민·방형준(2019), 방형준·노용진 (2019) 같은 우리나라에서의 연구도 실업 가능성과 새로운 일자리 창출 가능성을 모두 예측하고 있다.

디지털 전환의 구체적 양상과 결과가 단순히 기술적으로만 결정되는 것이 아니라 국가정책, 경기순환, 인구, 노동운동, 여성운동을 비롯한 대중운동 등과 같은 다양한 요인들에 의해서도 영향을 받는다는 점을 고려할 때, 먼 미래에 대한 정확한 예측은 불확실할 수밖에 없어 보인다. 그렇지만 디지털 전환이 현재와 같은 신자유주의적 체제 아래 진행될 때, 경제의 광범한 긱 경제화, 곧 비정규직 경제화(이광석, 2017: 41, 45) 가 초래되리라는 예상을 피하기 어렵다. 사실 코로나 시기 노동 관련 중요 현상의 하나는 플랫폼 노동의 확대이기도 하다(통계청, 2021a: 169). 또한 노동시장에서의 젠더 불평등 구조가 존속하는 한, 디지털 전환은 특히 다수 여성 노동자들에게 불리하게 진행될 것으로 예측된다.

첫 번째는 현재의 수직적·수평적 성별 직종분리 때문이다. ILO 보고서에 따르면, 여성들은 로봇과 AI를 통해 대체 가능성이 높은 반복 작업 직종에 남성보다 더 많이 종사하고 있다. 28개 OECD 국가 대상 조사결과, 여성은 남성보다 13% 많게 반복 작업 직종에 종사하며, 실직 위험이 11%로 9%인 남성보다 높다(ILO, 2019: 49). 반면 디지털 전환으로 일자리가 증가할 직종으로 기대되는 AI 전문인력은 여성 비중이 적어서 2019년 현재 전 세계적으로 22%에 그친다(WEF, 2019: 223). 이에 더하여 남성 중심 기업내부노동시장이 여전히 강력한 영향을 행사하는 경우, 디지털 전환은 여성에게 불리하게 진행될 것이다.

두 번째는 사회적 재생산의 신자유주의적 사회화를 배경으로 사회적 재생산의 주 책임과 부담이 여전히 다수 여성에게 사적인 방식으로 전가되기 때문이다. 또한 이 재생산에 대한 책임으로 다수 여성들이 임금이 낮고 불안정하지만 덜 까다로운 클라우드 노동, 긱 노동을 선택할 가능성이 높기 때문이다. ILO 역시 온라인 노동이 성별 역할의 차이와 여성의 저임금 직업 선택 경향을 강화하는 역할을 할 수 있다고 지적한다(ILO, 2019: 51). 실제로 한국에서는 가사노동의 경우 앱을 통한 긱 노동이 보편화되고 있다. 앱 설치 후 바로 노동하는 것이 가능하며, 실제로 앱을 통하지 않고서는 일자리를 찾기가 어렵기 때문이다. 나아가 가사노동자들이 재생산 노동에 대한 부담 때문에 전업형태보다 부업형태의 노동을 원하기 때문이다(오은진 외, 2020: 424-6).

결국 현재의 조건 아래 디지털 전환이 진행될 때, 신자유주의적 생산·축적 체제와 사회적 재생산체제 및 그 문제점은 더욱 강화될 것이다.

인구절벽의 위기 및 이에 함축된 자본 재생산의 위기는 현재와 같은 신자유주의적인 정부조차 친여성적인 정책을 취하지 않을 수 없게 한다. 무엇보다 노동력 부족의 위기를 여성의 노동력을 동원하여 극복하고자 하는 것이다. 이를 위해 현 정부는 여성의 경력단절을 예방하고 저출산 대응을 위해 육아휴직을 1년 6개월로 연장하고, 배우자 출산 휴가도 10일 이상으로 늘리며, 기존의 월 30만원 영아수당을 부모급여로 상향하는 등 나름의 정책을 제시하고 있다. 그러나 이는 출산과 육아에 한정하여 고찰하더라도 충분하지 못하다. 나아가 사회적 재생산의 외연은 출산·육아를 넘어서서 교육, 주거, 의료, 복지, 연금, 생태, 안정적인 직업과 충분한 임금 등까지 포괄하는 것이다. 사실 인구 절벽의 위기는 이토록 광범한 사회적 재생산의 위기의 한 결과에 불과하다. 나아가 사회적 재생산의 위기는 사회적 재생산 체제만이 아니라 생산·축적 체제와도 연계되어 있다. 결국 사회적 재생산의 위기, 나아가 사회 재생산의 위기 극복을 위해 여성들은 노동자들을 비롯하여 다수 민중들과 연대하여 관대한 보편복지와 좋은 노동조건을 쟁취할 필요가 있다. 또한 이에 기초하여 공적·사적 영역 모두에서 실질적 젠더 평등을 실현할 필요가 있다.

참고문헌

강이수. 2011. 『한국 근현대 여성 노동: 변화와 정체성』, 문화과학사.

고용노동부. 2022. 「고용형태별 근로실태 조사」.

관계부처합동. 2011. 『Dynamic Women Korea 2015: 여성인력개발종합계획』

노동부. 2001. 『근로여성정책의 변화에 관하 연구』

권정임. 2022a. 「가부장제와 자본주의. 이중체계론과 바레트의 여성억압 분석을 중심으로」. 『마르크스주의 연구』, 제19권 2호, 34-64쪽.

권정임. 2022b. 「사회적 재생산 여성주의의 비판적 재구성. 계급, 무급 돌봄·가사노동에 대한 보상 및 기본소득을 중심으로」. 『마르크스주의 연구』, 제19권 4호, 116-148.

김병조·김순영. 1996 「한국의 여성 시간제 노동자, 그들은 누구인가?」. 『경제와 사회』, 1996년가을호(통권 제 31호), 159-178.

김연명. 2017. 「사회서비스 질 향상을 위한 사회서비스공단 설립 및 운영방안」. 남인순 의원실·더불어민주당 정책위원회 공청회 발표문, 2017. 3. 6. 국회의원회관 제8간담회실.

김영옥 외. 2006. 『여성 노동시장의 양극화 추이와 과제』, 한국여성개발원.

김영옥·이선행·김민수. 2011. 『2000년 이후 여성노동시장의 변화와 미래전략』, 서울: 한국여성정책연구원.

방형준·노용진. 2019. 『로봇산업 활성화의 고용효과』. 고용노동부.

성재민·방형준. 2019. 『기업성과 생산성, 인구변동이 임금에 미치는 영향에 대한 연구』, 한국노동연구원.

송다영. 2014. 「사회복지부문 돌봄 관련 일자리의 질 저하에 관한 연구」. 『젠더와 문화』 7(1): 7-42. 신경아. 2005. 「'저임금 여성노동자'와 노동시장 담론」. 『여성학논집』, 제22집 2호, 3-34.

송다영. 2014. 「시간제 노동과 성평등: 박근혜 정부의 시간제 일자리 창출 정책에 대한 비판적 논의」. 『한국여성학』, 제30권 1호, 81-112.

송다영. 2016. 「여성노동시장의 변화에 관한 여덟 가지 질문」. 『페미니즘 연구』, 제16권 1호, 321-359.

송다영. 2021. 「팬데믹 시대 여성노동의 위기에 관한 페미니즘적 성찰」. 『페미니즘연구』, 제21권2호, 3-38.

이광석. 2017. 「자본주의 종착역으로서 '플랫폼 자본주의'에 관한 비판적 소묘」. 『문화과학』, 2017겨울, 18-47.

이주희, 2012. 「여성의 평등한 노동권을 위한 고용과 복지의 재구조화: 울스톤크래프트의 딜레마 극복을위한 대안」. 『한국여성학』, 제28권 3호, 35-62.

오은진·강민정·정성미·권소영·강경주·길현종·방형준. 2020. 『디지털 전환기의 여성일자리 연구(I): 여성의 일과 일자리의 미래』, 서울: 한국여성정책연구원.

양난주. 2021. 「사회서비스원의 이보후퇴와 일보전진」. http://www. welfarestate. re. kr(검색일: 2022. 12 09.)

윤자영. 2019. 「여성 고용 실태와 노조의 대응」. 『월간 한국노총』, 8·9 통권 554호, 24-26.

윤자영. 2020. 「여성 임금 근로자의 직장 내 성차별 인식에 관한 연구. 기업특성과 고용형태를 중심으로」. 『페미니즘연구』, 제20권 1호, 37-81.

정성미. 2012. 「여성고용과 사회서비스업」. 『노동리뷰』 89, 58-73.

정이환·김영미·권현지. 2012. 「동아시아 신흥 선진국의 여성고용」. 『한국여성학』 28(1), 147-181.

통계청. 2019. 경제활동인구조사.

통계청. 2020a. 한국의 사회동향 2020.

통계청. 2020b. 경제활동인구조사.

통계청. 2021a. 한국의 사회동향 2021.

통계청. 2021b. 경제활동인구조사

통계청. 2021c. 2021년 8월 경제활동 인구조사 근로형태별 부가조사 결과.

통계청. 2022. 경제활동인구조사.

최미진. 2012. 「한국 여성 노동의 현실과 투쟁」. 『마르크스 21』, 13호(봄, 여름), 245- 280.

Arruzza, C. 2016. "Functionalist, Determinist, Reductionist: Social Reproduction Feminism and it's Critics. "*Science & Society*, Vol. 80, No. 1, January 2016.

Bakker, I. 2007. "Social Reproduction and the Constitution of a Gendered Political Economy. "*New Political Economy*, Vol. 12. No. 4.

Bakker, I. ·Gill, S. 2003. "Global Political Economy and Social Reproduction. "Bakker, I. ·Gill, S. (ed.)*Power, Production and Social Reproduction*. Palgrave Macmillan, 2003.

Bhattacharya, T. 2015. "How not to Skip Class: Social reproduction of Labor and the Global Working Class"(「계급을 지나치지 않는 방법. 노동의 사회적 재생산과 세계노동계급」. 고민지 역. 장대업 감수). 『마르크스주의 연구』16권4호. 2019.

Bhattacharya, T. 2017. "Introduction: Mapping Social Reproduction Theory. "in: Bhattacharya, T. (ed.). *Social Reproduction Theory*. Pluto Press.

Brenner, J. ·Laslett, B. 1991. "Gender, Social Reproduction, and Women's Self-Organization: Considering the U. S. welfare State. "*Gender & Society*, Vol. 5, No. 3, September.

Fraser, N. 2016. "Crisis for Care? On the Social‒Reproductive Contradiction of Contemporary capitalism. "in: Bhattacharya, T. (ed.). *Social Reproduction Theory*. Pluto Press.

ILO. 2019. *Work for a brighter future ‒ Golbal Comission on the Future of Work*.

Katz, C. 2001. "Vagabond Capitalism and the Necessity of Social Reproduction. "*Antipode*, 33.

KOSIS. 2022. 「성/근로형태별 임금근로자 및 비중(총괄)」.

Laslett, B. ·Brenner, J. 1989. "Gender and Social Reproduction: Historical Perspective. "*Annual Review of Sociology* 15(1989).

Picchio, A. 1992. Social Reproduction. *The Political Economy of the Labour Market*. Cambridge University Press.

Vogel, L. 1983. *Marxism and the Oppression of Women. Toward a Unitary Theory*. Brill. 2013.

Srnicek, Nick. 2016. *Platform Capitalism*. Polity Press.

WEF. 2018. *Future of Jobs Report*. http://reports. weforum. org/future-of-jobs-2018(검색일: 2020. 04. 01)

WEF. 2020. *Future of Jobs Report*. http://reports. weforum. org/future-of-jobs-2020(검색일: 2020. 04. 01)

제8장

위기의 한국 민주주의: 탈진실 정치와 민주적 집단지성[1]

한상원(충북대학교 철학과 부교수)

1. 들어가며

스피노자가 말했듯이, 공포는 예속을 낳는 정념이다(Spinoza, 2002: 388). 공포는 합리적 사고를 마비시키며, 공동체를 파괴하고 '적'에 대한 분노의 에너지로 전이되기도 한다. 아도르노와 호르크하이머의 표현을 빌리자면, 주체는 자신이 느끼는 두려움을 타자에게 투사한다(Adorno, Horkheimer, 2003: 211). 코로나19의 창궐과 글로벌 팬데믹 이후 우리는 전염병의 공포라는 이 '예외상태'가 중국인, 국내 거주 조선족 동포, 우한 거주 교민들, 나아가 아시아인 전체에 대한 제노포비아의 확산으로 이어지는 것을 목격했다. 공포의 정념에 휩싸인 주체에게 타자의 이질성은 불안을 유발하는 것일 수밖에 없다. 나의 불안을 잠재우기 위해 타자

---

1 이 장은 경제인문사회연구회 인문정책연구총서 2022-07 『'적대주의 정치'에 대한 이해와 해법』에 포함된 '반지성주의' 분석을 심화, 확장시킨 것이다.

의 다름은 그 자체로 극복해야 할 대상으로 간주된다. 공포가 일상이 되었듯이, 혐오는 우리의 일상이 되었다. 이미 2018년 예멘인들의 집단적 난민신청 이후 나타난 무슬림 난민에 대한 인종차별 혐오 정서는 2022년('협력자'라는 이름이 붙은) 아프가니스탄 출신 난민 자녀들의 초등학교 입학에 반대하는 주민 시위로 이어졌다.

문제는 이와 같은 사례들에서 드러나듯, 공포와 불안 같은 '집단적 정념'들이 민주주의 정치공동체의 성립가능성을 차단한다는 데 있다. 코로나 바이러스처럼 눈에 보이지 않은 병원체에 대한 두려움뿐만 아니라, 사회안전망의 해체와 무한경쟁 논리에 따른 삶의 불안정으로 인해 나타나는 집단적 불안장애 속에서 많은 사람들은 사회적 약자에게 주어지는 보상을 '특권'이자 '혜택'으로 간주하게 되었고, 이를 '역차별'이라고 부르는 데 익숙해졌다. 성평등이 남성에 대한 역차별을 부추긴다고 보듯, 대중교통을 이용하게 해달라고 시위를 벌이는 장애인들은 일반 시민들을 볼모로 잡는다는 것이다. 국가대표 운동선수는 머리가 짧다는 이유로 '페미논란'에 휘말려야 했으며, 중국인 동포들은 건강보험 재정의 낭비를 부추기는 세력으로 공격을 받았다. 동료시민의 권리를 인정하지 않는 이러한 태도는 민주적 정치공동체의 성립을 불가능하게 만들며, 사회를 원자화된 개인의 경쟁의 장소라는 협소한 의미로 만들어버린다. 이렇듯 오늘날 원자화된 고립적 개인들로 남은 시민들은 사회가 나를 지켜주지 않는다는 불안감으로 인해, 타자에게 혐오정념을 쏟아내는 방식으로 '합리적 자기보존 원칙'을 구사하는 것처럼 보인다. 이처럼 집단적 정념의 세계에서 나타나는 현상 중의 하나는, 내가 느끼는 공포와 불안의 '원인'을 분석하고, 이를 극복할 수 있는 '대안'을 모색하기 위한 합리적, 지성적 논의들이 불가능해진다는 것이다. 따라서 이와 같은 상황에서 반지성주의의 출현은 자연스러운 일인 것처럼 보인다.

결국 반지성주의의 문제는 단순히 사회구성원들이 취하는 주관적 태도의 문제가 아니다. 오히려 그것은 한 사회가 집단정념의 지배에서 벗어나지 못하는 '미성숙'의 태도 속에서 정치의 근본 조건인 주체화의 가능성이 차단된다는 사실과 관련이 있다. 따라서 반지성주의는 정치의 가능성을 그 근본에서 차단하는 현대사회의 특수한 측면으로 이해돼야 한다. 그렇다면 오늘날 민주주의 정치의 가능성을 묻기 위해서는 이와 같은 반지성주의의 특징이 무엇인가를 진단할 필요가 있다. 이 장에서는 탈진실(Post-truth) 시대로 일컬어지는 현대 사회의 반지성주의 양상을 분석하면서, 특히 코로나 팬데믹 이후 상황에서 그것이 어떤 결과로 이어졌는가를 추적할 것이다. 이를 통해 우리는 반지성주의를 극복할 수 있는 시민적 집단지성이 오늘날 민주적 정치 공동체의 성립에 필수적임을 고찰할 것이다.

2. 반지성주의란 무엇인가

'반지성주의(Anti-intellectualism)'는 미국 역사학자 리처드 호프스태터의 책 『미국의 반지성주의』을 통해 확산된 용어로, 이 책에서 호프스태터는 반지성주의를 다음과 같이 정의한다. "내가 '반지성적'이라고 일컫는 태도나 사고에 공통되는 감정은 정신적 삶과 그것을 대표한다고 여겨지는 사람들에 대한 분노와 의심이며, 또한 그러한 삶의 가치를 언제나 얕보려는 경향이다."(호프스태터, 2017: 25) 반지성주의자들에게서 발견되는 '지식인'에 대한 증오는 '지성' 그 자체에 대한 분노로 이어지고, 이는 지성적인 자세나 토론에 대한 비난으로 귀결된다. 이러한 이유에서 반지성주의는 반'지식인'주의를 넘어, 지성에 대한 공격적 태도로 둔갑한다.

따라서 반지성주의의 진정한 문제는 그것이 반정치적 태도를 야기하고, 그에 따라 궁극적으로 민주주의의 실현을 저해한다는 데 있다. 달리 말해 반지성주의의 확산은 민주주의 정치의 가능조건인 시민적 지성의 출현을 불가능하게 만들기 때문에, '자기 통치'로서의 정치가 아닌 '지배'의 논리를 공고화시킨다. 반면 시민적 지성은 지배에 대한 비판의 원천이며, 그것은 민주주의 정치가 활성화될 수 있는 출발점을 이룬다. 아도르노는 이러한 생각을 이렇게 정식화한다. "비판은 모든 민주주의에 본질적이다. 이는 민주주의가 비판의 자유를 요구하고 비판적 충동을 필요로 한다는 것 이상을 말한다. 민주주의는 다름 아닌 비판에 의해 정의된다."(Adorno, 2003a: 785)

아도르노는 반지성주의를 '사회로부터 개인의 지적 소외'가 낳은 문제라고 지적한다. "사회적 과정들의 객체화, 그들의 고유한 초개인적 법에 대한 복종은 사회로부터 개인의 지적 소외로 귀결되는 것으로 보인다. 이러한 소외는 공포와 불확실성을 동반하는 방향상실로 개인에게 경험된다."(Adorno, 2003a : 283) 그렇다면 반지성주의는 단순히 개인의 지성의 결여가 아니라, 개인의 고립화와 원자화라는 현대 사회의 구조적 원인에서 귀결된 현상으로 이해되어야 할 것이다. 달리 말하면, 반지성주의는 개인을 공론장에서의 담론형성 과정에서 배제하며 지적으로 소외시키는 사회적 관계의 산물로 나타난다.

이와 같은 진단은 한국 사회가 처한 민주주의의 위기에도 적용될 수 있다. 다수의 네티즌들이 '심심한 사과'의 뜻을 이해하지 못해 벌어지는 해프닝에서 보듯, 한국은 대학진학률이 70%에 육박하는 고학력 사회이면서도 실질문맹률이 75%에 도달하는 기이한 형태를 드러내고 있다. 이러한 역설적 상황이 가능한 이유는 한국에서 학습이나 교육이 오로지 신분상승과 계급재생산을 위한 학벌획득을 목적으로 수행되고 있을 뿐,

개인의 사유, 성찰, 비판의 능력을 일깨워주는 것과 무관하기 때문이다. 그래서 수능 고득점자, 토익 고득점자도 사회 문제에 관해 개인의 주관적 의견을 묻는 질문에는 침묵하거나 비객관적 편향을 드러내는 경우를 자주 목격한다. 이것은 성숙한 개인을 길러내지 못하는, 오히려 고학력 문맹들을 만들어내는 이 교육시스템의 문제라고 봐야 할 것이다.

이러한 조건 하에서 '선비질', '진지충', '프로불편러'같은 신조어들이 유행했다는 사실은 반추해볼만하다. 이 단어들은 모두 '선비'처럼 '진지'하게 어떤 '불편한' 문제를 제기하는 태도를 싸잡아 비난하고 있기 때문이다. 이런 맥락에서 "진지충의 탄생은 반지성적 사회의 증상"(이라영, 2019: 18)이라고 할 수 있다. 진지함을 '벌레(충)'로 취급하는 사회에서는 비판적 문제제기나 자기성찰과 같은 진지함의 요소들은 배격될 수밖에 없다. 이라영은 반지성주의를 "알기를 적극적으로 거부하는 상태"(이라영, 2019: 20)라고 규정하는데, 이러한 진단에서도 보듯, 실제로 반지성주의의 문제는 단지 무엇인가에 대해 알지 못하는 상태 그 자체에 있는 것이 아니라, '나를 가르치려 하지 말라'는 식의 태도, 즉 '알려고 하기를 적극적으로 거부하는' 자세에서 나타난다. 이것은 반권위주의를 가장한 반지성주의라 할 수 있으며, 앞서 호프스태터도 지적했듯이, 평등주의라는 정당한 대의에서 비롯하는 태도가 그 기저에 깔려 있다. 그러나 이러한 태도는 동시에 알고 싶지 않은 앎(지식)을 차단함으로써 토론을 거부하는 태도로 이어져 공론장을 불가능하게 만들고, 소수자에 대한 편견 등 기존 사회에 확산된 차별적 의식을 무비판적으로 수용함으로써 궁극에서는 평등주의 그 자체를 불가능하게 만든다. 그러한 태도의 전형은 탈진실 정치에서 확인된다.

3. 가짜뉴스는 어떻게 민주주의를 저해하는가?: 브렉시트와 트럼프 선거운동

2016년 '탈진실(Post-truth)'이 영국 옥스퍼드 대사전에, 2017년에는 '가짜뉴스(Fake news)'가 콜린스 사전에 각각 '올해의 단어'로 선정된 이래로, 진실에 대한 왜곡이 어떻게 정치적 수단으로 활용되는가에 대한 관심이 집중된 바 있다. 매튜 러블리스는 가짜뉴스를 하나의 "감정적 무기"로 정의하면서, 그것이 "집단적(정치적) 행동의 잠재력을 저해하기 위해 청중의 느낌을 조작하려는 목적에서 현재의 논의들을 가리려는 전략적 노력을 지칭"한다고 말한다(Loveless, 2021: 65). 그에 따르면 가짜뉴스는 지성이 아니라 사람들의 감정에 직접 호소하며, 이를 통해 무기화된다. 가짜뉴스가 무기인 이유는 그것이 자신의 경제적, 정치적 이익을 위해 누군가의 손해를 목적으로 제작된 수단이기 때문이다. 특히 이러한 수단은 인터넷 환경에서 커다란 파급력을 만들어낸다. 이용자에게 특화된 특정 성향의 정보들이 제한적으로 제공되는 현상을 일컫는 필터버블(filter bubble)로 인해 인터넷상에서 정보의 격납고화(silo-ification) 현상이 발생하는데, 이로 인해 개인들은 닫힌 공간에서의 제한된 정보 속에 자신의 기존 신념을 강화하는 정보들에 노출될 수밖에 없으며, 가짜뉴스는 이러한 환경에서 개인의 신념에 쉽게 영향을 미치게 된다(Loveless, 2021: 66).

어째서 이런 현상이 나타날까? 일련의 학자들은 이를 인터넷 환경에서 나타나는 인간의 심리적 성향과 연결시킨다. 제임스 볼은 "우리는 어떤 정보가 자신의 세계관과 일치하면 더 믿으려 하고, 통계보다 일화에 더 설득된다"고 말한다(볼, 2020: 240). 이러한 현상은 소셜 미디어와 같은 환경에서 더욱 두드러지는데, 여기서 개인들은 자신이 집단의 구성원임을 드러내며, 집단에 속하지 않은 사람을 공격하려는 성향을 드러낸다. 확증편향(confirmation bias)이라고 불리는 이러한 성향은, 내가 믿는 주장을 지지하는 증거로 간주되는 사실들에 대해 검증하지 않고 참으로 받아들이려는 경향을 일컫는다.

확증편향과 함께 나타나는 또 다른 심리적 편향도 존재한다. 그것은 "내가 굳게 믿는 신념에 반하는 증거를 알게 될 때, 신념을 바꾸기보다 오히려 더욱 굳히는 현상"(볼, 2020: 244)을 말한다. 예컨대 이라크 전쟁 당시에, 정부의 발표와 달리 '이라크에 대량살상무기가 존재하지 않는다'는 언론 보도가 나오자, 이는 참전을 지지하는 사람들로 하여금 자신의 신념을 바꾸는 게 아니라 언론을 불신하는 방향을 택하게 만들었다. 동조 편향(conformity bias)으로 불리는 이러한 현상은 "합리적 판단과는 완전히 별개로, 그저 무리로부터 튀어나와 보이기를 원하지 않는다는 심리"에서 비롯한다(오코너, 웨더럴, 2021: 119). 대표적인 사례는 도널드 트럼프 대통령의 취임식과 관련된 일화다. 트럼프 행정부 대변인 숀 스파이어는 대통령 취임식 당시 "사상 최대 규모의 인파가 몰렸다"고 발표했다. 그러나 오바마의 두 차례 취임식과 트럼프의 취임식을 비교한 사진을 보면 후자의 군중 숫자가 확연하게 적은 것이 확인된다. 이에 대한 질문을 받자 백악관은 '대안적 사실(alternative truth)'라는 단어를 사용해, 진실에 대한 부정이 동시에 진실이 될 수 있다는 주장을 펼쳤다. 탈진실을 정치적 무기로 활용한 것이다.

이처럼 진실에 대한 조작이 정치적인 파급력을 미치기 때문에, 최근 가짜뉴스는 조직적으로 양산되고 온라인 공간을 통해 급속도로 확산되고 있다. 트럼프의 대통령 선거운동 기간에 마케도니아의 인구 4만 5천 소도시 벨레브(Veles)에서만 140개가 넘는 가짜뉴스가 제작되었다. 가짜뉴스를 만들면 쉽게 돈을 번다는 소문 때문에 10대 청소년들이 가짜뉴스 사이트를 생성하고 거짓 정보들을 유포하는 활동에 동원되었다(볼, 2020: 45-47). 가짜뉴스가 '장사'가 된다는 것을 알게 되자, 최근에는 레거시 미디어들조차 가짜뉴스와의 싸움을 포기하고 스스로 가짜뉴스를 퍼뜨리는 비즈니스모델을 채택했다. 가짜뉴스 보도를 통해 '필터버블'의 수혜를 입으려는 전략으로 선회한 언론사들은 진실과 거짓의 경계에 있는 모호한 기사들을 내보내 이익을 얻으려 하고 있다. 구글, 페이스북 등 인터넷 소셜 미디어들 역시 경제적 이유에서 이들 뉴스 매체들을 제대로 규제하려 하지 않는다. 가짜뉴스가 유통되는 대규모 커뮤니티가 거대한 시장을 형성하기 때문이다. 볼은 이와 같은 "개소리 비즈니스 모델"(볼, 2020: 290)이 오늘날 탈진실의 시대를 지배하고 있다고 주장한다.

브렉시트 역시 "21세기 탈진실 정치의 역할을 논의, 탐험하고 시험할 수 있는 사례 연구의 '이념형(ideal-type)'"으로 지칭된다(Cassidy, 2021: 53). 제니퍼 캐시디에 따르면, 브렉시트 탈퇴파가 제시한 두 개의 가짜뉴스는 대중에게 크게 어필하면서 투표에 결정적 영향을 미쳤다. 이 두 개의 가짜뉴스는 다음과 같다. 1. "영국이 EU에 매 주 3억5천만 파운드를 송금한다." 2. "영국으로의 순인구유입이 333,000명에 도달했다." 과장된 수치를 동원한 이러한 가짜뉴스를 통해 탈퇴파는 사태의 본질을 흐리는 "오해를 야기하는 서사들(misleading narratives)"을 만들어 여론을 주도하게 된다. 예컨대 탈퇴파는 "우리는 유럽에 매주 3억5천만 파운드를 송금합니다. 이 돈을 그 대신 건강보험에 기금으로 씁시다(We send the EU £350 million a week, let's fund our NHS instead)"라는 버스 광고를 게재했고, 이를 통해 유권자들로 하여금 브렉시트 이후에 3억5천만 파운드 만큼 NHS가 운영하는 공공 병원이 새로 설립될 것처럼 헛된 기대를 갖게 만들었다. 또 이민자 문제 역시 가짜뉴스를 통해 노동계급의 여론을 동원하기 위한 전략으로 이용되었다. 영국독립당의 나이젤 패라지가 등장하는 '한계점(Breaking Point)' 포스터에서 보듯, 탈퇴파는 쇄도하는 난민의 이미지를 광고함으로써 노골적 인종주의를 통해 국경에 대한 통제력을 되찾아야 한다는 요구를 불러일으켰다. 나아가 탈퇴파의 프로파간다는 난민을 성적 침략자로 묘사함으로써 EU에 잔류하게 되면 영국 여성들이 위험하다는 신호를 제공하기도 했다. 민족주의를 강화하고 난민을 범죄화하는 이런 이미지들은 해당 소수자 그룹에게 침묵을 강요하고 그들의 목소리를 들리지 않게 하며, 그들의 발화가 정치적 숙의과정에서 진지하게 검토되지 못하도록 만든다(Cassidy, 2021: 60).

　　이처럼 사회적 위기에 직면했을 때, 외국인에 의한 국가 정체성 손상을 규탄하는 목소리가 항상 등장하게 된다. 이는 교육이나 의료 등 실질적으로 노동계급의 삶에 영향을 미치는 문제를 제쳐놓고 이민자 문제에 집중하게 만드는 효과를 만들어낸다. 이러한 논의 지형은 "극우 단체가 이용할 수 있는 비옥한 번식지"(무데, 2021: 146)를 만들어내는데, 이것이 문제인 이유는 세계적으로 극우 세력이 점차 극단화, 폭력화되고 있기 때문이다. 2016년 미국 대선에서 트럼프 지지자들이 퍼뜨린, 힐러리 클린턴이 아동 성매매에 가담했다는 가짜뉴스는 성매매가 이뤄지는 장소로 지목된 피자 가게에 총격을 가하는 사건으로 이어졌으며, 2021년 1월 트럼프의 선거 패배 이후 지지자들은 총기를 보유한 채 국회의사당을 점거했다. 이 사건에 가담한 것으로 보이는 음모론자 데이비드 드파페는 2022년 10월 하원의장 낸시 펠로시의 집을 침입해 그녀의 남편을 둔기로 가격하기도 했다. 전형적인 극우 음모론자인 드파페는 자신의 소셜 미디어 계정에 백신 음모론, 대선 개표 조작, 경찰의 조지 플로이드 살해 부인, 반유대주의를 조장하는 게시물을 올린 것으로 알려졌다. 이는 조직화된 탈진실 정치가 어떻게 폭력의 극단화로 이어지는지 보여주는 사례다. 의회와 같은 대의제 기구나 기존 언론은 정치적 갈등을 매개할 기능을 상실했으며, 직접적으로 개인들에게 호소하는 탈진실 매체들의 영향 속에 갈등이 폭력화되는 경향이 나타난다.

이처럼 뉴미디어를 타고 급속도로 확산되는 가짜뉴스는 오늘날 민주주의가 처한 위기 현상을 극명하게 드러낸다. 그리고 반지성주의적 태도의 확산은 이러한 가짜뉴스에 의한 민주주의의 파괴에 대해 해당 정치공동체의 구성원들이 저항할 수 있는 능력을 부식시켜버린다. 따라서 반지성주의의 확산과 가짜뉴스의 범람은 동전의 앞뒷면을 이룬다. 그리고 이러한 탈진실 정치로 인간 갈등의 증폭을 우리는 한국 사회에서도 발견할 수 있다.

4. 적대주의와 반지성주의: 예멘 난민 거부 정서와 이대남의 불만

2018년 500명이 넘는 예멘 난민들이 제주도로 입국해 난민 신청을 하자, 한국 사회는 곤혹에 빠졌다. 이제 대규모 난민의 입국이라는 문제는 유럽이나 미국만이 아니라 한국의 일이 되된 것이다. 그러나 한국 사회는 이에 대해 준비되어 있지 않았으며, 난민에 대한 부정적이고 적대적인 여론이 들끓었다. 여론조사에서는 답변자의 3분의 2 이상이 난민 지위 부여에 반대한다고 밝혔으며, 청와대 국민청원 게시판에 올라온 '난민 신청 허가 폐지' 청원은 70만 명 이상의 동의로 이어졌다. '국민이 우선이다'라는 구호를 내건 난민 반대 시위가 나타나기도 했다.

　이토록 적극적이고 격렬한 난민에 대한 적대감 형성에 영향을 미친 것은 온라인에서 급속도로 확산된 가짜뉴스였다. 또 예멘인들의 조혼 풍습을 언급하며 예멘인들을 아동 성애자로 묘사하거나, 스웨덴에서 무슬림 난민을 허용한 이후 성폭력이 급증했다는 식으로 정보를 왜곡했다. '무슬림 남성들에게 성폭행 당한 영국 여성들' 이미지가 조작되어 확산되기도 했다. 제주도에 머물고 있는 한 예멘 난민이 알 자지라와 인터

뷰하면서 "예멘이 평화로워지면 가족들이 있는 고향에 가고 싶다"고 한 말을 왜곡해, "이런 섬에 갇혀 있느니 예멘으로 돌아가고 싶다"고 편집함으로써, '배부른 불평'이나 하는 게으른 난민이라는 이미지가 고착되기도 했다. 이런 이미지들은 이 난민들이 비행기를 타고 제주도에 입국했으며, 손에 스마트폰이 들려 있어 이들이 '가짜 난민'이라는 식의 논리로 이어졌다. 이처럼 예멘 난민의 사례는 난민에 대한 차별과 혐오 정서가 가짜 뉴스와 결합되어 얼마나 급속도로 증폭될 수 있는지를 보여주는 사례였다. 이전에 접한 적이 없는 대규모 난민 입국 사태와 낯선 타자에 대한 두려움은 '도덕적 공황'을 초래하여, '최소한의 도덕'에 대한 감각이나 합의나 무산되고 타자를 '적'으로 규정하는 사고방식의 확산을 낳는다 (박상희, 2019).

이러한 외국인, 특히 무슬림에 대한 차별과 혐오 정서로 인해 대구에서는 무슬림 사원 건축을 지역 주민들이 반대해 공사가 지연되는 사태가 벌어지고 있으며, 2021년 미군의 아프가니스탄 철군 이후 아프가니스탄 '특별기여자'라는 이름으로 정부가 송환한 난민들의 자녀들이 학교에 입학하자 학부모들이 반대시위를 하는 등 특정집단에 대한 적대감과 혐오정서가 두드러지게 나타나고 있다. 그러나 '외부의' 타자와의 공존을 거부하는 사고방식의 확산은 '내부의' 타자들에 대한 적대와 혐오로 이어지기 쉽다. 오늘날 한국 사회에 만연해 있는 혐오의 확산은 이를 보여준다.

2021년 서울시장 보궐선거를 기점으로 정치적 집단성을 인정받은 '이대남(20대 남성)' 현상 역시 이러한 맥락에서 이해될 수 있다. 당시 선거 결과 20대 남성과 여성의 표결이 선명하게 대립한 것이 이른바 '젠더 갈등'의 정치화로 인식되면서 20대 남성의 정치적 보수화나 페미니즘과 사회적 소수자 배려 정책 전반에 대한 반감이 집중적으로 조명되었다.

물론 이들이 어느 정도로 결속력이 있는 정치적 집단인지에 관해서는 여전히 불분명하며, 과연 20대 남성 전반을 '이대남'이라는 범주로 묶일 수 있는가에 대한 반론이 제기될 수도 있다. 그럼에도 이후 나타난 일련의 사태들은 온라인 남초 커뮤니티를 중심으로 20대 남성들 사이에 확산되는 여론이 상당히 조직적으로 표출되고 있음을 보여준다. 대표적인 사건은 GS25의 홍보물에 등장하는 손가락 모양이 이른바 '남성혐오'를 조장한다는 논란이었다. 이 손가락 모양이, 이미 온라인 공간에서 사라진 '메갈리아'를 비롯한 페미니스트 네티즌들이 남성을 조롱하기 위해 사용하는 모양과 닮았다는 것이었다. 이 논란 이후 해당 기업은 이에 사과하고 홍보물을 삭제하기도 했다. 유사한 해프닝이 국가대표 양궁 선수 안산의 머리 스타일을 놓고 벌어진 '페미 논란'에서 재현되었다. 당시 올림픽 금메달 획득으로 전국민적 주목을 받은 안산 선수가 짧은 머리를 하고 여대를 다니고 있으며, 개인 소셜 미디어 계정에서 '남혐' 용어들을 사용하고 있다는 이유로 '페미니스트'로 낙인이 찍혀 남초 사이트를 중심으로 비난을 받는 상황이 나타났다.

과연 '페미니스트'인 것이 '논란'이 되어야 하는가라는 원론적 질문을 던지기 전에, 우리는 이와 같이 특정 여성을 페미니스트로 몰아 마녀사냥을 가하는 집단적 여론이 한국 온라인 공간에 실재하고 있을 뿐만 아니라 그것이 현실정치에도 영향을 미친다는 점에 주목해야 한다. 왜냐하면 이러한 맥락 속에서만 지난 20대 대선에서 등장한 '여성가족부 폐지' 공약의 배경과 파급력을 이해할 수 있기 때문이다. 이러한 공약에 지지를 보내고 자신을 '이대남'으로 이해하는 남성들은 자신들이 여성이나 소수자들에 대해 '역차별'을 당하고 있다는 강한 불만을 표출한다. 이러한 불만은 자신들이 사회 기득권과 주류 질서로부터 배제되어 있다고 느끼는 한에서 정당한 것이기도 하다. 그러나 이 불만과 분노, 절망감은 기득권이 다른 누군가를 배제할 수 있는 구조의 문제를 제기하는 길 대신, 차별로 인해 배제되어온 여성과 소수자들이 그들의 운동을 통해 쟁취한 미미한 권리들을 '불공정'으로 비난하면서, '완벽하게 공정한 경쟁'을 대안적 정의로 제시하는 순간 길을 잃게 된다.

이것이 오늘날 '역차별론'이라는 담론적 무기의 현주소다. 손희정에 따르면 이대남 현상은 한국에서의 '백래시'의 대표적 사례다. 그리고 이러한 백래시의 메커니즘은 "신자유주의가 초래한 불안의 시대를 살아가는 20대 남성들의 절실한 분노이고, 그걸 이용하려는 정치권의 각종 '작전'"에서 드러나는데, 이 작전은 '공정'이라는 화두에서 정점에 달한다(손희정, 2021). 여성혐오는 더 이상 여성을 약자라고 무시하는 데에서 생겨나지 않는다. 오늘날의 여성혐오는 여성을(가상적으로) 강자의 위치에 올려놓고 다시 끌어내리려 하며, 여성 우대정책으로 역차별당하는 남성들이야말로 이러한 '불공정'의 피해자라는 서사에서 비롯한다.

왜 이대남은 사회에 분노하는가? 그들의 분노는 어디에서 기인한 것인가? 징병제에 대한 불만, 과도한 경쟁과 부족한 일자리로 인한 청년세대의 불안정 등 그들이 갖는 불만의 많은 부분은 구조적 원인에서 기인한 것이다. 그러나 이러한 불만은 청년층 남성에게 강제복무를 강요하는 군사주의화된 국가나, 불평등과 불안정을 낳는 신자유주의 경제질서에 대한 문제제기로 이어지지 않는다. 이를 대체하는 허위적 적대의 출현을 통해 분노는 여성과 장애인 등 약자에 대한 방향으로 굴절된다. 역차별이라는 '주인기표'는 이 모든 불만들을 단번에 묶어주는 누빔점의 역할을 한다. 남성은 여성에게 역차별을 당하고, 비장애인은 장애인 시위('전장연')로 인해 역차별을 겪으며, 이주노동자('불법체류자', '외노자')로 인해 내국인이 일자를 잃는 역차별이 발생한다는 것이다.

이처럼 온라인 공간에서 나타나는 격렬한 안티 페미니즘 정서와 백래시 현상은 오늘날 청년층 남성들이 품고 있는 불만이, 1) 자신들의 불만을 적절한 용어로 '정치화'할 수 있는 수단이 사라지고 경쟁적 공정 담론만이 유일한 정의 개념으로 굳어진 객관적 상황 속에서 2) 온라인 공간에 등장하는 부정확한 사실들과 프로파간다들의 범람과 조우하여 3) 분노와 불만의 방향이 굴절되는 과정을 보여준다. 차별을 낳는 구조와 그러한 구조로부터 이익을 누리는 기득권이 아니라 여성, 페미니스트, 소수자들이 공격적 에너지를 투사해야 할 '적'으로 낙인찍히는 것이다.

이러한 현상이 우리의 논의에서 차지하는 의미는 무엇인가? 민주주의 사회는 다양한 사회 문제들의 구조적 원인을 통찰하고 이를 변화시키려는 정치적 의제의 형성을 요구한다. 그런데 이처럼 자신이 가진 불만과 분노의 '구조적 원인'이 무엇인가를 통찰하는 것은 곧 '지성적 태도'가 민주주의에 본질적이라는 사실을 말해준다. 지성적 태도와 숙의적 과정은 민주주의 사회에서 적대 그 자체를 종식시키는 것은 아니다. 그러나 그것은 사회 구성원들이 갖는 불만과 적대의 방향성에 영향을 미치며, 따라서 '어떤 적대인가?' 하는 물음을 낳는다. 이 적대는 국가권력과 기득권층에 대한 불만과 구조의 변화라는 방향성을 택할 것인가, 아니면 약자에 대한 혐오로 나아갈 것인가? 반지성주의적 태도는 구조적 원인에 대한 '인식'이 아니라 자신의 분노를 투사할 '표적집단'에 대한 공격적 충동을 강화하며, 온라인 공간에서의 탈진실 정치는 이러한 현상을 부채질한다. 우리는 이러한 현상을 전대미문의 팬데믹 상황에서도 확인할 수 있다.

5. 팬데믹 시대의 반지성주의: 코로나 인종주의, 낙인찍기 그리고 백신 음모론

코로나19 바이러스의 전 세계적 대유행 이후 목격된 사회적 현상 중 하나는 미국, 유럽, 호주 등 서구 국가들에서 아시아계 이민자들을 대상으로 한 인종 범죄가 급증했다는 사실이다. '코로나 인종주의(Corona Racism)'로 명명된 이 같은 현상이 극단에 달한 사례는 2021 3월 16일 벌어진 미국 애틀랜타 총격사건이다. 이날 주로 아시아계 여성들이 근무하는 스파 시설 세 곳에 난입한 괴한이 총기를 난사해 8명을 살해했고, 그 중 6명이 아시아계(4명은 한국계, 2명은 중국계) 여성들이었다. 그 후로도 2022년 1월에는 중국계 여성 미셸 고가 지하철역 선로로 떠밀려 목숨을 잃었으며, 2월에는 한국계 여성 크리스티나 유나 리가 집까지 쫓아온 남성에 의해 흉기로 살해되었다. 캘리포니아 주 당국은 아시아계를 노린 증오범죄가 2019년 43건, 2020년 89건에서 2021년 247건으로 급증했다고 밝혔으며, 일부 지역에서는 '아시아인 뺨 때리기 챌린지'(Slap an Asian Challenge)가 유행했다는 사실이 밝혀지기도 했다. 또 미국 연방수사국 FBI의 발표에 따르면 2019년부터 2020년 사이 아시아인을 대상으로 발생한 증오범죄는 77%가 증가했다. 이와 같은 상황은 미국 내에서 아시아계 주민들의 불안을 가중시켰다. 노인과 여성은 마트나 주유소 등을 이용하러 외출하는 것조차 꺼리고 있는 것으로 나타났다(고한솔, 2022).

2020년 3월부터 2021년 6월까지, 아시아계 미국인 또는 퍼시픽 아일랜드인에 대한 증오범죄에 대응하는 시민단체 스톱 AAPI 헤이트(Stop AAPI Hate)에 차별이나 폭력 피해를 자진 신고한 사람들의 숫자는 9천명 이상이다. 미국 내 아시아계를 대상으로 한 여론조사에서 82퍼센트는 아시아계 미국인들이 코로나 팬데믹 이후 차별에 직면하고 있다고 답했다. 64퍼센트는 인종주의가 미국에서 극단적이거나 심각한 문제라고 답했다. 응답자의 12퍼센트만이 자신이 공공 생활에서 안전을 느낀다고 답했으며, 반면 응답자의 대부분인 81퍼센트가 아시아계 커뮤니티에 대한 범죄가 팬데믹 이후 늘어나고 있다고 답했다(Finling, et. a.l, 2022). 코로나 바이러스를 '쿵 플루(Kung Flu)'로 지칭하면서 반중국 감정을 불러일으킨 사례에서 보듯, 코로나 팬데믹 초기 트럼프 대통령과 미국 정부는 바이러스에 대한 적극적 확산정책을 펴는 대신에 실패한 자신의 책임을 전가하기 위해 중국과 아시아계 이민자들에 대한 인종주의적 분노를 확산시키는 데 기여했다.

그러나 이러한 '코로나 인종주의'는 서구사회의 전유물이 아니다. 같은 아시아권인 한국에서 확산된 '반중 정서'는 코로나 인종주의가 우리 안에도 존재함을 보여주었다. 널리 퍼진 '박쥐를 잡아먹는 중국인'에 관한 동영상은 이러한 '혐중'이라는 형태의 제노포비아(xenophobia)를 조장했다. 이 영상은 '미개한 중국인'이라는 이미지를 굳히고, 불결한 음식문화가 팬데믹을 촉발했다는 인식으로 나아갔다. 이 영상은 그러나 실제로는 중국이 아닌 남태평양의 어느 섬나라에서 촬영된 것이었다. 따라서 이 영상은 엄밀히 말해 '가짜뉴스'에 속한다. 그러나 반중국 여론의 확산은 멈추지 않았고 언론과 정치권은 이를 부추겼다. 언론은 코로나 바이러스와 직접 관련이 없는 국내의 중국인, 조선족 거주 지역에 찾아가 그들의 위생상태가 불량하다는 기사를 보도했다. 청와대 게시판의 '중국인 입국금지' 청원이 순식간에 수십 만으로 늘어나고, 중국인 입국금지를 요구하는 집회가 열리기도 했다. 이에 호응한 일부 정치권 역시 중국인 입국금지 조치를 시행하지 않은 정부를 규탄했다. 식당에는 '중국인 출입금지'라는 안내문이 걸리고, 네티즌들 사이에서 '노 차이나' 로고가 제작되어 확산되었다.

이와 같은 상황은 코로나 바이러스의 유행 초기에 나타난 공포와 불안의 심리가 가짜뉴스, 언론, 정치권의 조작된 프로파간다와 만나 얼마나 커다란 폭발력을 갖는지 보여주는 사례였다. 공포와 불안의 정서가 타자에 대한 배제와 혐오로 이어지는 메커니즘은 그 후 방역정책의 추진 과정에서도 드러났다. 대표적 사례는 2020년 5월 이태원 성소수자 낙인 문제였다. 집단 감염자가 나온 이태원 클럽이 게이 클럽이었다는 언론의 보도가 있었고, 이는 사실상 감염자들에 대한 '강제 아웃팅'인 셈이었다. 이후 성소수자들에 대한 편견을 강화하는 언론보도와 가짜뉴스들이 인터넷 공간에 확산되었다. 그러자 '감염이 되면 강제로 커밍아웃'이 될 거라는 두려움에 동선 공개를 거부하거나 자진 신고를 회피하는 사람이 증가했고, 이는 또 다시 성소수자들에 대한 여론 악화라는 악순환으로 이어졌다. 이는 결국 성소수자의 인권 고려 없이 확진자의 동선과 개인정보를 공개한 언론과 방역당국이 낳은 문제였다. 전문가들은 이와 같은 특정 집단에 대한 혐오는 방역정책에 도움이 되지 않는다고 지적한다 (백재중, 2022: 197).

아도르노와 호르크하이머는 그들의 반유대주의 분석에서 "분노는 무방비 상태에 있는 눈에 띄는 자에게 퍼부어진다"(Adorno, Horkheimer, 2003: 195)고 지적한 바 있다. 극단적 공포의 상황에서는 누구나 혐오의 희생제물이 될 수 있다. 코로나 팬데믹 이후 미국 등 서구 국가들에서 아시아계 주민들을 대상으로, 한국 내에서 중국인들을 대상으로 확산된 코로나 인종주의나 이태원 성소수자 집단감염 사례는 이와 같이 거짓 정보와 결합되어 증폭되는 공포의 정서가 어떻게 혐오와 차별로 이어지는지를 증명한다.

코로나 팬데믹 시대에 출현한 또 다른 반지성주의적 태도의 확산 사례는 백신 음모론과 접종 반대 주장에서 확인된다. 이미 코로나19 유행 초기부터 신자들에게 소금물 성수를 뿌린 교회의 집단전파 사례나 표

백제를 치료제로 사용할 수 있다는 트럼프 전 대통령의 발언에서 보듯, 과학적 사실에 근거하지 않은 신념이 객관적 정보인 것처럼 둔갑하여 판단에 영향을 주는 사례들이 존재했다. 그 외에도 '하루에 계란을 9개 섭취하면 코로나19를 이겨낼 수 있다', '불꽃놀이는 대기 중의 바이러스를 없앤다', '채식주의자는 감염되지 않는다', '코카콜라 또는 5G 네트워크가 바이러스를 확산시킨다', '사회적 거리 두기를 강제하기 위해 러시아 정부는 거리에 사자를 풀었다'와 같이 인터넷 상에서 무분별하게 거짓 정보들이 확산되었다. 정보와 전염병을 합친 인포데믹(infodemic)이라는 신조어에서 보듯, 전염병의 확산을 타고 질병에 대한 왜곡된 정보까지 확산되면서 혼란스러운 대응이 나타나기도 했다(차미영, 2020: 179).

"우리는 단순히 전염병(endemic)과 싸우는 것이 아니다. 우리는 인포데믹(infodemic)과 싸우고 있다"는 세계보건기구(WHO) 사무총장 거브러여수스의 발언에서 보듯, 신종 바이러스에 대한 공포와 정확한 과학적 정보의 결여 속에 나타나는 허위 정보의 확산은 바이러스의 확산 자체보다 더 위험한 상황을 만들어낼 수 있다. 그것은 바이러스에 대한 정확한 대응을 불가능하게 만들고 공공기관의 방역대책에 대한 근거 없는 불신을 조장해 사람들의 생명을 앗아갈 수 있으며, 나아가 그러한 거짓 정보들은 혐오와 갈등의 원인을 제공하기도 한다. 나아가 백신 음모론과 같은 검증되지 않은 음모 가설들 역시 마찬가지로 사회적 불신을 조장하며 공포를 확대재생산한다.

이러한 이유에서 "확산된 음모의 신념은 사회 전체에 대한 실체적인 해악적 귀결을 낳을 수 있다"고 지적하는 것이 가능하다(Kantorowicz-Reznichenko, et. al., 2022: 2). 무엇보다도 음모론은 방역 정책과 같은 공적 권위에 대한 근거 없는 불신과 편견을 조장함으로써 바이러스와 같은 위험에 대항해 민주적 방식으로 만들어가야 할 공적 체계들의 성립을 불가능하게 만든다. 팬데믹과 같은 공동체 전체의 위기 상황은 시민들의 자발적 헌신과 연대적 상호 신뢰 속에서 형성되어야 할 민주적 공공성을 요청한다. 그러한 민주적 공공성은 바이러스와 같은 눈에 보이지 않는 공포에 직면했을 때, 소수자에 대한 낙인찍기와 희생양 삼기라는 방식의 대응을 통해 공동체가 붕괴되지 않고, 역으로 집합적인 방식의 토론과 숙의 과정에 참여함으로써 얻어낼 수 있는 시민들의 연대감과 소속감 속에서 형성될 수 있다. 달리 말하자면, 민주주의 정치는 시민적 집단지성을 요청하는 것이다. 그러나 팬데믹 기간 확인할 수 있었던 것은, 거짓 정보로 인한 인포데믹과 음모론 등의 확산을 야기하는 반지성주의적 자세들이 혐오와 편견을 동반하는 폭력 속에서 정치 공동체를 붕괴시킬 수 있다는 사실이다.

　　동시에 지적해야 할 것은 팬데믹 시기에 거짓 정보나 음모론이 단순히 개인의 지적 능력의 결여가 아니라 공포와 불안에 처한 사회의 반응으로서 발생한다는 사실이다. 보건의료 전문가들은 팬데믹 기간 동안의 사회적 거리두기 속에서 이른바 '코로나 우울'과 고립감이 확산되었으며, 이로 인해 불안감이 증폭되었다고 지적한다. 이러한 상황은 고립된 채로 두려움에 살아야 하는 다수의 사람들이 왜곡된 정보에 대한 취약성을 갖게 만든다. 따라서 전문가들은 이러한 조건에서 개인이 자신이 몸담고 있는 사회적 관계 속에 소속감을 느끼는 것은 이러한 고립과 두려움을 이겨낼 수 있는 결정적 요소라고 지적한다(이은이, 2020: 162). 필자가 주장하고자 하는 바는, 이처럼 사회로부터의 고립에 의해 촉발되며 역으로 그러한 고립을 가속하는 공포의 정념을 이겨낼 수 있는 소속감은 질병이나 팬데믹과 같은 사회적 위기를 '함께' 극복하기 위한 공통의 지성적 노력을 요청한다는 사실이다. 그렇다면 우리는 민주주의 정치를 공통의 정념을 극복하는 공통의 힘(역량)으로서 집단지성의 출현과의 관계

속에 사유할 수 있을 것이다. 그러나 이러한 출현은 어떻게 가능할 것인가?

6. 나가며: 반지성주의는 왜 정치적 쟁점인가

많은 학자들은 팬데믹 시기 트러난 탈진실 정치의 강력한 힘과 반지성주의적 태도의 확산을 지켜보며, 이를 극복하기 위해 "더 많은 숙의적 사고형태의 활성화"(Kantorowicz-Reznichenko et al., 2022: 7)나 "과학적 소통과 공적 참여를 위한 증대되고 향상된 역량"과 과학자들의 역할(Hazelton, 2021: 101)을 음모론을 이겨낼 수 있는 방안으로 제시한다. 나아가 "자신의 경제적 상황에 미치는 팬데믹의 강한 경제적 충격에 대한 개인들의 두려움을 최소화하기 위한 단호한 정치적 행동"(Bruder, Kunert, 2022: 47)이 필요하다고 주장하는 목소리도 존재한다. 그런데 우리가 이와 동시에 물어야 할 질문은, 반지성주의에 대한 문제제기가 그러한 사회적 위기속에 출현하는 집단정념에 대해 어떠한 대안적인 정치적 전망을 열어줄 수 있는가 하는 것이다. 이러한 질문에 답하기 위해서는 우선적으로 지성이 왜 정치의 문제인가를 인식할 필요가 있다. 필자가 결론적으로 주장하고자 하는 바도 바로 이것이다.

반지성주의는 단순히 지식인 엘리트가 '반지성적 대중'을 도덕적으로 훈계하고 비난하기 위해 사용되는 엘리트주의적 진단과 처방을 위한 개념이 아니고 그렇게 악용되어서도 안 된다. 물론 우리는 이 개념이 그렇게 악용될 수 있는 가능성이 있다는 사실을 근본적으로 부정할 수는 없다). 반지성주의가 정치적 쟁점인 이유는 지성이 민주주의에 본질적이기 때문이다. 앞서 예멘 난민 시위나 이대남 사례에서도 지적되었듯이,

그리고 팬데믹 시기의 낙인찍기 사례에서도 확인되었듯이, 공포나 불안이 만연해지는 사회적 위기의 상황은 상상적인 '적'으로 낙인찍인 집단에 대한 '허위적 적대'를 출현시킨다. 그것이 허위적 적대인 이유는, 그러한 적대가 사회 구성원들이 느끼는 불만과 분노의 진정한 원인에 대한 인식을 가로막고, 낙인찍힌 집단에 대한 공격적 충동의 투사를 통해 분노를 배출하도록 만들기 때문이다. 그러한 '허위적' 분노의 방향성으로 인해 적대의 원인이 되는 구조적 본질은 은폐된다. 따라서 반지성주의적 태도는 사회의 자기 내 모순에 대한 인식과 자기성찰을 불가능하게 만든다.

이는 나아가 지성적 태도가 민주주의의 본질적 요소로 요청된다는 점을 함축한다. 그리고 여기에서의 지성적 태도란, '지적 능력'이라는 의미의 특수한 전문적 능력이 아니라, 심층적으로 비판하고 판단하고 숙고할 수 있는 자세를 뜻하며, 그것은 특정한 엘리트 집단이 아니라 민주주의 사회를 이루는 모든 사람들이 가져야 하고 가질 수 있는 태도를 뜻한다. 민주주의 사회에서 모든 사람은 주체이자 지성인이다. 공동체의 위기에 처했을 때 민주주의의 주체들은 공통의 지성적 성찰 속에 참여함으로써, 자신이 속한 정치 공동체에 대한 소속감과 결속력, 연대감을 획득할 수 있다. 그러한 결속과 연대의 감정은 공동체의 위기를 타자에 대한 분노가 아니라 자기성찰 속에 극복하려는 태도로 이어질 것이다. 공동체를 공동체로 만들 수 있는 정서적 결속력, 곧 "공동체의 감각"(Oldfield, 1990: 174)의 창출은 공포라는 집단정념을 극복할 수 있는 집단지성의 존재를 요청한다. 이것은 민주주의 정치 공동체가 민주적, 시민적 집단지성을 통해, 주체들의 역량 속에 발전해야 함을 뜻한다. 오늘날의 반지성주의가 정치적 쟁점인 이유, 우리가 그에 대항해 싸워야 할 이유는 여기에 있다.

참고문헌

카스 무데. 2021. 『혐오와 차별은 어떻게 정치가 되는가?』. 권은하 옮김, 위즈덤하우스.

제임스 볼. 2020. 『개소리는 어떻게 세상을 정복했는가: 진실보다 강한 탈진실의 힘』. 김선영 옮김. 다산초당.

케일린 오코너, 제임스 오언 웨더럴. 2021, 『거짓은 어떻게 확산되는가』. 박경선 옮김. 반니.

리처드 호프스태터. 2017. 『미국의 반지성주의』. 유강은 옮김. 고유서가.

량영성. 2018.『혐오표현은 왜 재일조선인을 겨냥하는가』. 김선미 옮김. 산처럼.

고한솔. 2022. "'아시안 빰때리기 챌린지'를 아시나요", 〈한겨레21〉 제1434호. 2022.10.15.

목수정. 2022. 『시끄러울수록 풍요로워진다』, 한겨레출판.

박상희. 2019. 「2018년 제주 예멘 난민과 한국 사회의 도덕적 공황」, 『인권연구』 2(2). pp.1-46.

백재중. 2022. 『팬데믹 인권』. 건강미디어협동조합.

손희정. 2021. "한국의 '이대남'과 미국의 '브로플레이크'…'백래시의 시간'이 왔다", 〈프레시안〉, 2021.05.25. http://www.pressian.com/pages/articles/2021052515451358458

이라영. 2019. 『타락한 저항: 지배하는 '비해자'들, 우리 안의 반지성주의』, 고유서가.

이윤석. 2021. "목수정의 허위정보 '솔잎차'는 어디서 나왔나", 〈뉴스톱〉, 2021. 06. 07. http://www.newstof.com/news/articleView.html?idxno=11940

이은이. 2020. 「사회적 거리두기와 '코로나 우울'」. 기초과학연구원(IBS) 기획. 『코로나 사이언스』. 동아시아.

이은혜. 2021. 『아이들에게 코로나 백신을 맞힌다고?』. 북앤피플.

차미영. 2020. 「가짜뉴스에 맞선 데이터 과학: 국가별 가짜뉴스 확산과 취약성」. 기초과학연구원(IBS) 기획. 『코로나 사이언스』. 동아시아.

Adorno, Theodor W. 2003a *Studies in the Authoritarian Personality*. Gesammelte Schriften 9.1, Frankfurt/M..

Adorno, Theodor W. 2003b. *Kritik*. Gesammelte Schriften 10.2, Frankfurt/M.

Adorno, Theodor W, & Horkheimer, Max. 2003. *Dialektik der Aufklärung*. Gesammelte Schriften Bd.3, Frankfurt/M.

Adrian Oldfield. 1990. *Citizenship and Community. Civic Republicanism and the Modern World*. London: Routledge.

Bruder, Martin & Kunert, Laura. 2022. "The conspiracy hoax? Testing key hypotheses about the correlates of generic beliefs in conspiracy theories during the COVID-19 pandemic." *International Journal of Psychology*, Vol. 57, No. 1. pp.43–48.

Cassidy, Jennifer. 2021. "How Post-truth Politics transformed and shaped the outcome of the 2016 BREXIT Referendum." in: Serena Giusti and Elisa Piras(ed.): *Democracy and Fake News Information Manipulation and Post-Truth Politics*. London: Routledge.

Finling, Mary & Blendon, Robert J. & Benson, John & Koh, Howard. 2022. "COVID-19 Has Driven Racism And Violence Against Asian Americans: Perspectives From 12 National Polls." *Health Affairs Forefront*. April 12, 2022. DOI: 10.1377/forefront.20220411.655787

Hazelton, Alice. 2021. "Once upon Covid-19. A Tale of Misleading Information Going Viral", in: Serena Giusti and Elisa Piras(ed.): *Democracy and Fake News. Information, Manipulation and Post-Truth Politics*. London: Routledge.

Kantorowicz-Reznichenko, Elena & Folmer, Chris Reinders & Kantorowicz, Jaroslaw. 2022. "Don't believe it! A global perspective on cognitive reflection and conspiracy theories about COVID-19 pandemic." *Personality and Individual Differences* No. 194.

Loveless, Matthew. 2021. "Information and Democracy. Fake News as an Emotional Weapon." in: Serena Giusti and Elisa Piras(ed.): *Democracy and Fake News Information Manipulation and Post-Truth Politics*, London: Routledge.

Merkley, Eric. 2020. "Anti-intellectualism, Populism and Motivated Resistance to Expert Consensus." *Public Opinion Quarterly*, Vol. 84, No. 1, Spring. pp. 24 – 48.

Spinoza, Baruch. 2002. *Complete Works*. trans. by Samuel Shirley. Indianapolis: Hackett.